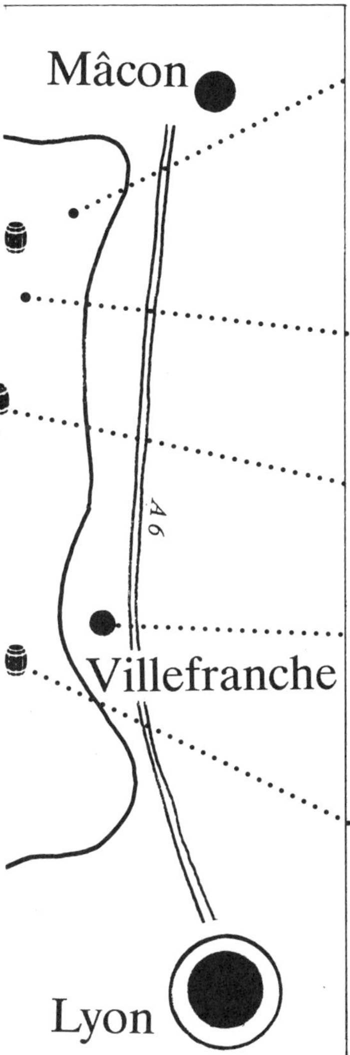


*Schlemmen:*
*Am besten in den*
*Weindörfern des*
*nördlichen Beaujolais -*
*zwischen Villefranche*
*und Juliénas*

*Wo es morgonnt ...*
*Die Winzer sprechen*
*von verrottetem Fels*

*Weinproben:*
*Besonders verlockend*
*um den Mont Brouilly*

*Bummeln: Am späten*
*Nachmittag auf der*
*Rue Nationale*

*'Neuerdings findet man in den*
*Beaujolaisweinen Aromen*
*von Bananen und englischen*
*Fruchtdrops, das läßt sich*
*mit biologisch angebauten Trauben*
*nicht erreichen.' Thierry Doat,*
*Château de Bois Franc, Liergues*

Oase Verlag
Pf. 344
D-7847 Badenweiler
Fon: 07632/7460
Fax: 07632/5098


Fotos:
Pièrre Cottin:
Umschlag, 2/3
André Dominé: 8, 52,
102/103, 106, 114/115, 122
H. Theißen: 204/205, 210/211

Karten: Cornelia Stauch

Herstellung:
Rombach GmbH
Freiburg

ISBN 3-88922-039-8

# Inhalt

# Reben, Charme und Ruhe

Es gibt kein Pauschal-Arrangement *10 Tage Beaujolais mit Weinprobe*, denn es fehlt hier an all dem, das die meisten Reisenden auf ihrem Weg in den Süden ernsthaft aufhalten könnte: bedeutende Kirchen, Museen, wichtige Kulturdenkmäler oder spektakuläre Naturschönheiten. Auch baden sollte man besser anderswo ..... Feine Fluchten also für denjenigen, der ohne die übliche Urlaubsanimation auskommt - ohne Urlaubersilos, öde Hotelanlagen und Reisebus-Sehenswürdigkeiten.

Erfrischende Abwechslung bringt schon ein Wochenende im Beaujolais, neue Gedanken kommen bei einem *pot* ganz von allein. Das Leben im Beaujolais dreht sich um den *pot*, der schlichten Karaffe, mit der in den Bistros der offene Wein ausgeschenkt wird.

Sie finden hier Anregungen zu Spaziergängen, längeren Wanderungen und Radtouren kreuz und quer durchs hügelige Weinland, außerdem die schönsten Oasen zum Schlafen und Essen.

Beruhigend und spannend für Weinfreunde: Es gibt im Beaujolais über 400 Winzer. Eine durchdachte und kommentierte Auswahl von ca. 50 Winzern, die direkt verkaufen, finden Sie in diesem Band. Eine Chance zum persönlichen Kontakt, die man nicht versäumen sollte. Wein öffnet Türen ...

# Orientierung

Das Beaujolais liegt zwischen *Mâcon* und *Lyon*. Es ist ein Bergland, dessen höchster Gipfel nur eben 1000 Meter erreicht. Seine Grenzen sind - abgesehen von der Saône im Osten - ziemlich willkürlich. Im Norden geht es in die Berge des *Mâconnais*, im Süden in die des *Lyonnais* über. Dort, wo sich im Westen die *Monts du Beaujolais* zur Loire hin senken, windet sich die Grenze zum - nach dem Fluß benannten - Nachbardepartement.

Administrativ gehört das Beaujolais im wesentlichen zum *Departement Rhône*, dessen Hauptstadt *Lyon* ist. Aber ein nördlicher Zipfel von *Romanèche-Thorins* bis *Saint-Amour* zählt zu *Saône-et-Loire* und wird in *Mâcon* verwaltet.

Die Hauptstadt des Beaujolais, *Villefranche-sur-Saône* liegt auf halber Strecke zwischen Lyon und Mâcon und - wie ihr Beiname verrät - an der *Saône*. Auf deren anderer Seite das flache *Ain* mit dem Geflügelparadies der *Bresse*.

Von Nord nach Süd mißt das Beaujolais nicht mehr als 55 km, von Ost nach West 40 km Luftlinie.

Im N o r d e n : Die zehn Crus des Beaujolais - wie *Moulin-à-Vent* oder *Morgon* erstrecken sich im nördlichen Teil an den zur *Saône* hin abfallenden Hängen bis zum Flüßchen *Ardières*. Ausnahmen *Brouilly* und *Côtes-de-Brouilly* auf und um dem gleichnamigen Hügel. In ihren Dörfern findet man die meisten und besten Restaurants, die markantesten und teuersten Weine. Weitblicke bei klarem Wetter bis zum Jura und den Alpen.

Im S ü d e n liegen die reizvollsten Dörfer des Beaujolais: im *Pays des Pierres Dorés*, dem 'Land der Goldenen Steine'. So benannt nach der Farbe der Steine aus denen seine alten Häuser erbaut wurden. Steine, die an frischgebackene Brotlaibe erinnern. Hier gibt es einen einfachen, guten Beaujolais.

Das Z e n t r u m : zwischen den Flüssen *Ardières* und *Nizerand* oder zwischen der *D 37* und der *D 504*. Kerngebiet des *Beaujolais Villages*, der außerdem auf den höheren Weinbergen hinter den Crus gedeiht. Schönes, reich bewaldetes Hinterland.

*Les Monts du Beaujolais:* zwei Drittel des historischen Beaujolais. Eine Mittelgebirgslandschaft mit viel Wald und Wiesen, Wanderwegen und wenig befahrenen Straßen, ideal zum Radfahren, mit vielen Bauernhöfen, auf denen man selbstgemachten Kuh- oder Ziegenkäse bekommt.

*Le Beaujolais des Sapins:* das westlichste Drittel, Teil der beaujolaiser Berge, um den touristisch aufgemotzten *Lac des Sapins*, einschließlich der kleinen Textilstädte *Amplepuis, Thizy* und *Cours*.

# Reisezeit

J u l i und A u g u s t : Natürlich bleibt auch das Beaujolais während der Sommerferien nicht von der Invasion aus dem französischen Norden verschont. Da es aber mit den Dingen, die Familien mit Kindern hauptsächlich suchen, kaum gesegnet ist, insbesondere nicht mit Stränden und einladendem Naß, hält sich der Andrang in Grenzen. Außerdem gibt es - wie bereits erwähnt - nur eine recht beschränkte Kapazität an Unterkünften. Wer im Sommer ins Beaujolais will, muß deshalb rechtzeitig buchen. Mit dem Wetter wird man dagegen - bis auf Ausnahmejahre - Glück haben. Wenn man Hitze als Glück empfindet. Oft klettert das Thermometer auf 35° C im Schatten. Gewitter und Hagelunwetter - von den Winzern gefürchtet - treten recht oft, doch sehr punktuell auf.

H e r b s t ist mit Abstand die beste Zeit. In der ersten Septemberhälfte setzt sich nicht selten die sommerliche Hitze fort. Dann wird es temperierter. Vor Regen ist man nicht gefeit, aber meist beschränkt er sich auf einzelne Tage. Selten sind allerdings klare Blikke (auf die man auch im Sommer verzichten muß). Über der Ebene der Saône liegt morgens meist Nebel, der sich zu leichtem Dunst auflöst. Sollten Montblanc und Jungfrau tatsächlich zu sehen sein, besser dem Wetter mißtrauen und dementsprechend vorsorgen. Der September bringt auch die Weinlese, den Höhepunkt des Jahres, mit ihrer Stimmung und dem Duft von Trauben und Trester.

Winter: Nebel, Regen, Schnee und Frost sind keine Seltenheit. Außerdem kommt es vor, daß er keine Anstalten macht, sich zu verabschieden und sich bis Ende April breitmacht. Andererseits gewinnt die Landschaft an Sonnentagen im Winter besondere Reize. Sorgen um Unterkunft sind unnötig. Zwar schließen manche Hotels für zwei, drei Wochen, aber nicht alle zur gleichen Zeit.

Frühling: Das von atlantischen, kontinentalen und mediterranen Einflüßen bestimmte Klima zeigt sich nun am unbeständigsten und unzuverlässigsten, je nachdem woher der Wind weht. (Meist kommt er aus Westen.) Stellt man sich darauf ein, daß es kalt und naß ist, kann man nur positiv überrascht werden. Wenn dann die Sonne schien, ist die Sicht fantastisch. Und das Licht. Und die blühenden Kirschbäume am Rande der Weinberge. Hat man Glück, ist der Juni der wahre Wonnemonat, klar, warm, aber nicht drückend, und auch im Haut Beaujolais schwelgt die Natur.

Wochenenden: Bei Blitzbesuchen Unterkunft und Restaurants telefonisch vorbestellen. Für Genießer aus Benelux, Deutschland, Schweiz, Paris, vor allem aber dem nahen Lyon liegt das Beaujolais in Reichweite und besonders die berühmteren Schlemmertreffs haben es ihnen angetan.

# Hinkommen

**Mit dem Auto**

Autobahnen entweder über Trier - Metz - Dijon - Mâcon oder über Neuenburg - Mulhouse - Besançon - Mâcon, Ausfahrt Mâcon Sud oder Villefranche. Wer aus der Schweiz kommt, fährt von Genf nach Lyon.

Die Mautgebühren sind recht hoch. Auf der ersten Strecke zahlt man etwa DM 34, auf der zweiten rund DM 36, von Genf bis Lyon etwa DM 20 (aktuelle Preise bei den ADAC-Geschäftsstellen). Auskünfte in Frankreich unter Tel. 74 62 10 30. Über die Landstraße muß man die doppelte Zeit einplanen.

ACHTUNG STAU: Fahren Sie unter keinen Umständen am ersten und letzten Wochenende im Juli und August nach Frankreich. Denn dann ist die Hälfte der Franzosen unterwegs, nachts wie tags, und selbst auf Autobahnraststätten findet man keinen Parkplatz. Der Dauerstau ist Ihnen sicher.

**Mit dem Zug**

Die einfachste Zugverbindung ins Beaujolais führt über Paris. Wer High-tech und Geschwindigkeit liebt, nimmt den TGV nach *Mâcon* oder *Lyon*. Mit einem Extra-Bus geht es weiter nach *Villefranche*. Sonst recht umständlich nach Dijon und Mâcon oder nach Lyon. Auskunft in Lyon, Tel. 78 92 50 50.

**Mit dem Flugzeug**

Die *Air France* fliegt von Düsseldorf, Frankfurt, München und Nürnberg direkt nach *Lyon-Satolas*. Auskünfte über den Flughafen, Tel. 72 22 72 21 oder Air France Tel. 78 42 79 00 oder 72 22 76 20.

# Rumkommen

**Radtouren**

Für Radfahrer ist das Beaujolais ideal. Wer einigermaßen geübt ist, kann jeden Winkel in einer Tagestour erreichen.

Ausführlich beschriebene Radtouren finden Sie im Buch:
Durch das südliche Beaujolais (S. 92ff.)
Um den Mont Saint Rigaud (138f.)
Durch die Monts du Beaujolais (154f.)
Im Norden des Beaujolais (201ff.)

**Wanderungen**

Da die Entfernungen überschaubar sind, kann man das Beaujolais auch gut zu Fuß durchstreifen - wenn man bereit ist, teilweise auf wenig befahrenen, aber asphaltierten Wegen zu wandern.

Ausführlich beschriebene Wanderungen finden Sie im Buch:
Tageswanderung um Anse (S. 61f.)
Um die Montagne de Tarare (S. 75f.)
Nach Saint-Vérand (S. 87)
Wanderungen vom Col du Châtoux aus (S. 91)
In die Monts du Beaujolais (S. 126)
Um den Pyramidenberg (S. 142)
Zum Col de Burdet (S. 144)
Um Cublize (S. 154)

**Die öffentlichen Verkehrsverbindungen** sind leider ziemlich umständlich. Nähere Auskünfte im Informationsteil.

# Unterkommen

## Hotels

Die offizielle Kategorie von * bis ****, mit der in Frankreich die Hotels bewertet werden, gibt einen relativ verläßlichen Hinweis darauf, was einen erwartet.

Um Mißverständnissen vorzubeugen: ein *cabinet de toilette* in einem Zimmer besteht in der Regel aus einem Waschbecken, einem Bidet und einem Spiegel. Nur in modernen Zwei-Sterne-Hotels gehört ein WC generell zum Zimmerkomfort.

* Bei einem Stern findet man einfache Zimmer mit einem Minimum an Ausstattung wie Waschbecken oder Dusche für etwa 30 bis 45 Mark vor. In französischen Dörfern kann man sonst oft in dieser Kategorie sympathische Quartiere finden. Doch im Beaujolais haben davon nur wenige Beispiele überlebt. Ganz allmählich beginnen die einstigen Dorfhotels, die nur das Restaurant oder Bistro offenhielten, ihre Zimmer wieder herzurichten.

** In Zwei-Sterne-Hotels sind die Zimmer gepflegt und besitzen eine Dusche oder ein Bad. Im Beaujolais zählen eine Reihe von neuerbauten Hotels zu dieser Gruppe. Ihre Zimmer sind alle mehr oder weniger stereotyp praktisch eingerichtet, von Atmosphäre keine Spur. Die Übernachtung ist problemlos, weil meist alles funktioniert. Die Preise liegen inzwischen selten unter 60 und selten über 90 Mark.

*** bezeichnen üblicherweise eine andere Güteklasse, in der nicht nur die Einrichtung entschieden gediegener, sondern auch der Service besser ist.

**** ... eine andere Welt. Eine, in der Luxus herrscht.

Im Beaujolais findet man fünf Hotels mit drei, eines mit vier Sternen. Davon tragen nur drei ihre Wertung meiner Meinung nach zu

Recht: das *Château de Pizay*, das *Plaisance* und *Les Maritonnes*. Über alle weiter unten mehr.

## Gutshäuser und Châteaux

Streift man länger durch das Beaujolais, fällt auf, daß sich viele alte Gutshäuser und Châteaux in schlechtem Zustand befinden. Wie schön wäre es, wenn einige ihre Türen für Gäste öffnen würden. Das wäre bei dem schmalen Angebot an Unterkünften für die Besucher eine Bereicherung und könnte den Besitzern helfen, ihre Häuser zu erhalten und zu pflegen. Das *Château de Boisfranc* (vgl. S. 55) gibt ein überzeugendes Beispiel, ein anderes das Gutshaus *La Javenière*: es ist die luxuriöste und komfortabelste Unterkunft, die man im Beaujolais finden kann, noch dazu eine mit Familienanschluß. Am östlichen Rand des Weilers Morgon gelegen, bietet es freie Blicke über die Saône-Ebene (vgl. S. 177).

## Chambres d'hôtes

Gästezimmer werden zu Tagespreisen vermietet, in denen das Frühstück - im Gegensatz zum Hotel - inbegriffen ist. Im Beaujolais gibt es 17 Vermieter, die ich in das Verzeichnis der *Gîtes de France* haben aufnehmen lassen. In der Regel wird nur ungern eine einzige Übernachtung akzeptiert, da es sich ja um Privatunterkünfte handelt. Der Kontakt mit den Vermietern ist mehr oder weniger eng, denn meist wohnt man unter demselben Dach. Gewiß ist dies die originellste Weise, Tage im Beaujolais zu verbringen, in einigen Fällen sogar komfortabler als im Hotel. In dem Verzeichnis werden Komfort, d.h. vor allem die sanitären Einrichtungen, und Umgebung, mit bis zu vier *épis* (dtsch. 'Ähren') bewertet. Diese Gesamtsicht gibt nur eine eher vage Garantie. Die interessantesten beaujolaiser Bed and Breakfasts stelle ich detailliert vor. Die Preise bewegen sich für zwei zwischen knapp 40 und maximal 75 Mark, mit einer Ausnahme.

**Ferienhäuser und -wohnungen**

Wer eine Woche oder länger im Beaujolais bleiben möchte, ist gut beraten, sich in einem der Dörfer privat einzumieten.

Die *Gîtes Ruraux* sind unabhängige Häuser oder Wohnungen, die mindestens eine Küche mit Heißwasser und Kühlschrank, ein Bad mit Dusche, Waschbecken und WC besitzen und ein oder mehrere Schlafzimmer haben. Sie werden nach einem einheitlichen Qualitätsmaßstab überprüft und mit 1, 2 oder 3 *épis* (dtsch. 'Ähren') nach Lage und Einrichtung bewertet. Jedes einzelne wird in dem Katalog (Adresse s. u.) detailliert beschrieben, wobei die nächsten Freizeitaktivitäten erwähnt werden. Jedes Gîte enthält alles an Hausrat und Geschirr, was man braucht, doch müssen Bettwäsche und Handtücher mitgebracht werden.

Um ein Gîte zu mieten, muß man sich direkt an den Besitzer wenden, dessen Adresse angegeben ist. Um seiner Sache sicher zu sein, bittet man ihn am besten um einen Mietvertrag *(contrat de location)*. In der Nebensaison ist das unnötig. Der Vermieter kann 25% Anzahlung verlangen und bei Ankunft um eine Kaution bitten. Meist wird man von ihm oder ihr höchstpersönlich empfangen. Der durchschnittliche Wochenpreis liegt bei etwa DM 250 für 4 Personen. Einfachere und kleinere Häuser kann man schon für DM 140 oder sogar darunter mieten. In der Hauptsaison und bei komfortableren Gîtes werden für 4 Personen um die DM 400 verlangt. Allerdings können manchmal Extrakosten für Gas und Strom dazukommen. (Eine Auswahl von Ferienhäuser wird im Text vorgestellt.)

Den jährlich aktualisierten Katalog erhält man für 25.- FF bei:

*Gîtes de France Rhône*
*Chambre d'Agriculture Association départementale du Tourisme Rural*
*4, place Gensoul, F-69002 Lyon (Tel. 0033 / 78 42 65 92)*

*Allgemeine Bedingungen:* Die *Gîtes ruraux* werden jeweils wochenweise von Samstag 16 Uhr bis zum folgenden Samstag 10 Uhr vermietet. Im Katalog sind die Wochenpreise aufgeführt. Sie differieren oft nach Saison, die in fünf Kategorien eingeteilt ist. *Vacances scolaires* sind alle französischen Schulferien außer den großen Sommerferien. Dann herrscht verstärkter Andrang (und am Ferienbeginn und -ende Chaos auf Autobahnen). Besonders während der Frühjahrsferien, die von der letzten März- bis zum Ende der zweiten Aprilwoche dauern, und der Herbstferien, die eine Woche vor und eine nach Allerheiligen liegen. *Hors saison*, außerhalb der Saison, zwischen Oktober und Mai ist es oft am billigsten, doch muß nicht selten Heizung extra bezahlt werden. Juni und September sind die besten Reisemonate, Juli und August am vollsten und teuersten. Unter *W.E. = Week End* findet man die Wochenendtarife, die von Freitag- bis Sonntagabend gelten.

**Camping**

Man hat die Wahl zwischen 15 offiziellen Plätzen und 5 Bauernhöfen, auf denen ein Terrain zum Zelten zur Verfügung steht. In dem offiziellen Katalog der Campingplätze in der *Vallée du Rhône* verleiht man ihnen * bis ****:

* bedeutet Basisausrüstung mit Duschen und WC
** gut ausgerüstet, umzäunt, nachts bewacht, Tel., Müllabfuhr etc.
*** komfortabel, separate Waschbecken, E-Anschluß, Waschsalon, Krämerladen
**** größter Campingluxus - doch den findet man im Beaujolais nicht, dafür aber 4 Drei-Sterne-, 7 Zwei-Sterne und 4 einfache Plätze. Sie werden unter den entsprechenden Orten aufgeführt. Die meisten haben ab April bis Ende Oktober geöffnet.

# Beaujolais-Geschichten

Wein ist der eigentliche Held des Beaujolais. Er kam mit den Römern, zuerst in Amphoren, dann als Kultur. Die keltischen Gallier an der Saône, Äduer und Segusiaven, berauschten sich mit anderem, denn ihre Druiden waren strikt gegen den Trank der Eroberer. Ursprünglich eher Krieger, Jäger, Hirten als Acker- und Obstbauern stellten sie sich unter römischer Herrschaft notgedrungen um und kamen auf den Geschmack.

Immerhin hatten sie selbst Cäsar um Hilfe gerufen. Der Grund waren über eine viertel Million Helvetier, die 58 v. Chr., auf der Flucht vor den Germanen, unter Führung von Orgetorix die Saône, überquerten, in der Hoffnung dort sichereres Siedlungsland zu finden. Cäsars Legionäre metzelten die Nachhut auf beaujolaiser Boden nieder, verfolgten aber die Helvetier, bis sie völlig besiegt und die Überlebenden zum Rückmarsch gezwungen waren. Das war nur der Auftakt. In den anschließenden sieben Jahren eroberte Cäsar das ganze nördliche Gallien.

Wie sehr sich der von den Römern initiierte Weinbau verbreitete, beweist der Erlaß, mit dem Domitian im Jahre 92 befahl, überall in Gallien die Hälfte der Rebstöcke herauszureißen. Nicht nur gefährdete die Produktion der Provinzen die Nachfrage nach römischem Wein, sondern auch die Versorgung mit weniger einträglichem Weizen. Kaiser Probus hob 276 als eine seiner ersten Amtstaten die Restriktionen auf. 280 entzog er Lugdunum, dem 46 v. Chr. gegründeten Lyon, das Monopol für den Weinhandel in Gallien. Wahrscheinlich entstanden in dieser Zeit die ersten Weinberge des Beaujolais. Eumenius, römischer Gelehrter in Gallien, beschrieb bereits 312 vom Alter ausgelaugte Anpflanzungen über der Saône-Ebene. Kaum anzunehmen, daß die fremden Stadtväter von Asa Paulina, dem heutigen Anse, die sonnigen Hänge ungenutzt ließen und ihren Bedarf nur mit teuren Importen deckten. Daß sie Bacchus huldigten, beweist das dort gefundene Basrelief, das nun den Eingang zum Probierkeller in Beaujeu schmückt. Sehenswert ist das gallo-romanische Mosaik, das jetzt im Schloß im Ratssaal hängt.

▪ *Château des Tours in Anse. Um das Mosaik anzuschauen, an die Mairie wenden (s.u. 'Anse').*

**Unruhige Zeiten**

Vom 5. Jhdt an folgten unruhige Zeiten. Die germanischen Völker zog es nach Süden. An der Saône machten sich die Burgundionen breit. Ihr König wurde von den einfallenden Hunnen ermordet, doch vereint schlugen die germanischen Stämme Attila zurück. Im 6. und 7. Jhdt herrschte das fränkische Königsgeschlechts der Merowinger an der Saône. 731 stürmten die Sarrazenen durchs Beaujolais, die der karolingische Führer *Karl Martell* im darauffolgenden Oktober bei Poitiers besiegte. Karl der Große drängte sie später über die Pyrenäen zurück. Sein riesiges Reich wurde 843 im Vertrag von Verdun unter seinen Enkeln Karl, Lothar und Ludwig aufgeteilt. Das geschichtlich bedeutendste Ereignis, das jemals im Beaujolais stattfand, zugleich das unblutigste, waren die Vorverhandlungen dazu in der Kirche *Saint-Romain-des-Isles* bei *Belleville*. Nun gehörte es zum Reich Karls des Kahlen, aus dem Frankreich entstehen sollte. Friede war damit für seine Bewohner noch nicht garantiert. Denn es lag zwischen den Machtbereichen der Erzbischöfe von Lyon und Mâcon und dem der Grafen von Forez. Erst als es eigene Herrscher fand, begann eine neue Epoche.

## Die kampflustigen Herren von Beaujeu

Vom ersten *Sire de Beaujeu* weiß man, weil er im Jahre 956 einen Weinberg in Morgon verkaufte. Der Kaufvertrag ist gleichzeitig der älteste schriftliche Beweis, daß man im Beaujolais Wein machte. Sonst war es nicht die Art von Béraud, etwas herzugeben. Im Gegenteil. Meistens eignete er sich Ländereien an.

Von der Burg *Pierre Aigué* (Spitzstein) über dem engen Tal des Ardières kontrollierte er einen alten und bedeutenden Verbindungsweg ins Zentrum Frankreichs. Der Gründer der Dynastie der *Sire de Beaujeu* wußte seine Unabhängigkeit gegenüber den mächtigen Nachbarn zu behaupten und sein Gebiet zu erweitern. Guichard I und II brachten durch Kampfgeist und geschickte Bündnisse mehr und mehr Land in ihre Gewalt. Am Fuße ihrer vergrößerten Burg entstand, zu zwei Seiten von Bergen eingekeilt, das Städtchen *Beaujeu*, die erste Hauptstadt des Beaujolais.

Zu Beginn des 12. Jhdts gelang es Guichard III, die Macht Beaujeus weiter zu vergrößern, das inzwischen einen Landstreifen, der von der Loire über die Saône bis zum Fluß Ain reichte, beherrschte. Damit kontrollierte er sowohl den wichtigen Nord-Süd-Weg ebenso wie die Ost-West-Verbindungen, die unterhalb seiner Burgen *Pierre Aigué* und *Montmélas* vorbeiführten, und ließ sich das Wegrecht gut bezahlen.

Humbert III erkannte, daß die Lage Beaujeus zu begrenzt war, um der Bedeutung seines Reiches gerecht zu werden. Um 1140 gründete er in der breiten Ebene, doch in sicherem Abstand zur Saône, *Villefranche*, das schnell wuchs und zu einem wichtigen Handelsplatz wurde. Das Ansehen der Beaujeus war so gestiegen, daß Guichard IV zum Schwager des französischen Königs Philipp Augusts avancierte. Aufgrund der engen Verbindung zum Königshaus zog Humbert V mit in den Kreuzzug gegen die Katharer. Zum Konnetabel ernannt begleitete er Ludwig den Heiligen auf dem siebten Kreuzzug, auf dem beide umkamen. Damit begann der Stern des Hauses von Beaujeu zu sinken. Zwar fanden sich noch einige mutige Kämpen unter den Nachfolgern, aber keine begabten Herrscher. Der letzte Beaujeu, Eduard II, war ein Wüstling und Versager. Als er starb, vermachte er das hoch verschuldete Beaujolais den Herzogen von Bourbon.

■ *Von der Burg derer von Beaujeu blieben wirklich nur ein paar Steine übrig, keine sehenswerte Ruine. Sie stand auf dem Berg über dem rechten Ufer des Ardières. Der Weg zweigt von der D 37 auf Höhe der Ortsmitte ab und führt zum ehemaligen Château Saint-Jean (und weiter zur Montagne de Thion).*

**Die gar nicht alberne Anne**

König Louis XI sagte von seiner Tochter, sie sei die am wenigsten alberne Frau des Königreichs. Weise gäbe es ohnehin nicht, meinte er. Er verheiratete sie mit dem Herzog *Pierre de Bourbon*. So kam Anne zum Beinamen *de Beaujeu*, obwohl sie nie dort residierte. Stattdessen ernannte sie *Villefranche* 1514 zur Hauptstadt der Provinz. Eine durchaus weise Tat. Denn das beengte Beaujeu hatte keine Zukunft. Der Kirche der neuen Kapitale stiftete sie eine neue Fassade und den Glockenturm. Als Anne de Beaujeus Schwiegersohn, der Konnetabel von Bourbon, König Francois I verriet, wird das ohnehin immer königstreue Beaujolais der Krone unterstellt. Villefranche erlebte eine Blüte. Der Handel florierte. Hauptprodukte waren Getreide und Hanf, Seile und Tuch. Reiche Bürger, königliche Offiziere und Beamte bauten sich entlang der Hauptstrasse gediegene Häuser. Doch weder die Religionskriege, noch die Pest verschonten die reiche Stadt und das Land.

Stolz ist man auf den Besuch Ludwigs XIV, der auf dem Weg zur Hochzeit mit der Infantin von Spanien, 1658, eine Nacht Station in Villefranche machte. Ihm verdankt man vermutlich die Anerkennung der Königlichen Akademie von Villefranche 1695, eine ungewöhnliche Ehre für die Schöngeister der Kleinstadt. (Sie besteht immer noch.)

Bis zur Mitte des 17. Jhdts spielte Weinbau wirtschaftlich nur eine untergeordnete Rolle. Nicht nur reiste Wein schlecht, das benachbarte Burgund schob seinem Export durch drastische Zölle einen Riegel vor. Erst durch den Briare-Kanal, der die Loire mit Paris verband, öffnete sich den Winzern ab 1642 die Hauptstadt als Absatzmarkt. Über den alten, einst von den Sire de Beaujeu bewachten Weg karrte man die Fässer über *Les Echarmeaux* bis nach *Charlelieu* und an die *Loire*. Als sie unter Louis XV zu einer *Route Royale* erweitert wurde, hatte der Wein bereits die besten Hänge erobert und große Bedeutung gewonnen. Aber auch die Textilindustrie entwikkelte sich, zumal in Tarare und in den Kleinstädten der Bergregion, in Amplepuis und Thizy. Die Revolution verlief relativ glimpflich. Zwar wurde der Einfluß der Kirche gebrochen, ihr Besitz verstaatlicht oder versteigert, doch erstaunlich viele Güter, allen voran das grandiose *Château de La Chaize*, überstanden die Zeitwirren unbeschadet und unenteignet. Der neuen Epoche fiel die Rolle Villefranches als Provinzhauptstadt zum Opfer - nun war es nur noch eine Unterpräfektur -, aber wenig später auch die Stadtmauern. Abgesehen von den Österreichern, die sich's nach Waterloo fünf Monate lang in Villefranche gutgehen ließen, waren es im 19. Jhdt Überschwemmungen, Mißernten und Rebplagen, unter denen man litt: Zuerst verheerte die *Pyralislarve* die Weinberge. Kaum hatte *Benoît Raclet*, ein Winzer aus Romanèche-Thoin, entdeckt, daß Heißwasser ihre Eier vernichtete, befiel Mehltau die Stöcke. Da wußte *Victor Vermorel* Abhilfe: Schwefel, und konstruierte den ersten Pulverisator. Doch gegen die Reblaus fand *Victor Pulliat* aus Chiroubles erst ein Mittel, nachdem ihr die Weinberge des Beaujolais (und praktisch ganz Europas) zum Opfer gefallen waren: Aufpropfen auf resistente amerikanische Stöcke. Für Winzer waren es harte Zeiten.

### Die zweite Mama

Stattdessen kam der Fortschritt. 1855 wurde die Eisenbahnlinie *Paris-Lyon* eingeweiht. Villefranche fand eine neue Bestimmung als Industriestadt. Aus *Victor Vermorels* Werkstatt, in der er Sprühgeräte fertigte, entstanden Fabriken, in denen landwirtschaftliche Apparate, Werkzeuge und sogar Autos hergestellt wurden. Aus der Schlosserei von *Nicolas Bonnet* wuchs über die Jahrzehnte ein führender Betrieb der europäischen Kälteindustrie. In der Textilbranche spezialisierte man sich auf *bleu du travail*, auf Arbeitskleidung, die *Joannès Sabot* 1887 erfand. An die sechzig Firmen zählte man im Beaujolais. Einem Villefrancher Apotheker kam ein genialer Einfall, für den ihm noch heute alle französischen Mütter dankbar sind: Babynahrung aus dem Glas. *Les petits pots Blédine Jacquemaire* gelten seither als 'die zweite Mama'.

Die Krise in der Textil- und metallverarbeitenden Industrie traf Villefranche bereits in den sechziger Jahren in vollem Ausmaß, während sie sich anderswo erst als leichtes Kränkeln zeigte. Es sollte seine Chance sein. Denn als sie allgemein zuschlug, war in Villefranche die Umstrukturierung schon vollzogen. Die Betriebe spezialisierten sich. Noch immer fabriziert man Arbeitskleidung, aber nun auch Kinder-, Freizeit-, Jagd- und Sportmode. Die Nahrungsmittelbranche verstärkte sich. Plastik verarbeitende Firmen und Chemieunternehmen ließen sich nieder. So ist man stolz auf die vergleichsweise niedrige Arbeitslosenzahl, und die Beaujolaiser müssen nicht in Lyon versuchen, ihr Geld zu verdienen.

Zum Glück blieb die Industrie auf die Umgebung Villefranches beschränkt, so daß die Landschaft dadurch nicht beeinträchtigt wurde. Der Wein florierte, sobald die Reblausplage (und die anschließende, durch Panscher verursachte Absatzkrise) überwunden war. Denn nun standen ihm alle Wege offen: die Loire, die Saône, die Eisenbahn. Ersten Ruhm verdankte er dem im Südbeaujolais geborenen Karikaturisten *Henri Monnier*. In den Jahren nach dem zweiten Weltkrieg versäumte er keine Gelegenheit, seinen bevorzugten *Juliénas* auf den Seiten des *Canard Enchainé*, Frankreichs berühmtester satirischer Zeitschrift, unterzubringen. Mit Erfolg. *Juliénas* wurde zum gefragtesten Cru. Allmählich begann Paris auf den Geschmack zu kommen. Der Boden für den *Primeur* war bereitet. Eigentlich ist er jedoch ein 68er: unkonventionell, demokratisch, frisch. Jedenfalls gelang damals der erste durchschlagende Erfolg. Seither boomt der Beaujolais.

# Beaujolais - A B C

## Auberges paysannes

Ländliche Ausflugslokale, die in der Regel nur samstags, manchmal nur sonntags und an Feiertagen geöffnet haben. Sie werden meist von Landwirten oder einer Assoziation geführt. Die Menüs sind reichlich, einfach und oft deftig. Platz bekommt man nur auf Vorbestellung, denn in der Regel sind sie überfüllt. Leider gibt es im Beaujolais nur eine *Ferme-Auberge*, einen Bauernhof mit Bewirtung, (in Légny, siehe dort).

## Ausflüge

werden - ganz nach Wunsch durch Landschaft, zu Kirchen oder in Weinkeller etc. - von Sabine Bodet organisiert, auch zu den Dörfern und Seen der Dombes. Maximal acht Personen. *Adresse: IdéAccueil 26, Rue du Palais, 01600 Trévoux, Tel. 74 00 23 74.*

# Auskunft

Allgemeinere Reiseinformationen über Weinregion, Südbeaujolais, Monts de Beaujolais, Hotels, andere Unterkünfte, Probierkeller etc. erhalten Sie bei folgenden Adressen:

*Französische Verkehrsbüros:*

Kaiserstr. 12
D-6000 Frankfurt 1
Tel. 069/75 60 830 oder 75 05 51 - 56

Berliner Allee 26
D-4000 Düsseldorf
Tel. 0211/32 85 64

Alstertor 21
D-2000 Hamburg 1
Tel. 040/32 47 39

Landstraßer Hauptstr. 2
A-1030 Wien
Tel. 0222/75 70 62

Bahnhofstraße 16
CH-8000 Zürich
Tel. 01/211 30 85

**i** *Office de Tourisme* : Das ganze Jahr über erhalten Sie im Touristenbüro in *Villefranche* Auskünfte über Unterkunftsmöglichkeiten, zu aktuellen kulturellen Veranstaltungen, organisierten Ausflügen, Führungen und Wanderungen. Sie finden Prospekte über das Beaujolais und die angrenzenden Gebiete der *Dombes*, der *Bresse*, der *Monts de Lyonnais* und *de Mâconnais*. Außerdem gibt es hier auch Bücher, Karten und Postkarten zu kaufen. Die Leute dort sind sehr bemüht und freundlich.

Die *Syndicats d'Initiative*, die die gleiche Funktion erfüllen, aber detailliertere Informationen über ihre direkte Umgebung bieten, sind nur während der Saison besetzt. Ausnahme ist das Büro in Beaujeu, das neun Monate geöffnet hat.

*Office de Tourisme*: 69400 Villefranche, 290, Rue de Thizy, Tel. 74 68 05 18. Geöffn. von 9 - 12 Uhr und 13.30 bis 18 Uhr im Juli u. August von 14.30 bis 19 Uhr.

*Syndicat d'Initiative*: 69430 Beaujeu, Square Grandhan, Tel. 74 69 22 88

# Autoverleih

*In Villefranche:*
Avis 83, rue Pierre Berthier Tel. 74 68 08 43
Europcar 504, Boulevard Louis-Blanc Tel. 74 68 49 87
Hertz 1568, Route de Frans Tel. 74 60 02 36

# Baden

Lieber nicht. Die *Saône* macht keinen vertrauenserweckend sauberen Eindruck. Bei Belleville und Villefranche gibt es trotzdem Strände. Der *Azergues* hatte arge Pollutionsprobleme. Nur in den *Monts du Beaujolais* findet man noch sauberes Wasser. Bei *Trades* hat man eine Badestelle geschaffen. Sonst im *Lac des Sapins* oder im Stausee der *Turdine* bei Joux, westlich von Tarare.

Schwimmbäder gibt es in Villefranche, Belleville, Tarare, Amplepuis, Thizy und Cours.

# Banken/Geldwechsel

Eindeutig am günstigsten ist das Postsparbuch. Gehen Sie auf die Hauptpost in Villefranche: 122, Rue de la Paix. Mit Euroschecks fahren Sie am problemlosesten (solange diese von den Banken angenommen werden, was bislang - im Gegensatz zu anderen Regionen - im Beaujolais der Fall war). Doch vorsichtshalber an Ersatz denken.

Die üblichste Scheckkarte ist die *Carte Bleu*. In jedem größeren Ort finden Sie eine Bank oder einen *Crédit Agricole*, wo Sie sich pro Scheck bis zu FF 1400 - in französischer Währung austellen! - auszahlen lassen können. Die französischen Banken berechnen eine kleine Bearbeitungsgebühr und in Deutschland wird Ihnen der Betrag zum Tageskurs abgebucht.

In der Regel haben die Banken montags bis freitags von 9 - 12 Uhr und von 13.30 bis 16.30 geöffnet.

# Bistros

Auf den Dörfern noch immer Haupttreffpunkt der Männer und der Jugend (*Bar* oder *Café* genannt). Viele öffnen bereits um 7 Uhr morgens, dafür wird abends um 20 Uhr geschlossen.

Klassisches Getränk ist Wein. Da Beaujolais relativ teuer ist, wird unaufgefordert oft ein undefinierbarer *Vin de table* ausgeschenkt. Das Glas (10 cl) um 1 Mark. Klassische Menge ist der *pot*, die 46 cl fassende dickglasige Karaffe. Auch ein *demi(-pot)* ist üblich. Wollen Sie Beaujolais, müssen Sie das ausdrücklich sagen (das Glas um 2 Mark). Manchmal gibt es sogar einen *Cru*, zumal wenn der Bistrowirt ihn selbst keltert (Glas um DM 2.5O). Beliebt ist auch *Kir*. In den *Monts* gibt es in einfachen Bistros oft nur *Vin de table*. Nicht-alkoholische Getränke sind keineswegs billiger. Der kleine Kaffee kostet um DM 1,30, Mineralwasser, Limonaden um DM 2.50.

# Busverbindungen

Praktisch nicht existent, sieht man von der Verbindung Lyon - Lozanne - Lamure und Lyon - Villefranche - Monsols ab. Auskunft: RFAR, Tel. 74 65 33 40.

Kleine Gruppen können sich im Mini-Bus-Taxi von *Philippe Cleret* herumkutschieren lassen. Tel. 74 69 62 08 und nach 20h 74 66 39 59.

# Einkaufen

Am besten und mit dem größten Vergnügen kauft man auf Märkten ein. Großer Treff: montags morgens der Markt in Villefranche. Viel Charakter haben die kleinen Dorfmärkte, wo man klatscht und tratscht und sich vor allem gegenseitig auf den Arm nimmt, denn das ist der Nationalsport des Beaujolais. Siehe auch die Liste auf den letzten Seiten. Alles, was man sonst noch braucht, findet man in der *Rue Nationale*, Villefranches 2 km langer Hauptstraße, oder einer ihrer Seitenstraßen.

In den Dörfern finden Sie oft noch kleine Tante-Emma-Läden, urige Eisenwarenhandlungen und vor allem gute Bäcker und Schlachter. Sie bieten noch die Qualität, die Sie in den Hyper-Supermärkten vergeblich suchen.

Bioprodukte werden man auf dem *marché bio* angeboten, der mittwochnachmittags zwischen 16 u. 19 Uhr in *Lucenay* (3,5 km südlich von Anse an der D 30) stattfindet.

# Fahrrradverleih

Rennräder, Tourenräder oder ordentliche schwere Böcke sind auszuleihen bei:

Garage Desplace
74, Rue Général Leclerc
69430 Beaujeu, Tel. 74 69 21 56

Olivier Marguin
54, Rue de la République
69220 Belleville, Tel. 74 66 35 51

# Feste, Jahresmärkte und Wochenmärkte

**Januar**: die berühmte 'Welle', die *Fête des conscrits* in Villefranche
**April**: *Foire gastronomique* in Beaujeu
**Juni**: Eröffnung des Sommerfestivals in Anse, *Festival de Musique* in Villefranche
**Juli**: Trödelmarkt in Beaujeu. *Fête du Lac des Sapins* in Cublize und Ronno
**September**: Pilgermarsch zum Mont Brouilly, *Fête des Vendanges* in Gleizé
**Oktober**: *Fête du Paradis* in Odenas u. Jullié
**November**: *Marché aux Vins* in Juliénas, *Fêtes du Beaujolais Nouveau*
**Dezember**: Weinversteigerung in den *Hospices de Beaujeu*

**Wochenmärkte:**

**Montag**: *Villefranche, Juliénas, Cours*
**Dienstag**: *Belleville, Le Bois-d'Oingt, Amplepuis*
**Mittwoch**: *Beaujeu, Villefranche, Lozanne, Thizy, Cours*
**Donnerstag**: *Chazay-d'Azergues, Le Perreon, Tarare, Villié-Morgon, Grandris*
**Freitag**: *Anse, Régnié-Durette, Villefr.*
**Samstag**: *Fleurie, Morancé, Saint-Georges-de-Reneins, Tarare, Bourg-de-Thizy, Monsols, Lamure-sur-Azergues. Cublize, Châtillon-d'Azergues, Cours, Thizy*
**Sonntag**: *Villefranche, Bourg-de-Thizy*

Alle Märkte finden vormittags statt. Ab 12 h wird zusammengepackt.

# Fotomaterial

ist in Frankreich erheblich teurer, also genug mitbringen. Wenn Sie Filme entwickeln lassen wollen, ist der nette Fotoladen von *Patrick Perché*, Rue de Villars/Ecke Rue Victor Hugo in Villefranche zu empfehlen.

# Frankreichs Ferien

Die großen Schulferien sind im Juli und August. Obwohl mehr und mehr Franzosen ihren Urlaubsbeginn verschieben, findet die Mehrheit immer noch großen Gefallen daran, miteinander aufzubrechen.

Noch einmal: Vermeiden Sie unter allen Umständen, am ersten Juli- oder Augustwochenende nach Frankreich zu fahren und reisen Sie unter keinen Umständen am letzten Wochenende dieser Monate zurück: weder tags, noch nachts! Es wird ein Alptraum!

Außerdem haben die Franzosen eine Woche Ferien um Allerheiligen, vom 21.12. bis 5.1., im Februar - gestaffelt - die ersten drei Wochen und ebenso von Ende März bis Mitte April.

Erkundigen Sie sich, wenn Sie Ihre Reise planen, daß sie nicht auf die französischen Hauptreisetage fällt. Das Beaujolais scheint nicht weit zu sein, aber täuschen Sie sich nicht. An diesen Tagen ist es der absolute Horror!

# Frühstück

In Hotels wird das Frühstück - außer bei Halb- oder Vollpension - immer extra berechnet, meist mit DM 5 bis 10 pro Person. Dafür bekommt man Kaffee, Tütentee oder Beutelschokolade, 1 Stück Baguette oft vom Vortag, manchmal ein Croissant, ein winziges Stückchen Butter und ein Fabriktöpfchen Konfitüre. Wenn Orangensaft, dann solcher aus der Tüte und oft kein 100%iger. Einziger Trost: es bleibt die Freiheit, in die nächste Bar zu verschwinden oder sich beim nächsten Bäcker selbst zu versorgen.

# Karten

Entweder ist das Beaujolais zu klein oder zu groß, denn es gibt keine optimale Karte, auf der es allein, vollständig und detailliert verzeichnet wäre. Natürlich kommt man mit der gelben *Michelin*karte Nr. 73 *Clermont-Ferrand, Vichy, Lyon* im Maßstab 1:200 000 gut durch. Michelinkarten sind in Frankreich (in allen großen Supermärkten und Tankstellen) um die Hälfte billiger als in Deutschland.

Detaillierter und teurer ist die Karte Nr. 43 der *série verte des institut géographique national, cartes ign,* im Maßstab 1:100 000, und die beste, die zu haben ist. Allerdings hat sie gravierende Mängel: Die Namen von Weilern und Flecken kann man oft erst zuordnen, wenn man dagewesen ist. Manche stehen ohnehin an falscher Stelle. Einige bekannte Kirchen, Schlösser oder Weiler sind gar nicht aufgeführt.

Weinfreunden sei die Beaujolais-Karte der Weinbaubehörde *UIVB* empfohlen. Sie basiert auf der Karte 43 des IGN, doch verzeichnet sie Weinstraßen, Probierkeller und touristische Sehenswürdigkeiten. Leider beschränkt sie sich auf die Weinbauregion und das direkte Hinterland.

Es gibt sie kostenlos in den *Office de Tourisme* oder per Post: *U.I.V.B., 210, Boulevard Victor-Vermorel, 69400 Villefranche (Tel. 74 65 45 55).*

Wer sich in einem Dorf einmietet und die nähere Umgebung erkunden möchte, findet auf den Karten der *série bleu* des *ign* Wege, Wälder, Berge und Flüsse namentlich verzeichnet. Einziges Problem: man bekommt sie nicht in jeder Buchhandlung.

# Käse

Ein Paradies für Käsefreunde. In den *Monts du Beaujolais* und der weiteren Umgebung werden auf vielen Höfen die Käse noch selbst gemacht. Oft von Ziegenmilch. Viele Erzeuger verkaufen direkt.

Berühmt ist der *pur chèvre*, nur aus Ziegenmilch. Wenn der Käse mindestens 50% davon enthält, heißt er *mi-chèvre*. *Fermiers* sind Käse aus nicht-pasteurisierter Milch, oft eine Mischung aus Kuh und Ziege. Aber auch die aus reiner Kuhmilch sind nicht zu verachten.

Die aus 1 Liter Milch gemachten, sind die *cabrions*. Die 2-Liter-Käse, die eine zylindrischere Form haben, werden *charollais* genannt, nach dem benachbarten Rindereldorado. Eine Spezialität sind die in Trester gereiften Käse oder die Winzlinge.

Gern ißt man im Beaujolais auch Frischkäse, der ausgesprochen gut sein kann. Er wird mit Zucker, Konfitüre oder Honig gesüßt. Probieren Sie ihn einmal mit Pfeffer und Salz!

# Ladenschlußzeiten

werden in Frankreich legerer als bei uns gehandhabt. Die Läden haben in der Regel bis 19 Uhr, manchmal auch länger geöffnet. Mittags schließt fast alles um Punkt 12 Uhr und öffnet frühestens um 14 Uhr.

In den Dörfern kann man häufig auch noch am Sonntagmorgen einkaufen. Dafür bleiben manche am Montagmorgen, einige den ganzen Tag geschlossen. Sonnabend ist immer ein langer Geschäftstag.

Wenn Sie in Ruhe einkaufen wollen, sollten Sie kein Geschäft um viertel vor zwölf betreten. Die Märkte werden um 12 Uhr bereits abgeräumt. In Villefranche haben viele Geschäfte dienstags, in Belleville montags geschlossen.

# Museen

Es gibt nur kleine Museen im Beaujolais, die unterschiedliche Öffnungszeiten haben. Sie sind im Textteil angegeben. Die interessantesten sind:

- das Nähmaschinenmuseum in *Amplepuis*
- das Museum in *Beaujeu* für Weinbau, Handwerk und mit Puppensammlungen
- das Haus von Claude Bernard in *Saint-Julien*
- das Museum mit gallo-römischen Funden in *Saint-Georges de Reneins* - und als Abstecher
- das Museum der Prähistorie in *Solutré*.

# Preise

Frankreich ist kein Billigurlaubsland. Trotzdem befindet man sich im Beaujolais auch preislich in der Provinz - ganz im Gegensatz zu dem in der Zwischenzeit fast unsolide teuer gewordenen Elsaß. Unterkünfte sind meist billiger als vergleichbare deutsche, Restaurants ebenso. Reinfallen kann man überall, doch da man im Beaujolais sehr auf die ortsansässige Kundschaft angewiesen ist, ist die Gefahr recht gering. Den Preisangaben in diesem Buch bitte mit Flexibilität begegnen, da sie sich von Jahr zu Jahr ändern, z.B. in Hotels Zimmerrenovierungen zu völliger Neukalkulation führen, Menüs grundauf geändert können, Ölkrise ja oder nein Einflüsse hat und sich die Wechselkurse ändern.

# Restaurants

Die Küche zählt zu den besonderen Attraktionen des Beaujolais, nicht weil sie so hochgestochen wäre, sondern wegen der Qualität, die man in einfachen Restaurants antrifft. Man ißt französisch, das heißt üblicherweise mehrere Gänge, was auch bedeutet, von jedem Gang kleinere Portionen. Die Restaurants bieten Menüs an, die meist wesentlich günstiger sind als à la carte. Bestellt man dieselben Gerichte à la carte sind die Portionen größer. Kleinere Restaurants haben oft nur Menüs. Übrigens behält man in einfacheren Restaurants das Besteck während des ganzen Essens und legt es, wenn man mit einem Gang fertig ist, aufs Tischtuch, bis der nächste kommt. Neue Bestecke zu jedem Gang sind nur in feineren Restaurants die Regel.

Wo man à la carte bestellen kann, steht es einem selbstverständlich sein Essen frei, sich auf weniger Gänge oder nur ein Gericht zu beschränken, obwohl letzteres sehr unfranzösisch wäre. Fast immer gehört im Beaujolais Käse zum Menü. Es wird erwartet, daß man sich dabei zurückhält, nicht mehr als vier verschiedene Sorten verlangt, wenn man die Wahl hat und sich auch nur mit kleinen Ecken bedient, wenn die Käseplatte vertrauensvoll auf den Tisch gestellt wird.

Wenn man ein Restaurant betritt, wartet man darauf, daß einem ein Tisch zugewiesen wird. Handelt es sich um ein bekanntes Restaurant, sollte man vorher einen Tisch bestellen, auf jeden Fall, wenn man abends essen möchte - und unbedingt für Sonntagmittag.

Mittags sollte man nicht vor 12 Uhr und möglichst nicht nach 13.30 Uhr erscheinen, obwohl man im Beaujolais generell bis 14 Uhr als Gast akzeptiert wird. Danach nur in höchst seltenen Ausnahmefällen. Abends wird immer zwischen 19.30 und 21 Uhr serviert, in vielen Restaurants auch bis 21.30, vor allem im Sommer.

Bedienung ist wie bei uns in der Rechnung enthalten. Trotzdem macht sich ein Trinkgeld gut.

*Weinbestellung:* In einfacheren Restaurants kann man *un pot* (auch *un pichet*) oder *un demi-pot* bestellen. Nicht selten gehört der bereits zum Menü und steht oft schon auf dem Tisch. Dennoch ist Vorsicht bei offenen Weinen und insbesondere beim Faßwein, *tiré de fût*, geboten, die bisweilen bereits einen Essigstich haben können, *piqué* heißt das. Wollen Sie Wein der Gegend genießen, bestellen Sie lieber eine Flasche.

# Rundfunk

Auch in Frankreich florieren private Sender. Im Beaujolais können Sie vier hören, in denen Lokalwerbung gemacht und auf Veranstaltungen hingewiesen wird:

Europe 2 91.7 und 103.1
Fun 95.10
Nostalgie 97.8
Radio-Calade 100.9

# Telefonieren

*Von Frankreich aus:*

**19** - Summton abwarten
nach Deutschland: **49 + deutsche Vorwahl ohne Null**
in die Schweiz: **41 + schweizer Vorwahl ohne Null**
nach Österreich: **43 + österr. Vorwahl ohne Null**
**+ Nummer des Teilnehmers.**

*Nach Frankreich:*

In Frankreich ist man stolz darauf, die Vorwahl (Ausnahme Paris) abgeschafft zu haben. Also wählen Sie
**0033 + (die im Buch angegebene) achtstellige Nummer.**

Im Normaltarif kostet 1 Minute (in Frankreich) zur Zeit FF 4.50. Von 21.30 bis 8 Uhr, samstags ab 14 Uhr und an Sonn- und Feiertagen gibt es Ermäßigung, wenn man ins Ausland telefoniert. Dann kostet 1 Minute FF 3.00.

*Feuerwehr:* Tel. 18 oder 74 65 40 18
*Polizei:* Tel. 17 oder 74 65 45 71

# Wanderführer

Sehr empfehlenswert: *Sentier Pédestres du Rhône*, hrsg. vom *Comité Départemental du Tourisme Pédestre du Rhône*. Bietet 27 Wanderungen, zum Teil mit Variationen, überwiegend in den *Monts du Beaujolais*, und 19 weitere in den lyonnaiser Bergen, jeweils eingezeichnet auf dem entsprechenden Kartenausschnitt und mit Kurzbeschreibungen. In Buchhandlungen, etwa DM 18.

Für ausdauernde Wanderer, auch für ungeübte: Tour des Monts du Beaujolais *GR 7 76*, Topo-Guide du Sentier de Grande Randonnée. *Diese Wanderung führt vom südlich von Tarare gelegenen Ausgangspunkt über Ternand, Beaujeu und Avenas zum Mont Saint-Rigaud (74,5 km) und von dort über Les Echarmeaux und Les Sauvages zum Start zurück (61 km). In Buchhandlungen für ca. DM 16.*

Übrigens sind die Wege des GR das Eldorado der wilden Camper!

# Wein-Information

Alles, was Sie über Beaujolais wissen möchten, erfahren Sie von der *Union Interprofessionnelle des Vins du Beaujolais*, kurz *U.I.V.B.*
210, Boulevard Victor-Vermorel
69400 Villefranche
Tel. 74 65 45 55

# Weinlese

Lesehelfer gesucht! Im Beaujolais wird ausschließlich per Hand gelesen. Das ist harte körperliche Arbeit, aber vergnüglich. Es gibt einen staatlich festgesetzten Lohn für Pflücker und Träger, Unterkunft und Verpflegung, bei der man sich nicht lumpen läßt, die aber auf den Lohn angerechnet wird. Die Lese findet im September statt. Mehr darüber im Kapitel 'Weinwissen'. Wenn Sie Lust dazu haben, fragen Sie einfach bei einem der im Buch genannten Winzer an, oder kontaktieren frühzeitig die

*Agence Nationale pour l'Emploi, kurz ANPE*
42, Rue Paul Bert
69400 Villefranche
Tel. 74 60 30 03

# Weinkauf

Am besten direkt vom Winzer oder bei den Weinhändlern, die ihn abfüllen. Nach den noch gültigen Bestimmungen dürfen Sie 4 Liter zollfrei einführen. Bis 60 Flaschen pro Person passieren ohne Schwierigkeiten, wenn Sie beim deutschen Zoll anhalten, anmelden und ein paar Mark bezahlen (5% des Warenwertes, Ihre Freimenge abgezogen).

# Zeitungen

Tageszeitung: *Le Progrès*, mit umfangreichen Lokalteil und allgemeinen Nachrichten
Wochenzeitungen: *Le Patriote Beaujolais* (2 x wöchentlich )
und *Le Pays Beaujolais* - beide mit Berichten und Nachrichten aus den verschiedenen Kantonen des Beaujolais.

# Villefranche

30.000 Einwohner
Hauptstadt des
Beaujolais
Montags Markttag

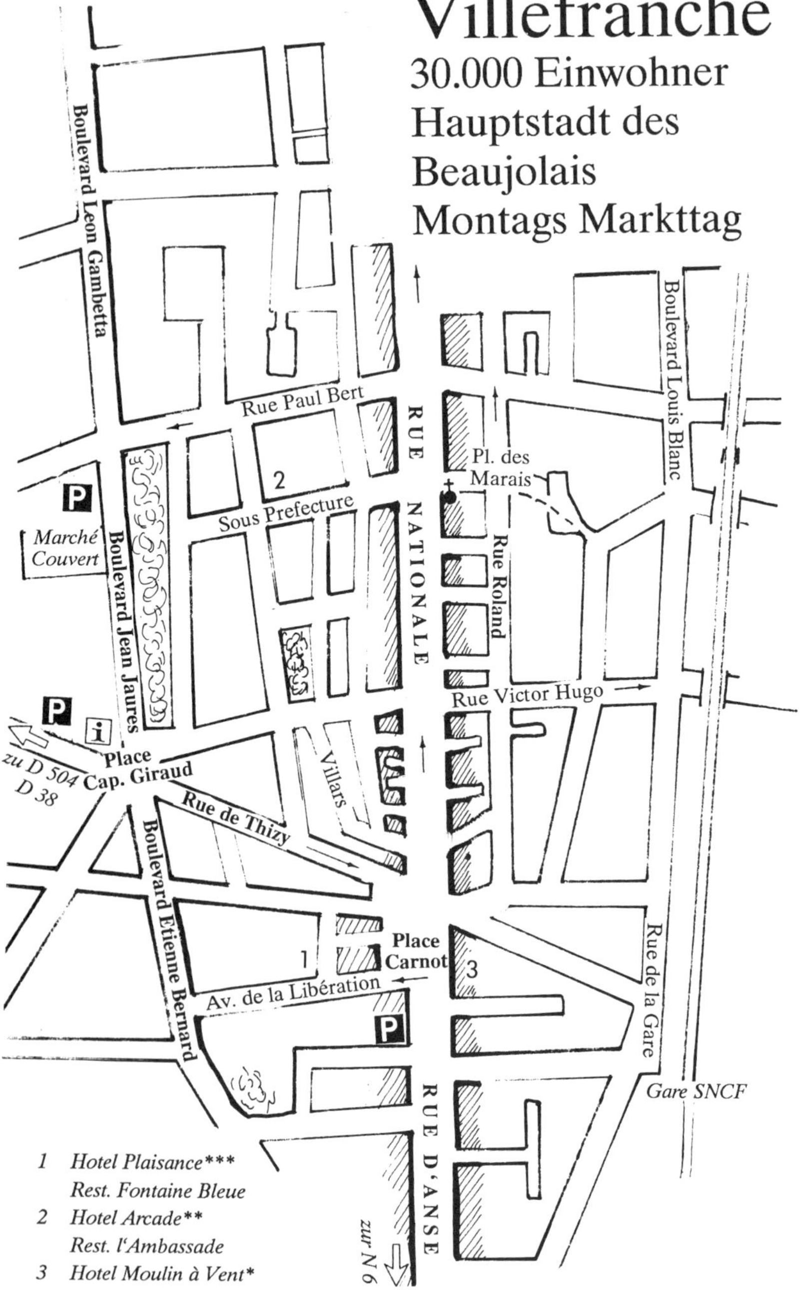


1 *Hotel Plaisance****
*Rest. Fontaine Bleue*
2 *Hotel Arcade***
*Rest. l'Ambassade*
3 *Hotel Moulin à Vent**

*Zwei Dinge machen den besonderen Reiz von Villefranche aus: der Markt und ein Bummel auf der zwei Kilometer langen* Rue Nationale, *dem Rückgrat, der Lebensader und der einzigen lohnenden Einkaufsstraße.*

O r i e n t i e r u n g : Von Norden kommt man auf der N 6 nach Villefranche, indem man an der Ampel rechts abbiegt, statt die Umgehungsstraße zu nehmen. Immer geradeaus auf dem *Boulevard Gambretta* und dem anschließenden *Boulevard Jean-Jaurès* bis zum Marktplatz, der außer am Montagmorgen zum kostenlosen Parken zur Verfügung steht. Von dort aus kann man alles, was in Villefranche sehenswert ist, bequem zu Fuß erreichen. Außerdem befindet sich das *Office de Tourisme* in den Gebäuden an seinem südlichen Ende, Eingang *Rue Thizy*

Wer ein paar Meter Spaziergang sparen will, ordnet sich links ein und fährt um die Ecke zum kleinen Platz an der *Rue Villars*. Dort ist Parken kostenpflichtig. Die *Grande Rue*, wie die Villefrancher stolz die alte *Rue Nationale* nennen, kann man nicht verfehlen. Man braucht nur ein paar Schritte in östlicher Richtung zu tun.

**Montags Markttag**

Den Termin haben sich die Beaujolaiser rot angestrichen. Seit 1427. Und noch immer kommen sie aus allen Winkeln ihres Ländchens am Montagmorgen auf diesen großen Platz. Am ersten Montag im Monat ist er besonders voll. Aber selbst an den anderen wundert man sich über die Anzahl der Stände. Dabei findet man draußen nur die nicht eßbaren Dinge. Alle Arten von Klamotten: die unumgänglichen Kittelschürzen, Jagdgrünes, Arbeitsblaues, Sportbuntes. Alles für drüber und alles für drunter. Alles für Küche und Haushalt, für Weinberg und Garten. Alles erdenkliche aus Plastik, zwischen Nepp und Nippes, Massenschund und Geschmacklosem, Überflüßigem und Abwegigem findet man auch Brauchbares, Solides und Ungewöhnliches. Und halb Beaujolais. Natürlich kommt man nicht nur zum Kaufen. Der Markt ist die große Neuigkeitenbörse. Jedenfalls werden Nachrichten und Gerüchte, Klatsch und Tratsch, Spott und Späße nicht weniger eifrig gehandelt. Kein Gang zwischen den zahllosen Ständen, wo es zügig voranginge. Man läßt sich Zeit. Niemand stört sich am Gestoße und Geschiebe. Markt in Villefranche ist das größte Ereignis der Woche.

Leider ist das Verschleudern der übriggebliebenen Ware aus der Mode gekommen. Als die *Sire de Beaujeu* einst ihr neugegründetes Städtchen attraktiv machen wollten, hatten sie Händler dadurch angelockt, daß sie keinen Zoll auf die Waren erhoben, die zum Markt nach Villefranche gebracht wurden. Gewitzt, wie sie waren, besteuerten sie aber alles, was keinen Käufer fand, empfindlich. Folglich schloß jeder Markt mit einem großartigen Ausverkauf, sehr zur Freude der Bürger.

Nicht weniger geschäftig und gedrängt geht es in der Markthalle, dem *marché couvert*, zu. Hier wird Gemüse, Obst, Fleisch, Geflügel, und Fisch verkauft. Und auf der Empore, von der aus man das Ganze am besten überblickt, Stände mit Käse, Oliven und Trokkenfrüchten.

Außer montags, auch sonntags und freitags morgens und seit letztem Herbst auch Freitag zwischen 16 und 20 Uhr geöffnet.

Und nach dem Markt:

- Bar Le Centre schräg gegenüber vom Office de Tourisme (Ecke Boulevard Jean-Jaurès/Rue Thizy). Ein deftiges Bistro mit typischen Tischen, Holzstühlen und grünen Polsterbänken, natürlich mit Billiard, kaugummikauenden Jungmännern und dem obligaten Klüngel von Veteranen und Pensionären.

**Stadtgeschichte**

Als Humbert III im 12. Jhdt Villefranche gründete, wollte er der Macht des lyonner Erzbischofs eine Festung entgegensetzen. Sein südlicher Konkurrent besaß nämlich die Burg in Anse. Kein anderer Ort bot sich so an als die Nachbarschaft des Zollturms von Limas, wo die Reisenden das Wegegeld zu entrichten hatten, Humberts Haupteinnahmequelle. Übrigens blieb es dabei, denn man wird an dieser Stelle um die Autobahngebühren geschröpft.

Für eine Stadt brauchten die *Sires de Beaujeu* Leute. Um diese zu ködern, lockten die Landesherren mit Privilegien, meist Steuernachlässen. 1260 jedoch gewährten sie den Einwohnern eine Charta und damit enorme Rechte und Freiheiten. Stolz nannte man sich fortan ‘Freistadt’. Außer finanziellen Vergünstigungen wie Steuer- und Gebührenbefreiungen, brauchten die Bürger keinen Waffendienst für die Beaujeus zu leisten. Den Bürgern war zusätzlich ihre persönliche Freiheit garantiert. Zwar behielten sich die *Sires* die Rechtssprechung vor, doch regelten sie einzelne Vorkommnisse auf dem Dokument, das im Rathaus hängt, im Voraus.

Eins erhitzt noch immer die Gemüter: den Bürgern wurde das Recht zugestanden, ungestraft ihre Frauen zu verdreschen. Nur umbringen durften sie sie nicht. Gleichberechtigung herrschte bezüglich Ehebruchs. Konnte der Missetäter überführt werden, mußte er oder sie nackt durch die Stadt laufen. Es sei denn, man bezahlte den vom *Sire de Beaujeu* fixierten Preis. Ob das kleine Reich deshalb solchen Aufschwung nahm? Oder ob dort der Ursprung für Villefranches Sportbegeisterung zu suchen ist?

**Stadtkonzept**

Der ursprüngliche Stadtplan glich einem Schiff, dessen Bug nach Süden (zum Gegner) wies. Dort und auf der gegenüberliegenden nördlichen Seite gab es jeweils ein großes Stadttor, beide waren miteinander durch die Hauptstraße verbunden. Parallel dazu verlief die *rue de derrière*, die Hintergasse. Das war's. Zwei weitere Tore standen auf der Ost- und Westseite.

Links und rechts der *Grande Rue* bauten sich die Bürger ihre Häuser. Pro zwei Meter Fassade entrichteten sie jährlich drei Steuergroschen. Obwohl das für die Zeiten nicht viel war, rechneten sie mit dem Pfennig und gönnten sich nur schmale Häuser, denn dahinter gehörte ihnen der Garten bis zur Gasse. Zwischen Gasse und Stadtmauer, die von siebzehn Türmen bewacht wurde, erstreckten sich die Obstgärten. Das muß man wissen, um die weitere Entwicklung und die Architektur zu verstehen.

Im 14. Jhdt bereits waren die Bürger recht wohlhabend geworden. Deshalb opferten sie ein Stück ihres Gartens, um direkt an der Hintergasse Stall und Remise zu konstruieren. Gegenüber errichteten Handwerker ihre kleinen Häuser. Obstbäume wurden geopfert, Gemüsegärten angelegt.

Im 15. und 16. Jhdt wurden die Villefrancher großspurig. Jetzt spendierten sie sich ein weiteres stattliches Haus zwischen dem an

Au coin tranquille

der Straßenfront und den Ställen. Zum Vorderhaus hin schuf man die Verbindung zunächst durch eine hölzerne Galerie. Um bequem auf die Etagen zu gelangen, baute man - noch kleine - *tourelles*, Türmchen, in denen eine steinerne Wendeltreppe emporführte. Mit der Renaissance wurden die tourelles immer schöner und höher, die Galerien kunstvoll aus Stein gebaut. Nun fügte man eine zweite bis zum Gebäude an der Hintergasse hinzu.

Neue repräsentativere Fassaden brachten das 17. und 18. Jhdt. Immer jedoch verdeckte ein hölzerner Vorbau das Parterre, denn dort hatten die Kaufleute ihre Läden. Dies ist das Modell der Häuser an der *Rue Nationale.*

Ihres Renaissance-Reichtums waren sich die Villefrancher lange nicht bewußt. Erst durch den Einsatz des Historikers *Jean-Jacques Pignard*, seit 1988 Bügermeister, wurden vier Innenhöfe unter Denkmalsschutz gestellt, sechs weitere offiziell verzeichnet. Viele befinden sich aber in einem miserablen Zustand.

**Rue Nationale - La Grande Rue**

Selten gibt es Städte, die im Grunde nur aus einer einzigen Straße bestehen. Und dabei ist die *Rue Nationale* nicht einmal eine Prachtstraße im Sinne einer Miniaturausgabe der *Champs Elyseés*, sondern eine ganz normale Straße.

Der lebendigste Teil der *Rue Nationale*, auch *'La Grande Rue'* genannt, kann nur in Süd-Nord-Richtung befahren werden. Kommt man von Süden auf der N 6 und biegt nicht auf die Umgehung ein, gerät man zwangsläufig darauf und mit einiger Chance in einen Stau. Tagsüber wenigstens.

Die Hausnummern geben die Entfernung in Metern an, die das Gebäude vom Anfang der Straße entfernt steht.

Das eigentliche Zentrum von Villefranche, wo die meisten Leute flanieren und am meisten verdient wird, liegt auf der Höhe der hohen Nummern der *Rue Nationale*, etwa zwischen 900 und 600 Meter. Deshalb beginnen wir am besten von oben, von der *Place Carnot* aus. Die Villefrancher sind so auf diese Straße fixiert, daß höchstens noch in den Seitenstraßen ihres Hauptteils Geschäfte eine Chance zum guten Überleben haben.

■ Besonders interessante Häuser an der Rue Nationale:

*Auf der geraden Seite:*

No. 514 - eines der wenigen, bei denen noch die hölzerne Galerie erhalten ist.
No. 528 - die berühmte *Auberge de la Coupe d'Or* aus dem Ende des 14. Jhdts. Damals gab es über 30 Herbergen, mehr als heute Hotels. Im 17. Jhdt verändert, schöne Rundbögen, alter Brunnen, Geländer aus Schmiedeeisen.
No. 588 und 594 - Fassaden aus unterschiedlichen Epochen, rechts gotisch, links schon sehr von der Renaissance geprägt.
No. 816 - das alte Rathaus aus dem 16. Jhdt, in der Passage rechts ein schöner kleiner Hof mit Brunnen aus derselben Zeit.
No. 834 - das 'Bourbonenhaus', einer der schönsten Innenhöfe. Mit einem Wappen der Herzöge von Bourbon und den Initialen von Anne de Beaujeu und Pierre de Bourbon. Beeindruckendes Gewölbe.

*Auf der ungeraden Seite:*

No. 375 - Haus aus dem 17. Jhdt., mit breitem elegantem Durchgang. Interessanter offener, hoher Treppenturm, an dem oben eine Pulverbüchse angebracht ist, um ins Turmzimmer zu gelangen. Zweiter Hof.
No. 523 - Haus der Mignot de Bussy, einer einflußreichen Familie, bei der Louis XIV übernachtete. Fassade und Fenster des Innenhofes aus dem 17. Jhdt. Zweiter Innenhof mit achteckiger *tourelle*. Küche mit Riesenkamin (nur bei Führungen zugänglich).
No. 761 - Fassade aus dem 18., doch Turm im Hof aus dem 16. Jhdt. Durchgang bis in die Seitenstraße. Bemerkenswerte Türschlösser.
No. 793 - großzügiges Haus, Treppe aus dem 18. Jhdt, schmiedeeiserne Galerie. Wohnhaus von Madame Rolland (s. unter 'Theizé').

Genieren Sie sich nicht: treten Sie ein, wenn Sie an der *Rue Nationale* eine Tür zum Innenhof offenfinden! Viele Hinterhäuser sind ohnehin vermietet. So können Sie Einblicke in das alte Villefranche gewinnen.

*Rue Rolland* - Auch parallel zu der ungeraden Seite der Grande Rue existiert noch die Hintergasse, auch wenn sie teilweise sehr verändert wurde. Einen guten Eindruck bietet das Stück von der *Place du Marais* nach Süden. Dort sieht man noch die typischen kleinen Häuser der Handwerker. In der No. 156 gibt es einen Schuster.
*Rue d'Anse*: Der südlichste Teil, die Rue d'Anse, hat wenig oder gar keinen Flair, denn einst lag sie vor den Stadttoren. Es geht ruhig zu. Das merkt man schon daran, daß sie keine Einbahnstraße ist, es trotzdem keine Staus gibt und man oft einen Parkplatz findet. Die Läden sind klein, nett und provinziell. Es gibt Schlachter, Bäcker, Blumen, Kurzwaren, Reinigung und Friseur.

▪ **F e s t** : *La Fête des Conscrits* heißt Villefranches Hauptfest am letzten Sonntag im Januar oder *La Vague*, die Welle, wie es Auswärtige nennen. Es geht auf die Aushebungen der Armee im 18. und 19. Jhdt zurück, als die jungen Männer ein Los ziehen mußten, das ihnen entweder 7 Jahre Militärdienst bescherte oder nicht. Diejenigen, die eingezogen wurden, feierten am Abend ihrer Abreise.

Heute finden sich alle Ex-Wehrpflichtigen, die gerade ein volles Jahrzehnt begehen, zu einem langen Wochenende mit rauschenden Festen zusammen. Höhepunkt am Sonntagmorgen, Schlag elf Uhr, wenn hinter den Klängen einer Militärkapelle die *Conscrits* - je nach verschiedenen Altersgruppen und vornehm in Fracks gekleidet - Arm in Arm die *Rue Nationale* herabdefilieren und dabei von einer Straßenseite zur anderen schwanken - wie Wellen. Ihrem Alter entsprechend tragen sie bunte Bänder um die schwarzen Zylinder: von grün für 20 Jahre bis tricolor für 80 und 90. Alles andere als ein militaristisches Ereignis. (Viele Dörfer zelebrieren ihre eigene *Vague* an anderen Terminen.)

### Nôtre-Dame des Marais

Schäfer sollen im Mittelalter eine Madonnenstatue an der Stelle im Sumpf gefunden haben, wo jetzt die Stiftskirche an der *Rue Nationale* steht. Ihr ältester Teil, von dem nur der kleine Glockenturm über dem Chor zeugt, stammt aus der romanischen Epoche. Mit der Bevölkerung wuchs die Kirche. Die unsymmetrische Fassade in 'flammender' Gotik und den Glockenturm stifteten *Pierre de Bourbon* und *Anne de Beaujeu*. Ihre Porträts sind als Kachelbilder an der benachbarten Hauswand zu sehen. Leider wurden viele der Steinstatuen während der Religionskriege, insbesondere beim Überfall des Baron des Adrets 1562, zerstört. Bei Reparaturen vier Jahre später ging die Turmspitze in Flammen auf. Später ließ sich die Revolutionswut an und in der Kirche aus: mehrere Tage lang brannte ihr Inventar auf dem Pflaster. Erst nach 1850 begann man sie zu restaurieren und gewährte ihr eine neue Turmspitze. Inzwischen nagen Zahn der Zeit und Autoabgase am schwarzgewordenen Stein. Erste Versuche einer Restaurierung laufen.

Trotz des imposanten Kirchenschiffs und der Glasfenster - das älteste aus dem 14. Jhdt stellt die Jungfrau mit dem Kind dar - ist *Nôtre-Dame des Marais* von außen interessanter als von innen. Zumal die Wasserspeiher, darunter die *luxure*, Sinnbild der Unzucht, eine Nonne, die sich einem Ziegenbock hingibt. Im Mittelalter wurde der Markt noch auf dem Pflaster vor der Kirche abgehalten, das aus flachen, *calades* genannten, Platten bestand. Daher der Name 'Caladois' für die Einwohner von Villefranche.

**Place du Marais:** ein neuangelegter ruhiger Platz hinter der Kirche, wo man gemütlich vor der *Brasserie du Marais* draußensitzen kann. Guter offener Beaujolais. Gleich an der Ecke eine Fundgrube für Comicfans: der auf *bandes dessinées*, kurz B.D., spezialisierte Buchladen, französische Comics für jung und alt.

Jeden 2. Sonntag im Monat von 9 bis 18 Uhr Künstler- und Handwerkermarkt.

▪ **Baden**: Die Badestelle an der Saône, Route de Riottier, ist wenig vertrauenserweckend, Lastkähne tuckern vorbei, Motorboote zischen vorrüber. Doch zum Ausruhen oder für ein Picknick sind die Wiesen ideal. Zur Saison sind sie allerdings sehr gut besucht. Dann gibt es hier auch täglich von 10 bis 19 Uhr: Kurse für Windsurfen, Kanu und Tennis. Schräg gegenüber gebührenpflichtiger Picknickplatz.

## *Gute Adressen in Villefranche*

i : *Office de Tourisme*, 290, Rue de Thizy, Tel. 74 68 05 18. Geöffn. von 9 - 12 Uhr und 13.30 bis 18 Uhr im Juli u. August von 14.30 bis 19 Uhr. Hier erhalten Sie - auf deutsch - u.a. auch eine vollständigere Liste sehenswerter Häuser mit kurzer Beschreibung.

▪ Wohnen und Essen:

Villefranche hat an die 20 Hotels (* - ***). Bei den 2-Sterne-Hotels handelt es sich überwiegend um Neubauten mit modernem 08/15-Komfort, die in der Nähe der Autobahnausfahrt Villefranche stehen.

Das gediegenste Haus am Platze: *Hotel Plaisance****, 96, Avenue de la Libération, Tel. 74 65 33 52. (Siehe Stadtplan, Nr. 1) Von Service und Komfort tadellos, die Einrichtung ziemlich verplüscht, Stil sechziger Jahre. DZ von DM 74 bis 100. Gleich daneben ein bürgerliches Restaurant (s.u.)

Zentral gelegen das moderne *Hotel Arcade***, 146, Rue de la Sous-Préfecture, Tel. 74 62 01 04 (s. Stadtplan, Nr. 2), öffentl. Parkplatz vor der Tür. Die Zimmer sind sauber, aber nicht sehr großzügig, vor allem der Dusch- und Waschraum ist recht beengt. Dafür gibt es Farb-TV mit 15 Programmen und überall die Lieblingsfarbe des Innenarchitekten: blau. EZ DM 76, DZ DM 84, Kinder bis 12 Jahre gratis, mäßiges Frühstücksbüffet für DM 10, netter Empfang.

Dem Hotel angeschlossen das *Restaurant L'Ambassade* helle, klare Atmosphäre, besser als Frühstücksraum geeignet. Gutes beaujolaiser Essen, dürftige Käseauswahl, ausreichende Weinkarte. Ausgezeichneter, im Barrique ausgebauter Beaujolais blanc.

Auf der Stirnseite der Place de la Libération das *Hotel Moulin-à-Vent**, 81 Rue d'Anse, Tel. 74 68 36 13 (s. Stadtplan, Nr. 3). Einfache ordentliche Zimmer mit Dusche ohne WC für 30 u. 33 DM, mit WC für DM 39 u. 44. Im Parterre ein modernes, nichtssagendes Bistro.

▪ Camping Municipal***, Route de Riottier, Tel. 74 65 33 48 (Autobahnausf. Villefranche, dann sofort rechts). Städtischer Campingplatz 50 m von der Saône, 127 Plätze unter Platanen.

100 Meter vorm Campingplatz: *Hotel Les Platanes*, nette Lastwagenfahrerkneipe. Menü DM 16, schöne Terrasse.

▪ Restaurants und Bistros

Gleich neben dem Hotel Plaisance das traditionelle Restaurant *La Fontaine Bleue* (Avenue de la Libération, Tel. 74 68 10 37). Ein bürgerliches Eßlokal, gepflegte Atmosphäre und Spitzendekken, nette Bedienung und geschmackvolle Bilder, auf denen es gemütlich regnet. Sehr gemischtes Publikum. Die Küche ist ordentlich, die Zutaten gut, das Magret de Canard aux Griottes gelungen, sonst fehlt es oft am besonderen Pfiff, guter Käsewagen. Menüs zwischen 26 und 82 DM.

Restaurant *La Ferme du Poulet*, 180, Rue Georges Mangin, Tel. 74 62 19 07. Da sticht einen der Wahnsinn ins Auge! Mitten im Industriegebiet und in direkter Nachbarschaft der Autobahn hat allein dieser Hof aus dem 16. Jhdt überlebt. In dem Stück Platanenallee, das erhalten blieb, sollte man zwischen Asphalt, Hangars, Beton und Neonreklamen darüber nachdenken, wie schön der Fortschritt ist! Das Restaurant, das Jacques Rongeat und seine Frau in dem restaurierten Hof führen, bietet ein geschmackvolles und passendes Interieur. Die Tische sind gediegen, Speisekarte und Preise ebenso. Die letzteren werden den Damen vorsichtshalber nicht verraten. Leider entspricht das, was serviert wird, nicht ganz dem äußeren Flair, was nicht heißt, daß es schlecht ist. Menüs 49, 62, 85 DM.

Das beste Bistro der Stadt: *L'Epicerie*, 55, Rue de Thizy, Tel. 74 62 04 04 (s. Stadtplan), in einem alten Feinkostladen untergebracht. Im Hinterzimmer liegen hinter Glas einige alte Packungen und Flaschen, die hier früher verkauft wurden. Unter den Fotos an der Wand ist auch eins vom ehemaligen Laden. Sehenswert: die Sammlung alter Damenhüte und der Wirt mit seinem großartig gezwirbeltem Schnauz.

Man sitzt an alten Bistrotischen, hockt auf alten Bistrostühlen, ißt lyonnaiser Spezialitäten: das heißt deftig. Allein die Salate, bei denen selten auf Speck oder Geflügelleber verzichtet wird, stopfen einen normalen Appetit (DM 9 bis 13), andere Vorspeisen wie marinierter Lachs, Carpaccio oder die üppigen Schlachtwaren von DM 14 bis 17. Steaks kosten nach Güte, ob Beef- oder Filetsteak zwischen DM 18 u. 26. Reichliche Hauptgerichte, oft von einem Berg Speckgemüse begleitet, wie man's hier liebt. Tagesmenü für DM 20. Kleine Weinauswahl, Crus um DM 23, guter offener Beaujolais. Küche bis 23.30 Uhr.

Vietnamesisch, vegetarisch und symphatisch: Das kleine *Le Printemps du Vietnam*, 60 rue Déchavanne, Tel. 74 62 39 88. Mittagsmenü für DM 14, abends DM 19 oder mehr, gutes vegetarisches Menü DM 20.

*Le Tire Bouchon*, 236 Rue d'Anse, ein Bistro im lyonnaiser Stil mit niedriger Stuckdecke. Die Atmosphäre ist ungezwungen, dafür versackt man in den roten Lederbänken. Menüs kosten DM 20 (nur mittags), DM 26 und 31. Spezialität des Hauses sind selbstgemachte Teigwaren: Nudeln mit Krabben oder Lassagne mit Spinat und Kalbshirn. Empfehlenswert sind *Fricassée de gigot d'agneau* und das *Faux-filet*, ein Rindersteak. Trotz des Namens 'Korkenzieher' ist die Weinkarte dürftig. Essen bis 23 Uhr.

*Café de Paris*, 3 Rue d'Anse. An der lautesten Ecke der Stadt. Hier stand einst das südliche Stadttor. Beliebt bei jungen Leuten. Nennt sich 'Bar à Vin' und schenkt die Crus des Beaujolais glasweise aus. Man hockt an Biedermeier-Tischen, unter mit Glasperlen behängten Lampenschirmen, blickt auf rote Stofftapete, messingverzierten Thresen und die reichlich angemalte Bedienung. Bei schönem Wetter sind die wenigen Tische auf dem schmalen Trottoir heißbegehrt.

- **Läden und Geschäfte in der Rue Nationale:**

*Librairie des Ecoles*, No 986. Dies ist die beste Buchhandlung der Stadt. Die Auswahl von Beaujolais-Büchern ist deshalb so dürftig, weil es nicht mehr gibt.

*Maison de la Presse*, No. 539. Hier finden Sie die französische Presse bestens sortiert, deutsche Zeitschriften gibt es bestenfalls in den Sommermonaten.

*Au Planteur des Bamboutos*, No. 833, ein moderner Kaffee- und Teeladen mit einer ausgezeichneten kleinen Bar, an der man unter vielen verschiedenen Kaffeesorten wählen kann. Di geschlossen.

*Patisserie - Confiserie Lartaud*, No. 622 (Ecke Rue Paul Bert). Ein ganz traditionelles Geschäft, berühmt für ihre 'Bouchons beaujolaises', korkenförmige Pralinen und die 'Grapillons', aus Schokolade gefertigte Trauben, die in Flaschen verpackt werden. Auch das Eis und die Bavarois schmecken ausgezeichnet.

Ein anderer guter Chocolatier und Konditor ist *Chollet*, No. 1050.

Auf Höhe der No. 476 die *Rue du Faucon*, das Eckhaus mit seinem ursprünglichen Fachwerk stammt aus dem 15. Jhdt - die 1. Querstraße, *Rue Déchavanne*, die frühere *rue de derrière* und ein Stück Morbidität. Geich an der Ecke links *Le Grenier Caladoi*, ein Brocante-Schuppen. Mo u. Sa 9.30 - 12.30, sonst 14 - 19 Uhr.

Die Geschäfte mit den niedrigeren Nummern der Rue Nationale zeigen wieder den Hauch von Provinz, doch hier auch die frechsten Boutiquen: *Piment*, No. 190, *Zed*, No. 152.

*Venet*, No. 269: Ein guter Traiteur mit typischen Gerichten wie *Quenelle,* Hechtwürstchen oder *Andouillette*, der Kaldaunenwurst.

In der **Rue d'Anse**: *Crèmerie*, No. 255, eine gute Auswahl an Ziegenkäse, luftgetrockneten Würsten, Berghonig und Beaujolais-Weinen.

## *Das alte Weingut 'Château de Vaurenard'*

*Direkt an der Stadtgrenze von Villefranche, in seinem Vorort Gleizé, steht rechts von der D 504 das* Château de Vaurenard *(s. Karte S. 56) auf einer kleinen Anhöhe. Zu dem Gut gehören 20 ha Weinberge, von denen der größte Teil in einem enormen Clos (umgeben von einer Mauer) auf der nördlichen Seite des Schlosses liegt.*

*Der junge sympathische* Ghislain de Longevialle *ist der erste aktive Winzer in der über 300 Jahre alten Familientradition und entschlossen, den schönen Clos vor den Wucherungen der Stadt zu bewahren. Er macht einen guten, typischen Beaujolais, der fruchtig, süffig und unkompliziert ist und verkauft auch selbstabgefüllten Primeur. Um DM 6 die Flasche.*

*So ausladend das Schloß mit seinen angrenzenden Wirtschafts- und Kellergebäuden und der integrierten Kirche ist, so sehr macht sich auch die Vergänglichkeit an ihm zu schaffen. Dabei versuchen die Longevialle, alte Zeit zu bewahren, so gut sie's vermögen. In den wenig veränderten Zimmern, sieht man von zeitgenössischen Utensilien wie einem Fernseher ab, ist alles original 18. Jhdt von der Tapete bis zum Bodenbelag. Nur die Wasserflecken an der Stuckdecke sind jüngeren Datums.*

Baron de Richemont *kam oft zu Gast und starb am 10.8.1853 auf dem Schloß. Richemont gab vor, Louis XVII zu sein, Sohn von Louis XVI und Marie-Antoinette. "Louis Philippe ließ ihn nach 1830 verhaften und des Komplotts gegen den Staat anklagen", erzählt Louis de Longevialle. "Es ist seltsam, obwohl die Polizei ihn in Händen hielt, versuchte man nicht, die Identität dieses Mannes herauszufinden. Das ist selten in der Geschichte der Justiz." Fünfzig Briefe von Richemont werden auf Vaurenard verwahrt, Briefe voll Finesse, in schöner Schrift, ohne Fehler geschrieben von einem Schlachtersohn, wie manche behaupteten. "Wenn er seine Geschichte gelernt hat", sagt der jetzige Schloßherr, "dann tat er es so gut, daß er sie am Ende selbst glaubte. Ich würde gerne wissen, wer er wirklich war, ob Louis XVII oder nicht." Baron de Richemonts - fast vergessenes - Grab befindet sich auf dem Friedhof von Gleizé. (Weinverkauf während der Woche)*

## Château de Chervinges****

*Das einzige 4-Sterne-Hotel im Beaujolais - 4 km westlich von Villefranche, zwischen der D 504 und der D38 im gleichnamigen Weiler gelegen (s. Karte S. 56) - ist nicht leicht zu finden: Das Schild an der Einfahrt war dezent überwachsen. Über einen Kiesweg holperte mein Auto durch große Pfützen und unter alten Bäumen auf ein großes altes Bürgerhaus (18. Jhdt) zu. 'Blättert alles etwas ab', war mein erster Eindruck an diesem Spätsommerabend. Gerade war ein Gewitter niedergegangen. Im nahen Weinfeld standen pudelnasse Punks halbnackt mit verdrossenen Mienen. Auch das gehört zur Weinlese.*

*Wer 4 Sterne an französischen Hotels als Verheißung (und meist Gewähr) für ein bis ins kleinste ausgetüfteltes Gast-Haus versteht, wo jedes Gelaß Behaglichkeit ausstrahlt und das Bad als Tempel ausstaffiert ist, wird hier eines anderen belehrt. Der Luxus von Chervinges besteht zunächst darin, daß man in einem - seien wir großzügig - Schlößchen nächtigt. Daß überall der Lack etwas abgeplatzt, daß die olivgrüne Wanne klein und die Ausstattung spießbürgerlich ist, daß man im Bett fast auf den Boden sinkt, die Überdecke zerknittert wirkt, daß das Mobiliar zwar stabil, aber geschmacklos ist, daß man eine Minibar zur Verfügung hat, doch darin nur ein Drittel des aufgelisteteten Sortiments, das muß man schon dafür hinnehmen. Schließlich war es ja auch eines der billigsten Zimmer, für nur etwas über DM 200.*

*Dann öffnete ich das Fenster. Frische feuchte Luft drang herein. Es roch nach Erde, Blättern, Gras. Die schönen Bäume glänzten. In ihrem Rauschen löste sich der ferne Verkehrslärm auf. Etwas Altes, längst Vergangenes schien aufzuwachen. Eine sonderbare Stimmung. Sie begleitete mich die breite Treppe hinab, an der liebenswürdigen Dame des Hauses vorbei in den ehrwürdigen Eßsaal mit grandiosem Kernholzparkett, hohen Fenstertüren und blumigen Stofftapeten und Vorhängen.*

*Die großen Tische mit den hohen Polsterstühlen waren schön gedeckt. Man speist à la carte. 15 Gerichte stehen zur Auswahl: 7 Vorspeisen, 1 Fisch, 7 mal Fleisch. Vorspeisen von DM 23 bis 47, Hauptgerichte von DM 39 bis 79. Diesem Preisniveau halten die Speisen, die es an Finesse fehlen lassen, nicht stand. Lange Liste von Burgundern und Bordeaux, eine sehr spärliche an Beaujolais. Lukullischer Höhepunkt war eindeutig das Frühstück für DM 16 mit guten Konfitüren und frischgepreßtem Orangensaft.*

*Das Hotel bietet außer seinem Park, Swimmingpool und Tennisplatz - viel Nostalgie.*

- *Hotel Château de Chervinges*****, Hameau de Chervinges, Gleizé, Tel. 74 65 29 76

## Château de Boisfranc - Biowein und Tanz

*Das* Château de Boisfranc *bei* Liergues *(s. Karte S. 56) wurde 1864 von einem reichen lyonner Seidenfabrikanten auf dem Plateau von* Jarnioux *erbaut. Obwohl er nur wenig Weingärten rundherum anlegte, spendierte er sich ein ebenso großes wie schönes Kellergebäude. Die Familie Doat zog 1905 ein, aber erst in den fünfziger Jahren vergrößerte Robert Doat die Weinberge. Heute bearbeitet Sohn Thierry 17 Hektar, davon rund 10 biologisch.*

*"Ich begann 1983 damit, 2 Hektar biologisch zu kultivieren", erzählt er. "Danach habe ich es progressiv erweitert, denn die Methoden sind nicht so selbstverständlich. Das große Problem hier ist vor allem die mechanische Unkrautbekämpfung." Der Boden um die Rebstöcke muß freigehalten werden, was bei 9000 Stück pro Hektar, die auf Grund des vorgeschriebenen Schnitts niedrigwachsen, kein schnell zu lösendes Problem ist. Mit Gründüngung und Mähgerät versucht Thierry es jetzt, nachdem er lange Jahre zur Hacke griff.*

*"In jedem Fall ist die Weinqualität im biologischen Anbau eindeutig besser", sagt er. "Es ist offensichtlich, daß der biologische Anbau erlaubt, Trauben zu ernten, die ausgewogener und sehr viel reicher an Zucker sind. Da ist man nicht gezwungen, tonnenweise Zukker zuzugeben, um den Alkoholgehalt zu erhöhen." Seit einer Reihe von Jahren konnte er jedes Mal mehrere Gärbehälter ganz ohne* Chaptalisation, *ohne zusätzliche Zuckerung vinifizieren (s. Abschnitt 'Weinwissen'). Die Qualitätsnormen von* Nature et Progrès *erlauben immerhin noch eine Aufzuckerung von 1% Alkohol, was 17 g Zucker pro Liter entspricht.*

*"Wir haben immer* Primeur *gemacht. Mit dem biologischen Anbau veränderte er sich. Früher bekamen wir in den Weinwettbewerben Prei-*

*se, die wir jetzt nicht mehr erhalten. Die Weine entsprechen nicht dem augenblicklichen Geschmack des Publikums. Jetzt findet man im* Beaujolais *Aromen von Banane und englischen Fruchtdrops, den kann man mit biologischen Trauben nicht erhalten." Dann müßte man früher lesen, aber Thierry Doat wartet lieber, bis die Trauben "schön reif" sind. Sein Wein schmeckt nach roten Beeren, etwas weniger nervös als üblicher* Beaujolais Nouveau, *aber an Kunden, die ihn vorziehen, mangelt es nicht. Der kräftigere* Beaujolais biologique 1987 *gewann 1988 immerhin die Goldmedaille in Frankreichs reputiertestem Weinwettbewerb in Mâcon.*

*Was die Vinifikation betrifft, schwört Thierry Doat auf die Errungenschaften moderner Önologie: Temperaturkontrolle und Preßluftfilter, denn beide garantieren, daß die Aromen der Trauben nicht leiden. Entwickelt werden seine Weine in alten großvolumigen Eichenfässern, die unter dem eleganten Säulengewölbe des Kellers liegen. Dort unten macht es am meisten Spaß, sie zu probieren.*

*Ein so großer Besitz wie Boisfranc kostet Unsummen, um instandgehalten zu werden. Familie Doat hat deshalb ihre Türen für Gäste und für Feste geöffnet. Manche Hochzeit ging schon in den gediegenen Räumen des Châteaus über die Bühne. Vor allem kann man sich aber bei ihnen privat einquartieren. Ich war völlig verblüfft, als Monsieur Robert Doat mich ins Zimmer geführt und die Tür hinter mir geschlossen hatte. Denn hier war ich wirklich Gast, nicht in einem extra für zahlende Kunden hergerichteten Zimmer, sondern in einem ganz persönlichen Gemach. Später erfuhr ich, daß alle Räume des Châteaus von den Kindern und deren Familien zu Ferienzeiten okkupiert werden. Das Bad stammt aus der Nierentischzeit: ein einzige Plastikeinheit, in der Wanne, Bidet, Waschbecken und Boden aus einem hellblauen Guß sind. Die Apparaturen würden sich im Kommandostand eines Raumschiffs gut machen.*

*Aus dem Fenster blickt man zwischen den großartigen Bäumen des Parks hindurch weit über die Ebene der Saône. Bei jedem Schritt knarrten die Dielen, als wollten sie Geschichten erzählen: echte Schloßatmosphäre. Dazu herzliche Aufnahme vom weitgereisten, weltoffenen und charmanten Ehepaar Doat - und ein herrliches Frühstück mit selbstgemachten Konfitüren und dem besten Tee, den ich im Beaujolais bekam. Im Schloß stehen Gästen verschiedene Räume zur Verfügung. Interessant ist, daß es eigentlich drei kleine, von einander unab-*

*hängige Appartements gibt, von denen zwei über drei, eins über zwei Zimmer verfügt: ideal für gemeinsame Tage mit Freunden oder für Familien.*

*Feingliedrig mit schmalem Gesicht entspricht Thierrys Äußeres ganz und gar nicht dem Klischee vom jovialen, eher etwas rauhbeinigen und übergewichtigen Winzer, aber durchaus dem seiner zweiten Leidenschaft: dem modernen Tanz. Das Stockwerk über der großen Kellerei bietet ihm den Platz, sie auszuleben und mit anderen zu teilen. Dort hat er einen großen Saal hergerichtet, weiß von oben bis unten mit großen Spiegeln. In jedem Sommer lädt er international bekannte Tänzer und Choreographen zu Workshops nach Boisfranc ein. Meist ist* Ann Papoulis, *die im Studio von* Merce Cunnigham *in New York unterrichtet, dabei. Ein großer Erfolg sind die Kurse in* Buto, *einem traditionellen japanischen Tanz, "einem Spiel von Inkarnation und Integration der Elemente und Charaktere", geleitet von* Sumako Koseki, *einer in Frankreich lebenden Choreographin und Malerin. Andere Workshops wurden von* Ann Koren, Irene Hultman, Masaki Iwana *und* Mic Guillaumes *betreut.*

▪ *Château de Bois-Franc*, Robert Doat, 69640 Jarnioux, Tel. 74 68 20 91, Fax 74 65 10 03. Pro Zimmer, inklusive Frühstück, DM 49 bis 75.

In den Monaten Juli u. Aug. finden nacheinander verschiedene Tanzkurse statt. Jeder Kurs geht über eine Woche. Teilnahmegebühr: etwa DM 400, zzgl. DM 190 für die vegetarische Verpflegung. Für die Übernachtung in den einfachen Schlafräumen der Domäne werden pro Nacht 8.50 DM berechnet.

*Anfahrt:* Nehmen Sie von Villefranche aus die D 31 nach Chervinges Richtung Jarnioux. Nach etwa 9 km links das Château de Boisfranc.

## Weitere gute Adressen in der Umgebung von Villefranche

▪ Wein: Einer der besten Weißweine des Beaujolais: der in neuen Eichenfässern ausgebaute *Chardonnay* der *Cave Coopérative de Liergues*.

▪ Essen: Mitten in Liergues, 6 km südwestlich von Villefranche (an der Kreuzung D 38/D 116): *Auberge de Liergues* (Tel. 74 68 07 02), zwar modern, doch vom Rahmen wie der Küche typisch Beaujolais. Menüs 18 bis 43 Mark.

▪ Reiten: *Assoc. Beaujolaise des Amis du Cheval* in Denicé (7 km westl. von Villefranche, an der Kreuzung D 76/504): Les Barrières, Tel. 74 67 33 27.

*Das Land der Goldenen Steine*

# Der Süden

Der Zauber dieser Region liegt in den Steinen, aus denen die Häuser, die alten wenigstens, gebaut wurden: teils gelbliche, teils ockerfarbene Kalksteine, die im Sonnenlicht, je nach Tagesstunde, andere Töne annehmen. Oft hat man sie mit frischen Broten verglichen.

Das Land der Goldenen Steine ist auf keiner Landkarte verzeichnet und stellt keine politische Einheit dar. Sein Gebiet liegt zwischen dem Tal des *Azergues* oder der *D 485* und der *D 504*. Es ist die Region des einfachen Beaujolais, die erst seit dem Erfolg des Beaujolais Nouveau wirtschaftlichen Aufschwung erlebte. Erst während der letzten zwanzig Jahre gaben die Bauern ihre *sécurité sociale* auf, wie der ehemalige Winzerpräsident *Papa Bréchard* die Kühe nannte. Auf den überwiegend tonkalkigen Böden wachsen nicht so edle Tropfen wie auf dem Granit im Norden. Außerdem waren die Bauern, die Mischwirtschaft betrieben, keine Experten im Weinmachen. Zum Glück schlossen sie sich zu *Caves Coopératives* zusammen und überließen Önologen und erprobten Kellermeistern diese Aufgabe. Seither findet man auch im Süden des Beaujolais gute Weine.

# Der Süden

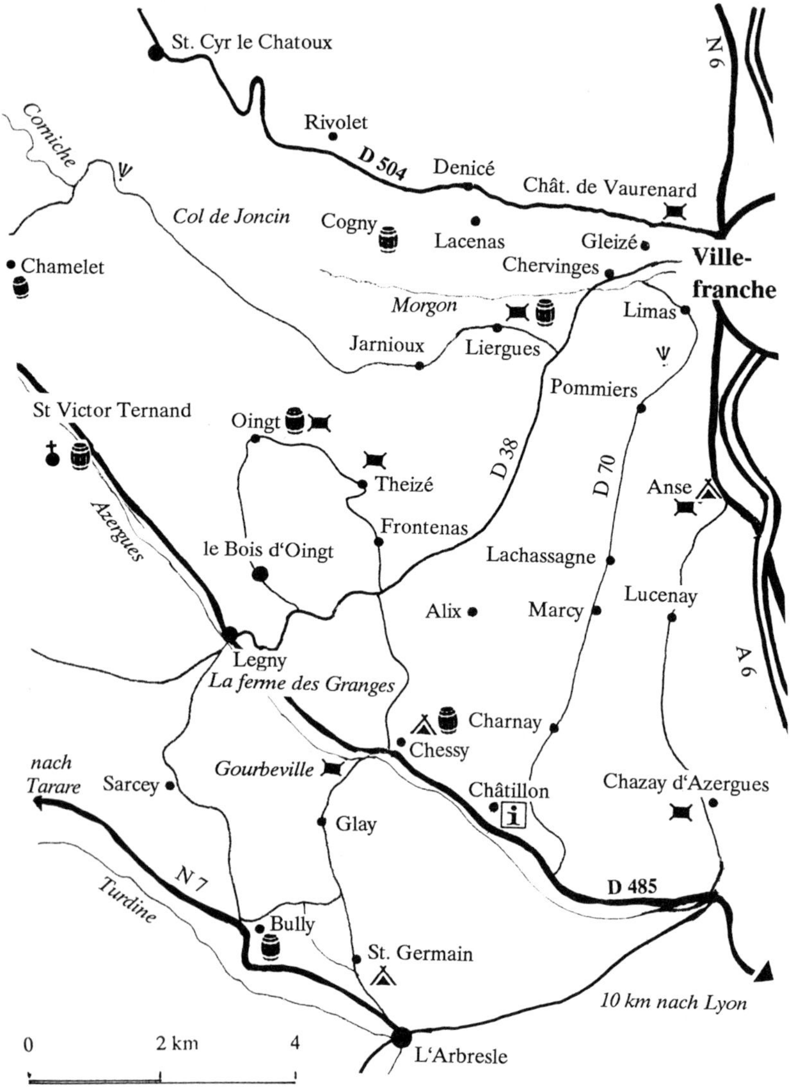
St. Cyr le Chatoux
N 6
Corniche
Rivolet
D 504
Denicé
Chât. de Vaurenard
Col de Joncin
Cogny
Lacenas
Gleizé
Chamelet
Chervinges
Ville-
franche
Morgon
Limas
Jarnioux
Liergues
Pommiers
St Victor Ternand
Oingt
D 38
D 70
Theizé
Anse
Azergues
Frontenas
le Bois d'Oingt
Lachassagne
Lucenay
Alix
Marcy
A 6
Legny
La ferme des Granges
Charnay
Chessy
nach
Tarare
Sarcey
Gourbeville
Châtillon
Chazay d'Azergues
Glay
N 7
D 485
Turdine
Bully
St. Germain
10 km nach Lyon
0
2 km
4
L'Arbresle

Landschaftlich bietet das *Pays des Pierres Dorées* mehr Reize als der noble Norden, denn nicht jede Fläche ist mit Weinstöcken bepflanzt. Der Boden ist nicht so knapp wie in den zusammengedrängten Crus, die Bedingungen nicht überall geeignet. Auch ist es gewellter. Folglich findet man mehr Bäume und Gebüsch, Täler und Wiesen, mehr Freiheit, sich zu bewegen. Hier blickt man nicht auf das Tal der *Saône*, das mit seinem Verkehr an unseren Alltag anknüpft. Hier scheint die Zeit anders zu schlagen, gemächlicher. Die kleinen alten Orte träumen von der langen Vergangenheit. Zwar hat sich in diesem alten Bauernland der Mensch die Natur zunutze gemacht, aber sie scheint es sich gern gefallen zu lassen. Eine seltene Harmonie. Kurz: ein Ländchen zum Umherstreifen.

# Cogny und Lacenas

*Zwei Winzerdörfer (7 bzw. 9 km westlich von Villefranche, leicht über die D 504 zu erreichen), die nördlichsten Orte des Pays des Pierres Dorées.*

Kommt man von Norden, hat man den Eindruck, hier beginnt das Land der Goldenen Steine, denn *Cogny* (700 Ew.) leuchtet auf seinem Hügel ocker-golden und wäre ein ungestört erfreulicher Anblick, wären die Gemeinderäte nicht auf den Gedanken gekommen, den Dorfnamen in einer Blumenrabatte riesengroß bekanntzugeben.

In Cogny ist am Platz alles beieinander: die Kirche, gegenüber das Bistro und an der Ecke der *Caveau* der Probierkeller, zu dem man tatsächlich hinabsteigt.

**Die Cuvage des Compagnons du Beaujolais**

Einen Katzensprung von Villefranche steht vor dem Ort *Lacenas* die *Cuvage des Compagnons du Beaujolais*. Dieses langgestreckte Gebäude, in dem früher die Weine des *Château Montauzan* goren, ist seit 25 Jahren Sitz der bedeutendsten Weinbruderschaft des

Beaujolais, und wohl der aktivsten in Frankreich überhaupt. Ohne den nimmermüden Einsatz der *Compagnons*, allen voran ihr *Grand Tabellion Gérard Canard* die überall in der Welt für die Weine ihrer Heimatregion warben und werben und immer für Stimmung sorgen, wäre der Beaujolais heute gewiß nicht der bekannteste französische Rotwein.

Viermal im Jahr finden in Lacenas die *tenue* genannten Hauptversammlungen statt, an denen neue Mitglieder unter die *Compagnons* aufgenommen werden. Aber nur dem *Comité Directeur* ist die Tracht vorbehalten, die aus grüner Schürze, schwarzer kurzer Jacke, schwarzem flachen Hut und einem, an einer Kordel hängenden Tastevin besteht. In dem Gewölbekeller können bis zu 560 Personen speisen, während in der Cuvage mit ihrer historischen Kelter und dem Dachstuhl in altem Stil 650 Personen Platz finden.

Das bewegteste Ereignis, das sie jedes Jahr erlebt, ist die Nacht des dritten Donnerstags im November, wenn der *Beaujolais Nouveau* freigegeben wird. Die *Compagnons* präsentieren jedes Jahr eine Auswahl von besonders guten Weinen unter dem Etikett *'Grumage'*. Auskünfte erhalten Sie unter Tel. 74 65 45 55.

# Anse

*3.000 Ew., 6 km südl. von Villefranche, schnell über die Autobahnausfahrt Villefranche und die N 6 zu erreichen. Schöner alter Stadtkern, klotzige Burg.*

Man zählt dieses Städtchen mit zum *Pays des Pierres Dorées*, obwohl die goldenen Steine dort nicht auffallen, wohl aber in der direkten Umgebung. Gerade sechs Kilometer liegen zwischen Villefranche und Anse. Während man heute Hand in Hand arbeitet, war man sich im Mittelalter spinnefeind. Denn Anse gehörte zum Machtbereich des Erzbischofs von Lyon. Das störte die kampflustigen *Sires de Beaujeu* keineswegs, sich, wo es nur ging, Stückchen vom Land des Nachbarn einzuverleiben.

Die Gründung der steuerfreien Stadt *Villefranche* brachte die Erzbischöfe in Bedrängnis. Sie mußten befürchten, daß ihre Untertanen sich von den Vorteilen anziehen lassen und abwandern würden. So sann Erzbischof und Graf *Renaud de Forez*auf Abhilfe. Als Symbol seiner Macht ließ er im Winter 1213/14 einen trutzigen 25 m hohen Burgfried errichten, der unten gut 10 m Durchmesser und Mauern von 2,5 m besitzt. In den beiden folgenden Wintern, denn er mußte warten bis Bauern und Winzer Zeit hatten, wurde ein halbkreisförmiger zweiter Turm errichtet und mit dem Donjon durch Mauern verbunden.

Später weiter verändert, entsprechend den Bedürfnissen der Bewohner, bietet das Château des Tours keinen ästhetischen Anblick. Dafür sorgen im Innern jährlich verschiedene Kunstausstellungen, denen etliche Räume auf verschiedenen Ebenen zur Verfügung stehen und Gelegenheit geben, einen Teil der Burg zu betreten. Sehenswert: der alte Kamin im *Donjon*.

▪ Besichtigung des *Château des Tours* auf Nachfrage bei der Mairie, Rue de Verdun, gleich an der Place de la République. Auskünfte Tel. 74 67 07 45 oder 74 67 05 64.

**Aus der gallo-römischen Zeit:**

Aus der gallo-römischen Epoche hat Anse einiges zu bieten: zunächst das bereits erwähnte Mosaik im Ratssaal des *Château des Tours*. Es wurde bereits 1843 entdeckt und 1910 hierher gebracht. Immerhin sind von dem ursprünglich 16 mal 11 m großen Mosaik aus dem 2. Jhdt noch gut 7 mal 3 m erhalten. Der geometrische Mittelteil wird von drei Friesen eingefaßt. Der äußerste besteht aus einer Aneinanderreihung von Schiffsbugs, frontal oder seitlich gesehen und immer mit dem guten (oder bösen) Auge verziert.

Von der Befestigung des Castrums, das eine Fläche von 1,5 ha umschloß und von 10 Türmen bewacht war, sind relativ viele Überreste erhalten geblieben, doch meist in andere Bauten integriert worden.

Die mittelalterliche Stadtmauer dagegen ist praktisch völlig verschwunden. Ein Bummel durch diesen alten Teil lohnt. Sichtbarste Überbleibsel der römischen Epoche finden sich in der *Rue du Puits-la-Chaine*. Aber auch in den meisten anderen Gassen und an den Plätzen entdeckt man viele alte und typische Gebäude.

Wer Anses architektonisches Erbe ganz genau kennenlernen möchte, kann im *Office Culturel et Tourisme* (s.u.), in der *Librairie Dugelay* oder im *Tabac Rebut* das Buch *'Préinventaire des Monuments et Richesses Artistiques'* kaufen (DM 11) - wirklich nur für Spezialisten.

▪ Mini - Eisenbahn: Für Eisenbahnfans und Kinder bietet Anse eine bislang 1,5 km lange Strecke auf Spur 381 mm. Abfahrt beim Office de Tourisme an der N 6. Schienenwege und die drei Züge werden nur von begeisterten Hobbyeisenbahnern (einige sind es auch beruflich) unterhalten. Inzwischen hat eine selbstkonstruierte Dampflok die ersten Schnaufer von sich gegeben.

Von Ostern bis Ende Oktober an Sonn- und Feiertagen von 14.30 bis 19 Uhr. Vom 15. Juni bis 15. September auch samstags. Auskünfte: Tel. 78 43 61 83.

## *Gute Adressen*

i: Einen einfachen Orientierungsplan erhält man in der Mairie oder zur Saison im Office Culturel et Tourisme, an der Ecke Rue Nationale/Avenue Jean-Vacher.

▪ Wohnen und Essen: *Hotel-Restaurant Saint-Romain*, Route de Graves, 69480 Anse, Tel. 74 68 05 89. Ausgesprochen gepflegte Zimmer in einem ehemaligen Bauernhof, der renoviert und erweitert wurde. Modern-rustikales, doch geschmackvolles Mobiliar, TV. Bequemes Parken längs des Hauses. Große Terrasse. Heller, ebenfalls modern-rustikaler Speisesaal, nette Bedienung. Preiswerte, gute Menüs für DM 24, 34 und 42. Schöne Auswahl vom Käse- und Dessertwagen. EZ ab DM 58, DZ um DM 75.

▪ Ferienhäuser: *Graves-sur-Anse:* Georges Olivier, 'Les Levrières'. Teil eines Natursteinhauses mit Terrasse, Wohnzimmer, Küche, 3 Schlafzimmer, Dusche, Kamin. Pro Woche DM 250 (außer Saison), DM 315 (Juni/-September), DM 470 (Juli/August), Tel. 74 67 02 91.

*Marcy-sur-Anse*: Luc Mamet, 'Domaine de Montezain'. Eine Etage im Gutshaus: mit Wohnzimmer, Kochnische, 5 Schlafzimmern (14 Betten), 2 Duschen, Garten; ideal für Urlaub mit Freunden und Kindern. Pro Woche DM 410, nur im Juli und August DM 520. Tel. 74 67 01 75

▪ Camping: *Le Colombier***, 180 Plätze unter städtischer Verwaltung, Angelmöglichkeiten und Tennisplätze in der Nähe (Tel. 74 67 00 68).

# Tageswanderung um Anse

*Über sanfte Hügel und durch liebliche Tälder des östlichen Teils des Pays des Pierres Dorés. Weite Blicke hinüber auf die Landschaft der Dombes und - bei entsprechendem Wetter - Jura und Alpen. Sehr schön als erster und detaillierter Eindruck des von einzelnen Gütern, Weilern und Dörfchen übersäten Beaujolais. Höhepunkt: das aus goldenen Steinen errichtete Charnay mit seinem Schloß.*

▪ Ausgangspunkt der etwa 10-stündigen Rundwanderung: Hotel Saint-Romain, Route de Graves

Richtung *Graves*, den mit Gelb gekennzeichneten Weg rechts, an *La Citadelle* vorbei. Das *Château Saint-Tyr* links liegen lassen, dann scharf links auf Pommiers zu. Überqueren Sie die D 70. Praktisch geradeaus bis zur *Rue de la Mairie*, die Sie links 100 Meter hinaufgehen. Dann rechts einbiegen. Bald sehen Sie die Kirche (s. Beschreibung unter Pommiers). Etwa 1,5 Std.

Geradeaus auf dem *Chemin de Bethléem* an *La Cheville* vorbei. Nun bis zur *Grange Huguet* hinab. Über die D 38 und den Bach, Richtung Theizé einschlagen. Am zweiten Wegkreuz links den Weg zur *Chapelle Saint-Hippolyte*. Sie wurde zur Erinnerung an eine Schlacht gegen die Mauren errichtet, die in unmittelbarer Nachbarschaft stattfand. Die jetzige Kapelle geht auf das Jahr 1662 und einen Pfarrer von Theizé zurück. Die letzten Restaurierungsarbeiten fanden 1974 statt. Über Jahrhunderte war dies eine Pilgerstätte für die Menschen der Umgebung.

Weiter erneut über die D 38 zu Les Yabottes. Nach einigen 100 m rechts auf das Gelände des kleinen Flugplatzes von *Villefranche-Tarare* zu. Entweder diesem Weg folgen, der südlich an Alix vorbeiführt oder den zweiten links nehmen, auf dem man ins Dorf kommt, das seit dem 8. Jhdt Sitz eines Nonnenordens war. Etwa 2,5 Std.

▪ *In Alix: Restaurant Le Vieux Moulin, Tel. 78 43 91 66. Die alte Mühle mit ihrem plätschernden Bach und der großen Terrasse ist ein schöner Ort, wo man vor allem Fisch gut ißt. Mo und Di geschlossen, und von der 2. August- bis zur 1. Septemberwoche. Menüs von DM 30 bis 84.*

Zurück zur Hauptstraße, dem Weg gegenüber über die nächste Wegkreuzung hinweg folgen, bis man auf die Straße nach Charnay stößt. Sie überqueren, nach etwa 1 km biegt links ein Weg auf den Ort zu. Gut 1 Std.

Umgeben von den Überresten seiner alten Festungsmauern steht Charnay auf einem Hügel, ein schmuckes Dorf aus gelben Steinen. Imposant das Schloß *La Mansarde* aus dem 17. Jhdt, in der die Bürgermeisterei untergebracht ist und man Auskünfte erhält. Die Kirche stammt aus dem 11. und 12. Jhdt und beherbergt eine frühgotische Statue des Heiligen Christoph.

Einen *pot* kann man sich im Café *Aux Touristes* genehmigen. Alte Bäckerei und Lebensmittelladen.

Nun nach La Chapelle und Saint-Pierre. Von dort, oberhalb von Morancé und Luceny nach Les Béluises und Chalein. Weiter Richtung *Lachassagne*. Statt zum Dorf hinaufzugehen, zunächst rechts 200 Meter, dann links bis zur *Grange Botton* und zurück nach Anse (3,5 Std).

# Pommiers

*1200 Ew., 5 km südlich von Villefranche. Beliebter, auf einem Höhenrücken gelegenen Wohnort. Zauberhafte kleine alte Kirche. Nach Westen hin die Weinberge des AOC Beaujolais.*

Durch Villefranches Vorort *Limas* hindurch auf die kleine D 70 nach Pommiers. Noch davor geht's rechts zur Terrasse, wie man den Hügel von *Buisante* nach dem dortigen Ausflugs- und Ausgueckslokal nennt. Tatsächlich hat man einen weiten Blick, nicht nur über Villefranche. Die Druiden sollen hier einen Altar gehabt haben. Die Kapelle wurde 1861 von den Winzern der Notre-Dame errichtet: als Dank für die Hilfe gegen die Rebkrankheit *Oidium*, den echten Mehltau. Gerade wurde sie restauriert und von dem Künstler Pierre Bruno ausgemalt. Ein paar Schritte entfernt eine alte Hagelkanone.

Pommiers besitzt eine kleine Kirche aus dem 12. Jhdt, die in ihrem Baustil maurischen Einfluß zeigt. Ursprünglich war sie eine Priorei der Tempelritter. Im 15. Jhdt stiftete Anne de Beaujeu die *Chapelle de la Vierge*, die Seitenkapelle. Schöne Steinskulpturen verzieren die Rippen des Gewölbes. Im quadratischen Chor stellen sie Adler und Löwe dar. Dort verwahrt *Curé Poquet* eine sehenswerte Ikone. Versäumen Sie nicht, sich deren Bedeutung erklären zu lassen, falls Sie ihn antreffen sollten. In einer Nische der Heilige der Weinbauern, *Saint Vincent*, im Bauerngewand, eine Statue aus dem 18. Jhdt.

In der *Rue de l'Eglise* sind die geschmackvoll restaurierten alten Häuser meist aus dem weißen Stein des örtlichen Steinbruchs erbaut, nur hin und wieder eins aus *pierres dorées*

■ In P o m m i e r s gibt es einen Zeitschriften- und einen Gemischtwarenladen und am kleinen zentralen Platz das urige *'Café Le Petit Bourg'*, wo man auch preiswert und einfach essen kann.

■ In L u c e n a y , einem schmucken, am Hang gelegenen Dorf gleich östlich von Marcy, findet jeden Mittwochnachmittag zwischen 16 und 19 Uhr ein Biomarkt statt. Dort verkaufen auch die beiden Biobauern des Ortes ihre Erzeugnisse: Früchte, Gemüse, Konserven, Fruchtsäfte, Kirschen, Sauerkraut und Beaujolais.

## Der optische Telegraph

*Während der Revolutionskriege um 1794 wurden zwischen Lyon und Paris 535 Telegraphentürme gebaut. Auf ihnen befanden sich zwei Arme, die mit Hilfe eines Mechanismus verschieden angewinkelt oder gestreckt werden konnten.* Claude Chappe, *der Erfinder, entwickelte einen vollständigen Code von zeichen. So konnte man ein Signal innerhalb einer halben Stunde von Paris nach Lyon durchgeben.*

*Verschiedene Linien wurden von Paris aus geschaffen: 1799 nach London, 1809 nach Mailand, 1813 nach Brüssel, 1814 nach Mainz. 1848 waren 29 Städte auf diese Weise telegraphisch verbunden, vorausgesetzt, das Wetter war schön. Dann kam sein weniger aufwendigere und wetterfestere elektrische Nachfolger.*

*Einer der wenigen intakten optischen Telegraphen steht beim Weiler M a r c y . Anfahrt: Von Pommiers weiter nach Süden auf der D 70 bis zum Ort Marcy. Dort zweite Straße links bis zum Festsaal. Den Schlüssel erhält man im Bauernhof gegenüber. Ein paar Schritte weiter, am Rande des Steinbruchs, der Turm mit den beweglichen Armen darauf.*

# Chazay d'Azergues

*Romantischer, noch teilweise befestigter Ort (2100 Ew.) über dem Flußtal, 7 km südl. von Anse.*

Ein Schmuckstück. Jedenfalls der alte Kern mit seinen mittelalterlichen Häusern, den kleinen Geschäften und Bars, schmalen Gassen, Toren und Türmen. Seine Seigneurs waren die Äbte von *Ainay*. Sie gründeten hier Ende des 9. Jahrhunderts ein kleines Kloster, bauten in der Folge Kirche, Schloß und Zitadelle, die sie zur Sicherheit befestigten. Eine zweite Mauer umschloß die Häuser der Bürger und die der Vasallen, wie das des *Vicomtes de Châtillon* Eine weitere bot Handwerkern und Bauern Schutz. Die benachbarten Flecken, einschließlich der Dörfer *Morancé* und *Lozanne*, waren den Äbten untertan. Über Jahrhunderte bewahrten sie die Macht und verwalteten ihr kleines Reich mit Umsicht, bis ihr Geschmack an weltlichen Freuden Überhand nahm. Schließlich vergaben die Könige Chazay als Lehen an ihnen genehme Höflinge, die als säkularisierte Äbte nichts anderes taten, als die Chazeer zu schröpfen - was ein längst überfälliges Ende mit der Revolution fand. (Die Zitadelle wurde von Richelieu beseitigt.)

In Chazay erzählt man die Legende des *Baboin*, wörtlich 'Pavian', die sich in der zweiten Hälfte des 14. Jhdt zutrug. Zum Weinlesefest hatten sich allerlei Spielmannsleute, Gaukler und Akrobaten eingestellt. Viel Beifall errang ein junger Bursche, der in ein Fell gekleidet die tollsten Sprünge vollbrachte und vorgab, ein Affe zu sein. Plötzlich gab es Feueralarm. Das Château brannte. Von einem oberen Fenster rief Hermance, die Tochter des Vicomtes de Châtillon, um Hilfe. Die Flammen hatten ihr den Weg abgeschnitten. Niemand wußte Rat. Nur Baboin. Über eine Leiter kletterte er mutig hinauf und rettete das Mädchen. Aus Dank ernannte ihn der Vicomte zu seinem Knappen. Im Kampf gegen die Engländer bewies er solchen Mut, daß er zum Ritter geschlagen wurde. Er nahm den Namen *Jehan du Mas* an, erhielt Hermance zur Frau und später den Befehl über die Burg.

■ S e h e n s w e r t : Im Probierkeller, der sich in der mittelalterlichen Kirche *Saint-Pierre* befindet, illustrieren Fresken die Legende.

Das *Château des Abbés d'Ainay* kann teilweise besichtigt werden. In der Galerie *St. Pierre* und dem kleinen Museum finden immer wieder ortsbezogene Ausstellungen statt, die außerhalb der Saison samstags und sonntags von 14 bis 18 Uhr geöffnet sind. Dann kann man auch den Turm besteigen, von dem aus man das Dorf und die Umgebung übersieht. Man klettert die aus dem 16. Jhdt stammende hölzerne (!) Wendeltreppe hinauf, ein einmaliges Stück.

■ M a r k t : Am Donnerstagvormittag auf dem Platz vor den Châteaux.

## Gartenwirtschaften am Azergues

*Wenig südlich von Chazay, direkt am angenehm rauschenden Fluß die* Auberge du Gai Rivage, *ein Gartenlokal mit großem beschatteten Bouleplatz. Mit untrüglichem Gespür für Verschandelung von Landschaft und Dörfern, das man überall in Frankreich sieht, hat die Elektrizitätsgesellschaft ausgerechnet hier eine Hochspannungsleitung vorbeigeführt. Doch ich vergesse dies, als die nette Wirtin die* Salade lyonnaise *bringt: frischer grüner Salat, Tomatenscheiben und ein pochiertes Ei, fein mit gerösteten Speckwürfel und Brotkrumen bestreut und mit Vinaigrette übergossen. Das ist eine Standardnummer in fast allen beaujolaiser Restaurants. Doch jedes serviert seine eigene Version und manchmal mehrere.*

*Die Tische stehen weit auseinander, zum Teil von hohen Platanen beschattet, zum Teil von Sonnenschirmen. Das Publikum bunt gemischt, der alte Saône-Schipper mit seinem Enkel, Familien im Sonntagsstaat, Oma und Opa mit Strohhüten. Die Welt ist in Ordnung und der schnauzbärtige Wirt bringt selbst den Kaffee.*

■ *Adresse:* Auberge du Gai Rivage, J. Valentin, Pont-de-Marcilly, Chazay d'Azergues, Tel. 78 43 61 68 (in Chazay Richtung 'Marcilly'), Menüs DM 18, 27 und 35.

*Eine Brücke weiter nördlich an der D 100 gelegen:* Auberge du Pont de Morancé *(Les Chères, Tel. 78 47 65 14). Bourgeoises Restaurant am Fluß, mit schöner Terrasse. Verläßliche regionale Küche mit persönlichen Akzenten. Menüs DM 28 bis 70. Diabends und Mi geschlossen, am Wochenende überlaufen*

*Achtung: Die überall an den Flüssen angepriesene* 'Petite Friture' *besteht aus einem ganzen Schwarm winziger, in Öl gebackener Fische. Es ist eine mehr als reichliche Portion.*

# Saint-Jean des Vignes

*Winzerdorf (200 Ew.) gleich westlich von Chazay, aussichtsreich an einem Hang gelegen, mit Blick weit über das Südbeaujolais hinaus.*

Hier beutet die Zementfirma *Lafarge* einen Steinbruch aus. Dabei stieß man auf eine Stelle, wo die unterschiedlichen geologischen Epochen selten deutlich ablesbar sind. Am spektakulärsten ist die Falte, wo man erkennt, wie sich die verschiedenen Erdschichten verschoben haben. Das Alter der Gesteine beträgt 190 Millionen Jahre. Damals war die Region eine tropische Lagune, in der Ichthyosaurier lebten. Ein entsprechendes Skelett wurde im Steinbruch entdeckt. Man kann es im *Musée de la Mine* in *Saint-Pierre-la-Palud* anschauen, das vom 1.3. bis 30.11 an Sonnabenden und Sonntagen von 14 bis 18 Uhr geöffnet hat.

Auf dem Gelände wurde ein Picknick- und ein Spielplatz geschaffen und Schüler malten Schilder, auf denen die Geologie und die Flora und Fauna der Saurierzeit mit Humor erklärt werden.

▪ Wein: Unterhalb der kleinen Kirche mit ihrem für das 19. Jhdt typisch bunten Dekor die *Refuge des Pierres Dorées*, ein kleiner moderner Probierkeller. Dort kann man den besten Wein des Dorfes verkosten, das Gläschen für DM 1,20. Die Flasche kostet DM 7,80, ein angenehm fruchtiger Tropfen. Das *casse-croute* aus Käse und Wurst gibt es für drei DM. Wer weniger Betrieb vorzieht, ist bei den fünf Winzern des Dorfes gern willkommen.

Der Probierkeller *Refuge des Pierres Dorées* ist nur sonntags geöffnet.

# Châtillon d'Azergues

*Abseits der vielbefahrenen D 485, zu Füßen des Burgbergs ein ruhiges Dorf (1400 Ew.).*

Auf ihrem Felsen über dem Tal des Azergues ragen die Ruinen der mittelalterlichen Burg über den roten Ziegeldächern auf. Während sich die ersten Häuser möglichst nah an die im 11. Jhdt begonnene Burg klemmten, breitete sich später der Ort zu ihren Füssen aus.

Die trutzige Allüre gaukelt Bedeutung vor, doch die hat *Châtillon*, das 'Burglein', nie gehabt. In den Annalen finden sich keine Belagerungen, nicht mal ernsthafte Händel verzeichnet, geschweige denn ruhmreiche Taten der Burgherrn auf eigenem Boden.

Das Château ist traumhaft schön, nur ist es Privatbesitz. Man muß das Glück haben, den Besitzern über den Weg zu laufen, um einen Blick, zumindest in den Hof werfen zu können. Seinen Charme gewinnt es nämlich nicht allein durch den dicken Burgfried, den die mächtigen *Sires d'Oingt*, als sie den Ort im 13. Jhdt übernahmen, errichteten, sondern dadurch, daß es bewohnt ist. Wo einst der Waffenplatz war, befindet sich heute ein mit Blumen reichlich durchsetzter Gemüsegarten. Etienne d'Oingt gewährte seinen Untertanen 1261 einen Freibrief, der sie von allerlei Abgaben befreite, alle Regierungsgeschäfte aber ihm selbst und seinen Nachkommen vorbehielt.

Durch ein kleines Tor, das im 14. Jhdt in die alte, im Fischgrätmuster konstruierte Mauer gebrochen wurde, gelangt man in den Innenhof. Die ehemaligen Unterkünfte der Soldaten sind ebenso wie der quadratische Ausgucksturm und der Schuldturm zu Wohnräumen geworden. Im letzteren pflegte man Übeltäter nicht nur einzukerkern, sondern auch Urteile zu vollstrecken. Er geht auf *Geoffray de Balsac* zurück, dessen eindrucksvoller Grabstein in der (allgemein zugänglichen) Schloßkapelle zu sehen ist. Dabei war Geoffray derjenige, der die unbequeme Burg in einen angenehmen Wohnsitz verwandelte, wobei er bei seinen herrschaftlichen Gemächern weniger auf Solidität achtete, denn sie verfielen. Trotzdem wäre er heute gewiß stolz auf sein Château. Nachdem es etwa dreihundert Jahre lang unbewohnt war, retteten es 1954 erste Konsolidierungsarbeiten vor völligem Verfall.

Inzwischen sind einzelne Festungswände, Mauerreste und wieder zum Leben erwachte Türme und Räume zu einem einmaligen Ensemble verschmolzen - einem echt romantischen Ort. Die romanische Burgkapelle wird von einem Glockenturm im Cluny-Stil überragt. *Geoffray de Balsac* gab ihr im 15. Jhdt eine gotische Westfassade. Über der oberen Tür wacht eine *Harpyie*, ein Vogel mit Frauenkopf. Im letzten Jahrhundert wurde die Kapelle restauriert und im damaligen Zeitgeschmack ausgemalt. Decke, Balken und Friese in farbenfroher Ornamentik von dem Lyoner Maler *Beuchot*. Das Wandgemälde stammt von *Claudius Lavergne*, der darauf seine ganze Familie als Modell porträtierte. Der überall im Beaujolais verehrte *Curé d'Ars* fehlt allerdings nicht. Links vom Chor das Oratorium mit der erwähnten Grabplatte von Geoffray de Balsac. Für Kitschfreunde ein Muß: die künstliche Miniaturgrotte im Lourdes-Stil, die den Eingang zur Krypta versperrt.

## *Gute Adressen*

**i :** Die Hauptinformationsstelle für das Gebiet der Pierres Dorées befindet sich links neben der Mairie in einem Pavillon. Dort verschiedene Broschüren: eine Liste mit Unterkunftsmöglichkeiten und Restaurants, eine andere mit allen Winzern, die Direktverkauf betreiben, ein Heft mit Wanderungen, außerdem Postkarten und Weinverkostung.

*Adresse:* Syndicat d'Initiative des Pierres Dorées, 69380 Châtillon d'Azergues, Place de la Mairie, Tel. 74 71 62 35. Leider bislang nur vom 1. Mai bis Allerheiligen Sa und So von 10 bis 12 Uhr und von 15 bis 18 Uhr geöffnet.

▪ E s s e n : An der Hauptstraße, schräg gegenüber der Mairie, erhalten Sie biologisches Brot in der Bäckerei von P. Gauthier.

Am anderen Ende des längsgestreckten Platzes serviert das Restaurant *'Jacquet'* ein ordentliches Mittagessen für DM 16,50. Mi geschlossen.

# Chessy-les-Mines

*1000 Ew., gleich westlich von Châtillon ein weiterer Felsen mit einer weiteren Burg, auch sie bewohnt.*

Chessys Ruhm begründeten die Kupferminen, die der französische Fugger *Jacques Coeur*, Finanzminister von Charles VII, in Gemeinschaft mit den Brüdern *Baronnat* um 1450 ausbeutete. Aber sie waren wenig rentabel. 150 Jahre waren sie ganz stillgelegt, 150 weitere kaum nennenswert betrieben. Erst zur Mitte des 18. Jh. ging man daran, den kupferhaltigen Pyrit abzubauen und auszuschmelzen. Arbeit für 200 Leute. Erzeugung: um die 50 Tonnen jährlich. Dann entdeckte der sächsische Minenmeister Wölner ein Vorkommen von blauem Kupferkarbonat, den 'Chessylite'. 16 Jahre, bis 1828, erfreute man sich in Chessy dieses Reichtums, der die Kupfererzeugung verdreifachte. Dann war die Mine erschöpft. Neue Unternehmer produzierten aus dem Pyrit Schwefelsäure, aber 1877 brachte das endgültige Ende. Übriggeblieben sind am Rande der Schnellstraße rötliche Schuttberge.

Die Kirche, ganz aus gelbem Kalkstein, fand ihre heutige Form im 15. Jhdt. Interessante Glasfenster: das zweite von rechts zeigt *Jacques Coeur* und seine Frau.

## *Gute Adressen*

▪ Wohnen und Essen: *Hotel de la Gare**, 69380 Chessy, Tel. 78 43 97 19. Einfach und typisch: Ein Haus aus buntem Naturstein, der auch in der Bar und im Treppenhaus freigelegt ist, ordentliche, saubere Zimmer mit natürlich weichen Betten, Teppichboden und knarrenden Dielen. Der schnauzbärtige joviale, hemdsärmelige Wirt kocht selbst. Das solide, täglich wechselnde Mittagsmenü inklusive Wein kostet DM 18. Zimmer mit Dusche DM 44 (EZ)/DM 50 (DZ), Frühstück DM 8.

▪ Ferienwohnungen: Weinhändler *Mathelin* vermietet auf seinem Hof zwei Appartements für 3 bzw. 4 Pers., Tel. 78 43 92 41.

▪ Camping *des Pierres Dorées***, Tel. 78 81 97 41 oder 78 81 92 03 (Mairie). Links von der D 485 und jenseits der Bahnlinie, einfacher Platz mit wenig Schatten.

▪ Degustations-Schule: Auf dem Gelände der Weinfirma *Mathelin* (an der alten D 485) kann man in einem Gewölbekeller aus dem 14. Jhdt in 2½ Stunden an einen Grundkurs in Weinverkostung teilnehmen. Sechs verschiedene Weine aus dem Rhône-Gebiet werden verkostet und von einem Önologen erklärt. Pro Person DM 50. Einfachere Einführung und beaujolaiser Mahl für DM 40. Interessant auch die *journée oenophile*: sie umfaßt den Degustationskurs, ein beaujolaiser Mittagessen und nachmittagas den Besuch zweier alter Weinkeller und kostet DM 100. Anmeldung: 2 Monate im Voraus.

*Adresse:* Ecole de Dégustation c/o Mathelin, 69380 Chessy-les-Mines, Tel. 78 43 93 94 oder 78 43 92 41. Kurse bislang nur auf französisch.

### Château Gourbeville

Von Chessy auf der D 19 nach Süden *(s. Karte S. 56):* Gleich jenseits des Azergues fährt man am *Château Gourbeville* vorbei, das auf einem Felsen steht, noch immer von dem alten Burgfried bewacht. Hier wurde *Claire de Saillans* um die Mitte des 17. Jhdt geboren, die als *'Dame blanche'* in einer beaujolaiser Legende spukt. Ihr Gemahl *Gaspard de Mornieu, Sire de Grammont*, war für den König in den Krieg gezogen und kehrte erst nach Jahren der Gefangenschaft heim. In der Zwischenzeit hatte Claire einem Schloßdiener ihre Huld und eine Tochter geschenkt. Über diese unstandesgemäße Liebelei war der Heimkehrer Gaspard dermaßen erzürnt, daß er - so die drastischere Version - Claire auf dem *Château de la Garde* in *Saint-Verand* einkerkerte und dahinsiechen ließ. Weshalb sie als weiße Dame fortan herumgeisterte. In Wahrheit mußte sie in einem Konvent für gefallene Mädchen zwei Jahre büßen, dann verzieh ihr Gaspard. Leider sind beide Châteaux nicht zu besichtigen.

## Glay

Ein Weiler von wenigen Häusern 4 km südlich von Chessy-les-Mines, an der D 19 gelegen. Glay ist wegen seiner - längst stillgelegten - Steinbrüche ein Begriff, denn ein großer Teil der Häuser der Region wurde aus ihren goldenen Steinen errichtet. Ein alter Hebel, den man stehenließ, bezeugt, wie man vorging. Der Weg in die

Steinbrüche lohnt sich auch schon wegen des weiten Rundblicks, den man von dort über das ganze Südbeaujolas hat. Außerdem lauschige Picknick-Plätze, die zur Ferienzeit und an Wochenenden natürlich sehr beliebt sind, vor allem auch von Mountainbike- oder Mopedfahrer. Am 22. Juni wird hier das Fest der Sommersonnenwende gefeiert. Zufahrt: genau gegenüber von Les Becs Dorés den schmalen Weg hinauf, an der Kreuzung links, dann geradeaus, bis man parken kann.

## *Gute Adressen*

▪ Die Goldenen Schnäbel

Aus der einstigen Bäckerei von Glay, einem schönen Bau aus dem typischen Stein, haben Luc de Saint Jean und seine Frau eines der angenehmsten feinen Restaurants des Beaujolais geschaffen. Auch innen geben die freigelegten Kalksteine Atmosphäre. Die Tische sind großzügig verteilt, Raum zum Genießen.

Zwar gibt es ein Wochenmenü für DM 26, aber man wählt besser das zu DM 34. Zum Beispiel hat man da die Wahl zwischen Schnecken in Blätterteig mit Knoblauchcreme oder einer mit Hechtmousse gefüllten Lachsscheibe als Vorspeise und Entenfilet mit eingelegten Zwiebeln oder gebratenener Lammkeule als Hauptgang, plus Käse und Dessert. Wer richtig schlemmen möchte, legt DM 55 an. Da kann man beispielsweise mit gebeiztem Lachs, flambierter Geflügelleber auf Salat oder einem großen frischen mit Entenbruststreifen belegten und mit geraspelten Mandeln gewürzten Artischockenboden beginnen, als zweiten Gang frischen Fisch als Bouillabaisse oder mit Pastis flambierte Gambas wählen, mit einem Kaninchenrollbraten in Bordeaux oder einem Rindersteak den Höhepunkt erreichen, um bei Käse und Dessert das Mahl zu beschließen.

Neben den auf der Karte verzeichneten Standards gibt es immer aktuelle Angebote, je nachdem was der Chef auf dem Markt entdeckt.

Die Weinkarte bietet interessante Weißweine aus dem Mâconnais und der Bourgogne, auch einige gute Tropfen aus dem Rhônetal. Die Beaujolais sind eher dürftig vertreten. Sehr gut war der offene Weißwein im Pichet, DM 9 der halbe Liter. Adresse: Les Becs Dorés, Glay, 69210 Saint-Germain sur l'Arbresle, Tel. 74 26 92 00. Di abends, Mi- u. Soabends geschlossen, und vom 1. - 20. 2, sowie vom 15. - 30. 8.

▪ Camping: Ein kleiner (9 Pl.) Zeltplatz mit einfachen sanitären Einrichtungen bei M. Moiroud *'Le Cher'* bei St-Germain s. l'Abresle, Tel. 74 01 24 52.

### Bully

Ein schöner kleiner Ort (1100 Ew.) zum Träumen. Hinter Mauer und Tor verbirgt sich das Château aus dem 15. Jhdt, aus buntem Stein errichtet. Gegenüber im *Restaurant du Château* ißt man in einfacher, doch echter Umgebung für DM 16. Den Kaffee trinkt man auf der anderen Seite im oder vor dem *Café de la Poste*, das mit der Post unter einem Dach steckt.

▪ Weinkauf: Vom Ort und aus dem Tal der Turdine hinauf zum Weiler *Apinost* mit seinen Häusern im typisch beaujolaiser Stil aus gelbem Stein mit überdachter Außentreppe. Dort können Sie bei *André Somet* oder *Albert Debile* Beaujolais direkt vom Erzeuger kaufen.

Ein Stück weiter auf der Höhe steht die Coopérative von Bully mit ihrem Probierraum. Sie ist für ihren Primeur bekannt. Probieren Sie den angenehmen Rosé.

### Sarcey

Hier auf der Höhe, immerhin über 500 Meter, wo man hinüber auf die *Monts de Tarare* blickt, ist Weide- und Ackerland, nur an den tieferen sonnigen Hängen stehen Rebstöcke. Auf dem Platz die mächtige Linde, die zu Henri IV Zeiten gepflanzt wurde. Im neonbeleuchteten Dorfbistro gibt's Zeitungen und Zigaretten. Am 24. und 25. Juni Johannesfest.

▪ Wohnen und Essen: Vor dem *Hotel Chatard*** in Sarcey sitzt und ißt man schön vom Kastanienbaum beschattet. Empfang und Bedienung sind herzlich, das Essen in Ordnung, aber nicht mehr. Menüs für DM 24, 43, 50 und 57. Die Zimmer (ob allein oder zu zweit DM 49), sind einfach u. sauber, nur die Betten wippen vorsintflutlich durch. Tischbilliard.

*Das südliche Tor zum Beaujolais:*

# Tarare

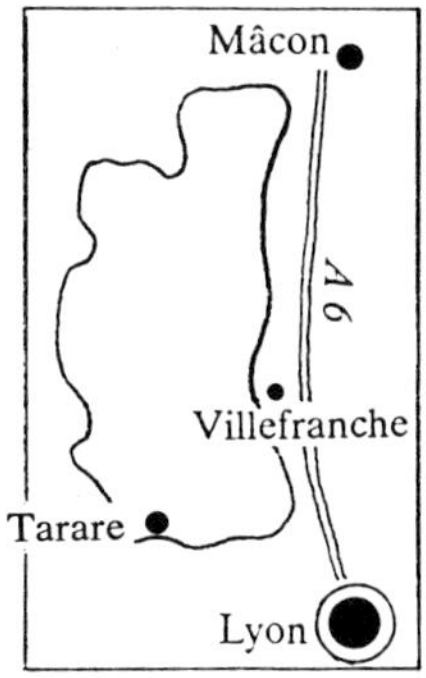


*Industriestadt im Süden des Beaujolais (11.000 Ew.). Einst für Musselin bekannt, heute Textil- u. Kunststoffabriken, Käseherstellung.*

Tarare liegt an der Nationalstraße 7, die Lyon mit Roanne und Paris verbindet. Diese Strecke besaß schon zu den Zeiten der Römer große Bedeutung, denn sie verknüpfte den nördlichen mit dem südlichen Teil Galliens. Entsprechend war sie gesichert und beim heutigen Tarare von einem Oppidum bewacht. Im Mittelalter verteidigte ein von Wehrmauern umgebener Burgfried den Flecken, der von der nahen Abtei von Savigny abhing, wie so viele Dörfer im Süden des Beaujolais.

Vom *Donjon* blieb nur der Name erhalten: *Place* und *Rue du Château*. Auf dem Platz erhebt sich protzig die Kirche *Saint-André* aus dem 19. Jhdt. Der Glockenturm aus gelbem Kalkstein ist 25 Jahre alt. In der *Rue du Château* gibt es noch ein schönes Haus mit Treppenturm aus dem 15. Jhdt und einige alte Fachwerkhäuser.

Tarare gedieh zu Napoleon Bonapartes Zeiten mit der Musselin-Industrie. Heute fabriziert man Vorhänge, Schleier, Wäsche und neuerdings Kunststoffböden für Sporthallen, immerhin von solcher Güte, daß auf Taraflex manche olympische Goldmedaille errungen wurde.

**Das Zentrum**: Wo die *Rue Gaston Salet* auf die belebte *Rue Pêcherie* stößt, ist das Bistro *La 6eme Faute*, ohne erkennbaren äußeren Grund, beliebter Treff der tararer Jugend, das *Café de Paris* gegenüber aber entschieden ursprünglicher.

Das eigentliche Zentrum von Tarare ist die *Place du Marché*, und die *Bar Le Centre* entsprechend von jung und alt, drinnen und draußen, frequentiert. Die beiden Fachwerkhäuser daneben sind die repräsentativsten Zeugen der Renaissance. Die linke Seite hinauf steht eine Reihe alter Häuser mit gewissem Charme. Leider wird der erheblich von dem fürchterlichen Betonmoloch auf der anderen Seite beeinträchtigt.

■ Baden: Im Stausee von *Joux*, 10 km westlich von Tarare.

## *Gute Adressen*

i: Auskünfte und Vorschläge für Wanderungen (s.u.) in der Umgebung vom *Office du Tourisme des Monts de Tarare*, 6, Place Madeleine, 69170 Tarare, Tel. 74 63 06 65, direkt gegenüber der Kirche Sainte-Madeleine, ein neoklassizistischer Bau mit sehr illustrativen Glasfenstern.

■ Einkaufen:

In der netten Boutique *Eglantine* findet man Mitbringsel und Porzellan.

Beim Traiteur *Clavel* ein paar Schritte weiter, 12 Place Victor Hugo, lockt eine beaujolaiser Auswahl an Gerichten, Pasteten und Terrinen.

Um die Ecke der *Marché couvert*, wo Donnerstag- und Samstagmorgens Markt ist.

■ Für Feinschmecker:

Es gibt einen besonderen Grund, Tarare zu besuchen: *Jean Brouilly*. Ein freundlicher, schmalgesichtiger, schlanker und bescheidener Mann - und ein Perfektionist, obendrein ein einfallsreicher.

Ein gutes Stück, nachdem die N 7 den Ortskern hinter sich gelassen hat, erscheint auf der linken Seite eine hohe weiße Mauer, hinter der sich eine komfortable Villa aus den besten Musselinzeiten des Städtchens versteckt. Im ersten Moment wirkt der Empfang etwas steif. Der Speisesaal im eleganten Lachsrosa mit hohen Fenstertüren, Stuckdecke und Lüstern könnte nicht klassischer sein. Auf bequemen Stühlen nimmt man am edel gedeckten Tisch Platz. Ein Blick genügt: hier wird Essen zelebriert. Werden dann die Amuse-gueulles gereicht, schmilzt der erste Eindruck dahin und ungetrübter Spaß am Essen stellt sich ein.

Jean Brouillys Karte präsentiert Stichworte. Ihm gehen die verbalen Ausschweifungen mancher Kollegen ab. *Feuilleté caviar d'aubergines, Volaille vinaigre de framboises* oder *Lapin rôti sauce rhubarbe* heißt es lapidar. Was und wie es gereicht wird, ob Auberginenkaviar in Blätterteig, Geflügel in Himbeeressig, Kaninchen mit Rhabarbersauce oder anderes, immer ist es ein Gedicht. Noch immer träume ich von der Rotbarbe, die auf grünem Teller mit frischem Majoran bestreut und von verschiedenen Gemüsen umgeben serviert wurde. Die Auswahl an Käse und Desserts ist absolut vorbildlich, die Weinkarte ebenso.

*Adresse:* Restaurant Jean Brouilly, 3, Rue de Paris, 69170 Tarare, Tel. 74 63 24 56, Sonntag und Montag geschlossen, Menüs von 39 bis 94 DM.

■ Wohnen:

*Git'otel, La Grange Cléat,* RN 7, Tel. 74 63 44 01, funktionelles Hotel, recht große Zimmer und Bäder. EZ mit Dusche DM 54, DZ für DM 64, mit Bad und TV EZ DM 74, DZ DM 84. Ein problemloser Stopp, doch nicht ganz die Unterbringung, die man sich wünscht, nachdem man bei Jean Brouilly diniert hat. Abends unbedingt Schlüssel mitnehmen. Popeliger Frühstücksraum mit Gartentischen, die bei jeder Berührung erzittern. Dient tagsüber als Imbiß mit Fabrikfood.

*La Mère Paul,* Le Bas de Montagne, RN 7, Tel. 74 63 14 57, westlich von Tarare, direkt an der Nationalstraße, beaujolaiser Gemütlichkeit mit runden Tischen und Spitzendecken, einfache Zimmer mit fließend Wasser ab DM 40, mit Dusche oder Bad von DM 48 bis 62, Menüs von DM 19 bis 49.

■ Camping:

*Camping Municipal****, Avenue E. Herriot, Tel. 74 63 26 80, 40 Plätze, am östlichen Stadtrand als Zwischenstation.

In den Hügeln des Lyonnais, ganz an der südlichsten Grenze der Appellation Beaujolais: *Camping à la ferme* bei Saint-Romain-de-Popey (einst von den Sire de Beaujeu befestigt) auf dem Hof von *Claude Flache*. 25 schattige Zeltplätze, Verkauf eigener Produkte. Adresse: Camping Le Blanc, 69490 Saint-Romain-de-Popey.

Von der RN 7 zwischen Bully und Pontcharra südlich über die D 67: Einige Kilometer weiter liegt das Dörfchen Ancy auf einem Hügel. Dort Camping bei Marie Chermet, 69490 Ancy, Tel. 74 05 84 48.

# Wanderung um die Montagne de Tarare

*Das Syndicat d'Initiative von Tarare schlägt fünf Wanderungen vor, zu denen es spezielle Karten bereit hält. Die interessanteste darunter ist der orange gekennzeichnete Weg (Wanderzeit etwa 6 Std.).*

*Die größte Anstrengung gleich zu Beginn, doch die Belohnung folgt: Aussicht aufs Tal der Turdine. Später immer wieder Weitblicke nach Süden auf die Berge des Lyonnais. Der Rückweg führt durch Weiden vorbei wieder ins Tal hinab.*

Man verläßt die Stadt in nördlicher Richtung auf einer kleinen Straße, die an l e s A y e t s vorbeiführt. Etwas weiter beginnt der steile Aufstieg zur *Chapelle de Bel Air*. Nach einer ersten Konstrukion im 17. Jhdt, wurde die jetzige Kapelle mit dem typischen Vordach im 18. Jhdt auf dem Hügel über der Stadt errichtet.

Von diesem Aussichtspunkt durch den *Bois de Grande Come* auf einem Waldweg am *Mont Chevrier* (735 m) vorbei bis zur Kapelle der *Notre-Dame-de-la-Roche* mit ihrer Riesenstatue von 1861. Nach der Überquerung der D 8 bei l e C h a p e n a y durch den Wald über die *Croix de Peisselay*, an einem großen sehr zum Picknick geeigneten schattigen Platz vorbei zum *Col des Cassettes (622 m)*.

■ *Auberge des Cassettes, ein Jägergasthof mit ausgestopften Raubvögeln und kleinem Raubwild rundherum unter der Decke und einem* Depot de Cartouches *(Munitionsverkauf für Jäger). Kleine Terrasse, einfacher Speisesaal mit Holztischen und roten Tischdecken. Menüs gibt es während der Woche, aber weder sonntags, noch montags. Ein halber Liter Cidre kostet DM 3.*

Durch den Wald auf breitem Weg zum *Col de la Croix Paquet*. Bei der Turmruine den Wanderweg geradeaus und durch den *Bois d'Allinge* nördlich an der *Montagne de Tarare* vorbei bis zum Flekken l e s C r e t s . Hier kreuzt der GR 76, ein schöner und kürzerer Rückweg zur Stadt. Sonst auf der schmalen Straße gut 2 km, wobei man 300 m der D 107 folgt bis *'chez Bardin'*.

Nun westlich am Rande des *Bois Robert* auf einem Weg, der wieder die D 107 kreuzt und parallel zu ihr zurück nach T a r a r e führt.

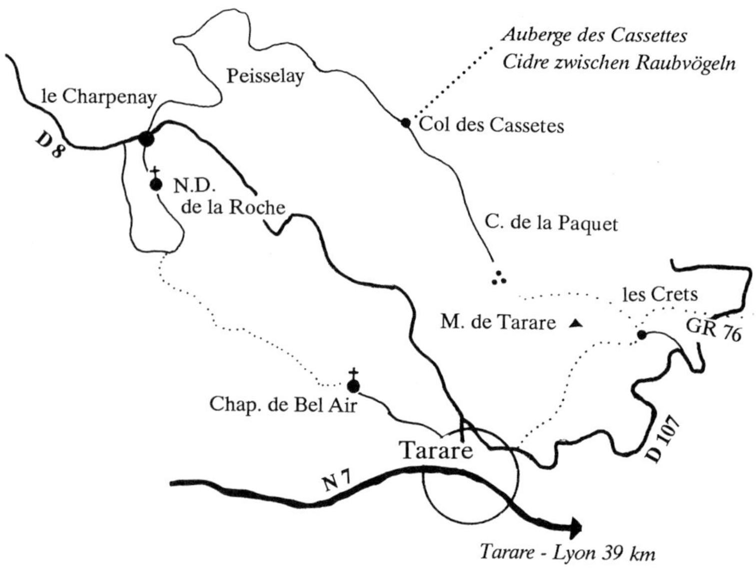

*Nördlich von Tarare:*

# Im Tal des Soanan

Vom *Col des Cassettes* hinab durch den Wald nach Valsonne (440 Ew). Noch bis vor 50 Jahren wurde hier Mangan abgebaut, nun bleiben die Viehzucht und der Wald als Erwerbsquellen. Die pompöse Kirche aus dem rosa Granit der Gegend mit ihren aufwendigen Kirchenfenstern verrät noch den Glanz vergangener Zeiten, als auch noch die Webstühle schnurrten.

▪ *Chambres d'hôtes* bei Louis Arricot, 69170 Valsonne, Tel. 74 05 12 51. In ihrer früheren kleinen Textilfabrik, die 1980 schloß, haben die Arricots vier Gästezimmer eingerichtet. Alle mit Bad, sehr sauber, die Einrichtung ordentlich, aber nach kleinbürgerlichem Geschmack. Relativ große Zimmer mit modernen Betten. Ein Gemeinschaftsraum und eine kleine Küche stehen den Gästen zur Verfügung. Frühstück ist inbegriffen. Netter Empfang. Die Familie bewohnt das Nachbarhaus mit einem alten Wachtturm, wohl aus dem 15. Jhdt. DM 48 für 1 Person, DM 58 für 2 Personen.

Auf der D 13 3½ km das Tal hinab liegt *Saint-Clement-sous-Valsonne* mit seiner interessanten Kirche aus dem 14. Jhdt. Hier sind acht verschiedene Wanderungen ausgeschildert: Beschreibungen erhält man auf der Mairie.

Besonders schön ist die Straße, die über *la Maletière* hinauf nach Dième führt. Dième ist ein winziges Dorf in einer Talsohle, umgeben von dem Forst von Brou. An der *Croix de Thel* weite Blicke, dann zurück ins Tal des *Soanan* nach Valsonne.

▪ *Hostellerie Le Prieuré Soannais***, Hilario u. Marie Laure Carvalho, 69170 St-Clement-s.-Valsonne, Tel. 74 05 17 80. Zehn komfortable Zimmer in einem schönen alten, mit Geschmack renovierten Dorfhaus. Gute traditionelle Küche. Menüs zwischen DM 30 und 65. Lachs, Foie gras und Magret besonders empfehlenswert. Im November 2 Wochen geschlossen.

# Die Schleife um Le Bois d'Oingt

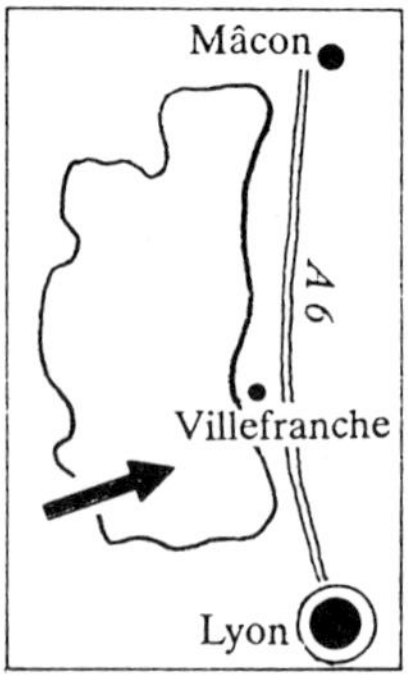


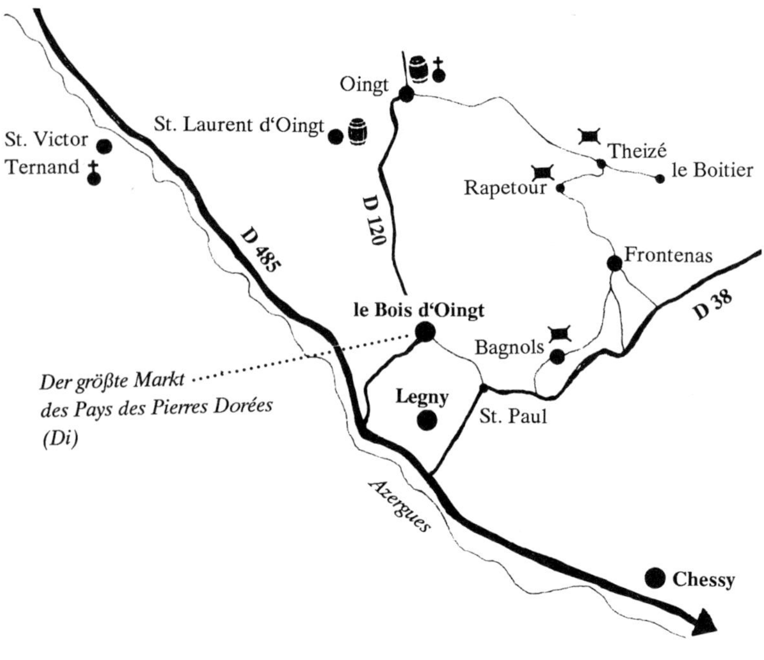


*ca. 20 km*
*nach Lyon*

# Le Bois d'Oingt

*Das Verwaltungszentrum des Pays des Pierres Dorées (1300 Ew.) liegt 16 km südwestlich von Villefranche über die D 38. Große Winzergenossenschaft. Bedeutender Foire am ersten Dienstag im August.*

Dienstags findet hier der größte M a r k t des *Pays des Pierres Dorées* statt. Die Stände verteilen sich mehr auf der breiten Hauptstraße als auf dem eigentlichen Marktplatz mit seinem Musikpavillon, außer am ersten Dienstag im Monat. Es geht gemütlich zu. Man nutzt die Zeit zu einem Schwätzchen. Die Männer finden sich bald zu einem *pot* in den Cafés ein, oft zu einem *pot de Kir*. Beliebt dafür ist das:

- *Restaurant Gudefin*, in der kleinen Bar herrscht dann entsprechendes Gedränge. Für Gendarmen hat man natürlich dennoch ein Plätzchen frei. Wunderbarerweise füllt sich der *pot* auf ihrem Tisch immer wieder von ganz alleine. Anschließend speist man in dem großen Eßsaal landesübliche Klassiker. Menüs für DM 24, 28, 35 und 53.

- Der Bauernhof mit Bewirtung:

Es gibt im ganzen Beaujolais nur diesen einen Bauernhof mit Bewirtung: 'La Ferme des Granges' bei *Legny*.

Im großen Farmhaus stehen zwei Räume für die Gäste zur Verfügung, beide mit niedrigen Decken und dicken Balken. Man hockt auf Bänken an Holztischen, im eigentlichen Eßsaal lodert im Winter ein kräftiges Feuer im Kamin. Im Sommer sitzt man draußen auf der Terrasse unter dichtbelaubten Platanen. Kommt man unangemeldet am Do, Fr, Sa oder So (an anderen Tage ist geschlossen), servieren *Réné* und *Arlette Fournand* für DM 18 ein *menu campagnard*, das aus einem Teller mit Leberpastete, getrocknetem Schinken und Wurst, einem Omelette mit Pilzen oder Kräutern, Salat, Quark oder festem Käse und Obst besteht. Auf Vorbestellung gibt es für DM 28 eine *Terrine au Cognac*, Fleischgerichte mit Gemüsebeilage und Obsttarte. Natürlich fast alles vom eigenen Hof.

Auf der Farm haben die Fournands Unterkunftsmöglichkeiten geschaffen: sehr einfache Schlafsäle mit Küche und Duschen für maximal 24 Leute. Außerdem zwei ebenso einfache Ferienwohnungen. Am liebsten vermieten sie an geschlossene Gruppen. Doch wenn man weniger zahlreich ist und eine einfache Unterkunft für ein paar Tage sucht, vielleicht lassen sie sich überreden?

*Adresse: Réné Fournand, La Ferme des Granges 69620 Légny, Tel. 74 71 68 53. Zufahrt: bei 'les Ponts Tarrets' von der D 485 auf die D 13 einbiegen. Nach 500 m scharf rechts den Berg hinauf.*

### Bagnols

Das Dorf verdankt seinen Reiz den alten beaujolaiser Häusern mit dem typischen Vordach, besonders aber dem massigen Château aus dem 15. Jhdt. Die abrasierten Türme verleihen ihm einen etwas plumpen Eindruck. Seine schönsten Räume sind der Empfangssaal mit dem Monumentalkamin u. der Musiksaal. Zur Zeit werden das Schloß und die angrenzenden Wirtschaftsgebäude mit großem Aufwand restauriert, sie sollen in Zukunft ein Luxushotel beherbergen.

### Frontenas

In diesem 'goldenen' Dorf findet am Sonntagmorgen ein winziger Markt auf dem kleinen Platz stand. Dann treffen sich die Dorfleute in dem Café-Restaurant *Le Liveno* und man macht sich die Plätze draußen an den drei Tischen streitig. Einfacher Mittagstisch.
Interessant sind die mittelalterlichen Beschläge an der Kirchentür.

## Theizé

*Großes Winzerdorf (850 Ew.), in Nachbarschaft mehrerer schön gelegener Châteaux.*

Zu neuen Ehren ist die alte Kirche des Ortes gekommen, nachdem sie lange Zeit als Heuschober und Holzlager dienen mußte. Heute werden hier Konzerte gegeben und Ausstellungen gezeigt. Bis ins 18. Jhdt diente sie zugleich den *Seigneurs von Theizé* als Grabkapelle, wie die Grabplatten auf ihrem Boden verraten - und der schwarze Trauerstreifen an den Wänden. Während der Chor im flammenden Stil der Spätgotik geschaffen wurde, besaß sie eine 1404 gegossene Glocke. Die schlägt jetzt in der neuen Kirche am Platz, die sich die gutverdienenden Weinbauern kurz nach der Jahrhundertwende leisteten.

In Theizé steht eine der schönsten alten Waschstellen des Beaujolais, von denen es in vielen Dörfern Beispiele gibt.

Unten im Tal das *Château de Rapetour*: Seit dem 9. Jhdt soll dort ein befestigter Bauernhof oder eine Burg bestanden haben. Das existierende Gemäuer mit seinen Pechnasen und dem von Galerien umgebenen Innenhof zählt vermutlich knapp 600 Jahre. Engagierte Theizeer erreichten, daß es im Sommer 1989 teilweise unter Denkmalschutz gestellt wurde. Nun hat man begonnen, dem arg fortgeschrittenen Verfall entgegenzuwirken. Ein interessanter Ort.

Unterhalb (südöstl.) von Theizé, im Weiler *Le Boitier*, auf dem Weg zur Kapelle *Saint-Hippolyte* (siehe 'Wanderung um Anse'), steht von einer niedrigen Steinmauer und Bäumen umgeben, der *Clos de la Platière*, ein charmantes Landhaus. Hier genoß die junge und begabte *Manon Roland* fünf Jahre lang das Leben *à la campagne*. Sie war ihrem Mann *Jean-Marie Roland de la Platière*, einem hohen lyonner Verwaltungsbeamten von Paris nach Villefranche gefolgt, fand aber die Leute der Provinzstadt langweilig. Lieber widmete sie sich in der heiteren Umgebung von Theizé ihrer umfangreichen Korrespondenz mit Pariser Freunden. Ihre Briefe - eine Auswahl erschien im Winkler Verlag - spiegeln mit viel Esprit die Epoche. Doch als die Revolution zu gären begann, zog es Manon unwiderstehlich nach Paris. Ihr Mann wurde Innenminister und einer der Führer der gemäßigten Girondisten. Zum Schaden seiner jungen Frau. Die Jakobiner schickten sie auf die Guillotine. "O Freiheit, welche Verbrechen begeht man in deinem Namen", waren ihre letzten Worte. Jean-Marie folgte ihr freiwillig in den Tod.

Am oberen Dorfrand das *Schloß von Rochebonne*: Francois de Châteauneuf de Rochebonne, Seigneur von Oingt und von Theizé, konstruierte es im 17. Jhdt. Die notwenigen Restaurierungsarbeiten wurden durch eine Privatinitiative und die Mitarbeit von engagierten Freiwilligen möglich. Eine breite, elegante Steintreppe führt in die erste Etage. Im großen Saal veranstaltet man zwischen Frühjahr und Herbst Konzerte, deren Ertrag der weiteren Arbeit zugutekommt. Besichtigung: So zwischen 15 und 19 Uhr.

▪ Ferienjob: Junge Leute, die Spaß daran hätten, gemeinsam mit jungen Franzosen unter fachmännischer Anleitung bei der Restaurierung mitzuhelfen, können sich an Alain Viricel, San Roch, 69620 Theizé wenden. Jeweils 2 Wochen zu Ostern und im Juli. Unterkunft im Seitenhaus des Schlosses.

Am *Château de Rochebonne* vorbei führt ein Weg hinauf auf die Höhe des Bancillon (606 m), auf der ein weiterer Telegraphenturm erhalten ist, allerdings ohne Mechanik. Interessanter sind - abgesehen vom Blick - die alten Steincabanen, die man an seinen Hängen findet. Ihr Alter ist ungeklärt, aber die Art und Weise ihrer Konstruktion reicht bis in vorgeschichtliche Zeiten zurück. Auf dem Gebiet von Theizé wurden zahlreiche Funde von Steinwerkzeugen gemacht, die für Bodenbearbeitung genutzt wurden, Zeugen der ältesten nordeuropäischen Ackerbaukultur.

### *Gute Adressen in Theizé*

▪ Wohnen und Essen: Ländlich symphatisch das *Hotel de la Feuillée,* Mme. Dubost, Theizé, Tel. 74 71 22 19. Angenehm ist es an den Tischen vor der Tür unter den Platanen. Drinnen ein langgestreckter Bistrosaal mit Holzvertäfelung und einer Gußeisensäule, die die Decke trägt. Mittags ißt man für DM 18 und abends etwas üppiger für DM 21. Fünf große Zimmer mit einfachen Möbeln und Waschbecken. WC und Dusche auf der Etage. Ländlich rudimentär, aber nicht unsympathisch. DZ um 37, zusätzliches Bett DM 13,50. Im größten Zimmer hätte eine ganze Familie Platz.

*Hotel-Restaurant L'Esperance,* Tel. 74 71 22 26. Simple Zimmer mit Waschbecken, EZ DM 24, DZ DM 27, mit Dusche DM 39. Menü für DM 43. Vom 20.10 bis 30.4. nur Sa und So-mittags und Sa-abends von 19.30 bis 21 Uhr.

Aussicht! Von Theizé zunächst die D 96 und dann die D 19 nach *Ville-sur-Jarnioux*: eine Art Balkon, von dem man nahestehende Domänen und Châteaux und einen großen Teil des *Pays des Pierres Dorées* überblickt.

## Oingt

*Ein ausgesprochen hübsches Dorf, auf einem Hügel gelegen, von einem markantem rundem Turm überragt. 280 Einwohner, zum Großteil Kunsthandwerker und Winzer.*

Oingt hat das gewisse Etwas, das Touristen anzieht, besonders während der Schulferien und an Wochenenden. Also kommt man besser außerhalb der Saison und wochentags. Es ist nicht zu verfehlen: schon von weitem sieht man seinen Turm.

Man betritt das Dorf durch die *Porte de Nizy*, das einzige Tor von dreien, das erhalten blieb. Eine Tafel macht auf *Marguerite d'Oingt* aufmerksam, eine Mystikerin des 13. Jhdts, die als erster Autor der Region Texte in der Umgangssprache, in *Franco-Provençal* verfasste. Die alten Häuser sind zum Teil liebevoll restauriert.

Man findet einige Läden mit Kunsthandwerk oder Lebensmitteln, einen Bäcker, der sein Brot im Holzofen backt, den Winzer *Cassa*, dessen Wein in vier dicken Fudern im Gewölbekeller liegt, und in einem alten Haus die *Vieille Auberge*. Dort wird das Fleisch auf heißem Stein gegart. Empfehlenswert: *l'assiette des Seigneurs* mit drei Fleischsorten.

An der zweiten Ecke nach rechts zur Kirche. In dem großen Haus davor zeigt die Keramikerin *Luce Piétri* ihre Arbeiten.

Jeweils am ersten Wochenende im September findet in Oingt das *'Internationale Festival der Mechanischen Musik'* statt. Von kleinen Drehorgeln bis zu monumentalen Straßenorgeln ist alles vertreten. Am Sonntag Mitte Oktober gibt es einen Brocante-Markt.

In der Kirche sind die Köpfe des *Seigneur d'Oingt* und seiner Familie auf den Sockeln unter den Gewölbestreben sehenswert, darunter mit der Nonnenhaube auch der von Marguerite. Die Glasfenster stammen aus der zweiten Hälfte des 19. Jhdts.

Einst war die Kirche Burgkapelle und auf dem Felsen oben im Dorf erstreckte sich die Festung der Barone von Oingt, von ihr bis zum Turm, der im 15. Jhdt erbaut wurde. Heute haben die *'Amis du Vieux Village d'Oingt'* darin ein kleines sympathisches Museum eingerichtet.

Von seiner Plattform blickt man über die alten Ziegeldächer hinweg auf die umliegenden Ortschaften, die alle den Herren von Oingt untertan waren. Denn Oingt war einer von den vierzehn Lehnsbezirken der Erzbischöfe in Lyon, die zugleich Grafen *des Forez* waren, also nicht den *Sires de Beaujeu* verpflichtet. Ab dem 11. Jhdt tauchten die Barone von Oingt auf, deren Linie sich bis 1383 hielt. Dann folgten bis 1544 die *Fougères*

Im 16. Jhdt wurde Oingt Opfer der Religionskriege. Eine Bande des *Baron des Adrets* steckte das Dorf in Brand, zerstörte die Burg, verwüstete Kirche und Friedhof. Die Hälfte der 200 Häuser wurde ein Opfer der Flammen. Zum Glück hatten sich die Einwohner rechtzeitig in die Wälder gerettet. Es war das Ende von Oingts Bedeutung. Als Verwaltungszentrum trat Le Bois d'Oingt an seine Stelle.

*Besichtigung des Donjon: der Turm ist Sonachmittags geöffnet. Auskünfte: Régine Fauvre, Tel. 74 71 72 27.*

▪ Essen und Wein: *Vieille Auberge* (s.o.), Tel. 74 71 21 14, Menüs DM 21, 30 u. 35. Di und Mi geschlossen.

*Le Donjon*, Place du Marché, Tel. 74 71 20 24, ein gutbürgerliches Restaurant mit schöner Terrasse, Menüs zwischen 30 und 40 Mark.

*Le Vieux Caveau*, AOC Beaujolais, J. et H. Carra, Tel. 74 71 20 37.

## Besuch bei einem Pionier

Joannés Papillon, ehemaliger Präsident der Winzergenossenschaft von Saint-Laurent d'Oingt:

*"Früher hatten wir Wein, Vieh und Getreide. Aus einem guten Grund: denn mit dem Wein war immer etwas. Er erfror oder es gab Hagel. Zwischen 1921 und 31 hatten wir nicht eine einzige normale Ernte. Deshalb hielt man drei oder vier Kühe, hatte Hühner und Kaninchen. Wir lebten, wie wir konnten. Aber das war kein Spaß."*

*Joannès Papillon erinnert sich. Wir sitzen in der Küche. Er hat eine Flasche auf die Plastikdecke gestellt, die Gläser vollgeschenkt: ein guter fruchtiger Beaujolais. "Früher hatten wir guten Wein, aber wir wußten nicht, ihn zu machen", sagt er. "Man tat die Trauben in den Bottich und die Gärung vollzog sich, wie sie wollte. Brauchte man den Bottich, zog man den Wein ab. Nicht selten blieb man auf einem Teil sitzen, weil er einen Essigstich hatte. Das war fürchterlich. Brauchte man Geld, mußte man einen Makler finden. Dem sagte man, daß er soundsoviele Hektoliter Wein abnehmen müsse. Der übernahm ihn. Aber zu welchem Preis! Zu dem, den er wollte." "Als ich jung war, gab es viel weniger Weingärten, weil alles per Hand bearbeitet werden mußte", sagt er. "Das war sehr mühsam", ergänzt seine Frau, "denn alles war am Hang. Ich weiß nicht, wie wir das durchgehalten haben. Aber Arbeit schädigt die Gesundheit nicht", fügt sie hinzu und lacht, "denn wir sind jetzt beide über achtzig."*

*"Früher nannte man unseren Wein* Bastard-Beaujolais *oder* Boulespielwein. *Der hatte knapp 10% und trank sich wie Wasser", sagt er. Joannès Papillon erkannte, daß die kleinen Winzer des Südbeaujolais guten Wein nicht selbst machen konnten. Ihnen fehlte es an Wissen und Geräten. Mit fünf Freunden gründete er 1960 die* Cave Coopérative *von Saint-Laurent d'Oingt, darauf vertrauend, daß andere Winzer hinzukämen. Heute sind sie 150. Als Präsident der Cave brachte er den Beaujolais Nouveau nach New York, Tokio, Hongkong. "Es war wunderbar, einen Teil der Welt zu entdecken." Aber er blieb der einfache Vigneron, dem nichts mehr wert ist als seine Freiheit. "Wenn man mit der Stechuhr läuft, ist das nicht das gleiche. Hier kommandiert die Arbeit. Ist etwas zu tun, muß man es machen. Danach nimmt man sich einen Tag frei, wie man will."*

▪ Wein: *Cave Coop. de St-Laurent-d'Oingt:* Probierstube, in der eine alte Kelter zu sehen ist, sonntags geöffnet.

*Bernard, Guy u. Simon Sapin, Le Barnigat,* St-Laurent-d'Oingt, gelungener fruchtiger Wein mit intensiven Aromen.

▪ Wohnen: *Chambres d'hôtes,* Roger Guillard, Hameau de Dalbepierre, 69620 Saint-Laurent d'Oingt, Tel. 74 71 27 95 (zwischen Saint-Laurent und Oingt), insgesamt 8 einfache Zimmer.

# St. Victor Ternand

*Altes befestigtes Dorf (460 Ew.), auf einem Felsen am rechten Ufer des Azergues gelegen, 7 km von Le Bois d'Oingt.*

Schmale Gassen, Treppchen, Häuser aus dem 14. und 15. Jhdt - ein weiteres charmantes Dorf mit Aussicht. Sein Name geht auf die Kelten zurück, auf 'ter nan', drei Bäche. Bedeutung erlangte es, als *Jean de Bellesmains*, Erzbischof von Lyon, Ende des 12. Jhdts beschloß, seinen Sommersitz hierher zu verlegen. Folglich wurde der Ort von ihm und später von *Renaud de Forez* befestigt. Von dem einst imposante 32 Meter aufragenden Burgfried sind noch 17 Meter erhalten. Damals wurden Ternand 32 Gemeinden unterstellt. Doch die Zeiten sind vorbei. Heute leben Winzer und Menschen im Dorf, die von seiner Schönheit und Ruhe angezogen wurden und sich zur *Association des amis du vieux Ternand* zusammenschlossen, um ihr Dorf zu erhalten und zu beleben.

Gleich beim Platz, unterhalb des Donjons, lädt ein kleiner Garten zu einer Rast ein. Er wurde innerhalb der verfallenen Grundmauern eines alten Dorfhauses angelegt.

## ▪ Sehenswert

K u n s t ausstellungen: von Mai bis September an Wochenenden und Ferientagen

Die kleine K i r c h e mit dem typischen Vordach, in der karolingische Kapitelle verwahrt werden.

Die K r y p t a , die früher der Pfarrer als Kohlenkeller benutzte. Lange bevor die Kirche errichtet wurde, war sie wahrscheinlich eine Kapelle, denn sie verfügt an den Seiten über Fenster. Der Altar stammt aus dem 5. oder 6. Jhdt., die beiden kleinen Sarkophage sind wohl frühromanisch. Die sichtbaren Fresken mit ihrer backsteinroten Grundzeichnung wurden spätestens im 11. Jhdt gemalt, aber vermutlich befinden sich darunter andere aus karolingischer Zeit. Im Fenstergewölbe erkennt man nämlich einen Christus mit Lammkopf, ein Motiv, das die Kirchenväter im 6. oder 7. Jhdt verboten hatten. Nur ein Teil der Malereien läßt sich identifizieren: in den Ecken 4 Engel, die die Evangelisten symbolisieren, an den Wänden vermutlich die 12 Apostel, 2 Marien- und 3 Christusdarstellungen. Die Malereien besitzen eine ganz eigene Ausstrahlung. In diesem kleinen Raum hat sich eine sehr, sehr alte Stimmung erhalten. Er ist schon aufgrund seiner geringen Ausmaße nicht geeignet, allen Besuchern offenzustehen. Außerdem sind Arbeiten im Gange, die die Malereien zu konservieren versuchen. Auskünfte erteilt die Mairie: Tel. 74 71 33 43.

Verlassen Sie das Dorf auf der Straße, die auf dem Kamm entlangführt, kommen Sie zum alten Bauernhof *Saint Victor* mit seinem befestigten Tor. Das Dachgebälk im Heuschober ist sehenswert. Es dürfte 350 Jahre alt sein. Dort steht auch eine alte Kelter mit komplettem Mechanismus. Die Bauersfrau ist nett, vielleicht erlaubt sie Ihnen einen kurzen Blick.

**Wanderung nach St. Vérand**

Von Ternand erreicht man leicht zu Fuß den großen Wald von *Brou*, durch den auch der GR 76 hindurchführt. Eine schöne Wanderung - gelb ausgeschildert - geht westlich um den *Mont Chatard* (701 m) herum, zweigt dann südöstlich ab, um am *Château La Garde* vorbei *Saint-Vérand* zu erreichen (2,5 Std. bis St. Vérand).

Wer statt durch den Wald zurückzugehen, lieber die freie Aussicht auf Oint, seine Nachbardörfer und die Corniche de l'Azergues genießen möchte, nimmt zurück die wenig befahrene Straße nach Ternand. Dort, wo sie eine scharfe Rechtskurve macht, führt eine Abkürzung geradeaus. So erreicht man den Ausgangspunkt in 1 Std.

## *Gute Adressen für Wein und Essen*

*Domaine de Milhomme,* Familie Perrin. 4 km von Ternand an der Straße, an der der alte Hof St. Victor liegt (s.o.). Sehr guter kräftiger Beaujolais. Hier gedeiht der *Gamay* auf Granit, was ihm besonderen Charakter verleiht. Die Perrins lassen ihre Weine 9 - 10 Tage lang maischen. Dadurch erhalten sie intensive Farbe und gute Tannine, so daß man sie durchaus 2, 3 Jahre lagern kann. Louise Perrin ist eine charmante Vignerone, die für freundlichen Empfang sorgt.

*Auberge du Vieux Ternand* (Tel. 74 71 32 55), in einem alten Dorfhaus aus gelbem Kalkstein eine alte Gaststube mit Holztischen und Kamin. Intim und gepflegt. Essen nur auf Reservierung. Spezialitäten: Geflügel aus der Bresse und zur Saison Wild. Frische Zubereitung von guten Produkten. Menüs für DM 62 und 70.

In Saint Vérand: Guter Beaujolais in den *Cave Coopérative* von St. Vérand, in der die Weine der südlichsten Dörfer des Beaujolais vinifiziert werden. Sa-nachmittags und So-vormittag geschlossen. Tel. 74 70 73 19.

In Dareizé (6 km südwestlich von Saint Vérand auf der anderen Seite des Soanan und der D 13): Beaujolais vom kleinen Winzer - *Bruno Debourg,* ein junger und dynamischer Vigneron hat sich erst seit kurzem selbständig gemacht. Jetzt vinifiziert er seinen Wein selbst und füllt einen Teil auch auf Flaschen. Sein Primeur ist etwas kräftiger, aberr schön fruchtig. Sehr fein ist die volle Réserve, die man getrost altern kann. Wein auch lose en vrac. *Adresse:* Bruno Debourg, 69490 Dareizé, Tel. 74 05 78 01.

# Chamelet und Papa Bréchard

Weder die teilweise erhaltenen Wehrmauern, noch der klotzige Burgfried oder die Kirche mit ihren bunten Glasfenstern sind die besondere Attraktion, sondern die alte Halle und die sie umgebenden Häuser - und Papa Bréchard, der seit 1943 Bürgermeister des 375-Seelen-Dorfes ist.

Die Halle mit ihrem Eichengebälk wurden 1574 aufgestellt. "Ah, die ist alt", sagt Papa Bréchard, "und bei schönem Wetter interessant anzuschauen. Aber sie hat nicht nur Vorteile. Solche Dinge sind heikel und teuer. Wir haben sie dennoch behalten, denn sie verdient schon einige Opfer. Wir wenden uns damit ein wenig zu unseren fernen Wurzeln zurück, die nicht nur unser Äußeres konditionierten, sondern auch unsere Moral, unsere Psychologie, um alles zu sagen. Dafür bringt man schon einige Opfer. Zum Beispiel war sie vor 25 Jahren teilweise eingestürzt. Sie wurde völlig auseinandergenommen und mit dem alten Holz wieder aufgestellt, genauso wie 1574. Und 1989 konnten wir indirekte Beleuchtung anbringen, die das Gebälk bemerkenswert hervorhebt. Aber wir versuchen, etwas weniger schnell alt zu werden als unser Nest", fügt er augenzwinkernd hinzu. Markt findet darunter nicht mehr statt, aber im Sommer, zumal beim Dorffest am ersten Sonntag im August, wird noch wie früher darunter getanzt.

Louis Bréchard ist bereits heute, wo er nach wie vor - und hoffentlich noch lange! - aus munteren Augen die Welt beschaut, sie mit Witz und Weisheit kommentiert und selten ein Gläschen Beaujolais verschmäht, eine Legende. Gleich nach dem Zweiten Weltkrieg - er war der Gestapo, die seinen Vorgänger als Bürgermeister verhaftete, nur durch Glück entwischt - engagierte er sich auf kantonaler Ebene und in der neuen Union der beaujolaiser Winzer. So vehement und ohne ein Blatt vor den Mund zu nehmen stritt er für die Rechte der Region und seiner Winzerkollegen, daß man ihn aus Scherz den "Löwen des Tales" nannte. Zwischen 1958 und 62 wurde er als Abgeordneter nach Paris entsandt, aber das war nicht die Atmosphäre, die ihm schmeckte.

Zurück in den heimatlichen Weinbergen wurde er nach dem Tod

von *Jean Laborde, Claude Geoffray* und *Jean Petit*, die den Weg vorgezeichnet hatten, einer der wichtigsten Regisseure des Beaujolais-Weins. Und einer seiner erfolgreichsten Botschafter. Denn dieser kleine untersetzte Mann aus dem Azergue-Tal, der nach dem frühen Tod seines Vaters bereits mit 15 Jahren das kleine Familiengut übernommen hatte, verkörpert auf unwiderstehliche Weise den Charme des Beaujolais. "Es ist nicht durch Werbung, sondern durch Herzlichkeit, daß wir uns bekannt gemacht haben, gemeinsam, denn wir taten es alle zusammen", sagt er.

Sohn Charles hat seit vielen Jahren auf der Domaine de la Grenouillère das Zepter übernommen. Er hat die Weinberge erweitert. Sechs Hektar vinifiziert er selbst im Keller des Guts. Mit aller Sorgfalt. Darunter auch etwas weißen Chardonnay.

Der Journalist Jean-Pierre Richardot hat Papa Bréchards Erinnerungen aufgezeichnet, ein besonderes Dokument aus und über das Beaujolais. La France Retrouvée, Editions Rombaldi, 1980.

▪ Domaine de la Grenouillère, Charles Bréchard, 69620 Chamelet, Tel. 74 71 34 13, direkt unterhalb der D 485, 1,5 km vor dem Ort. Sehr fruchtiger, ausgewogener, sanfter Beaujolais mit guter Struktur. Probieren Sie auch den seltenen Beaujolais Superiéur und die Réserve Cuvée de la Chasse. Verkauf auch in Cubitainern von 22 und 33 Litern zum Selbstabfüllen.

# Von Chamelet in die Berge

Von Chamelet aus windet sich eine schmale Straße hinauf zur D 116, auf die 'Corniche', den Sims des Tal des Azergues. Bevor man die *Corniche* erreicht, kommt man nach *Le Cocon*. Dort verkauft *Gérard Cazaban* Ziegenkäse.

Auf der D 116 nach rechts und über den *Col du Joncin* (699 m) nach *Le Chatoux*. **Enormer Blick über das Südbeaujolais!** 200 m weiter der *Col du Chatoux* (704 m). Der Kreuzpunkt verschiedener Wanderwege (s.u.). Hier auch eine ideale Rast für Wanderer und Radfahrer, die Durst haben oder denen der Magen knurrt:

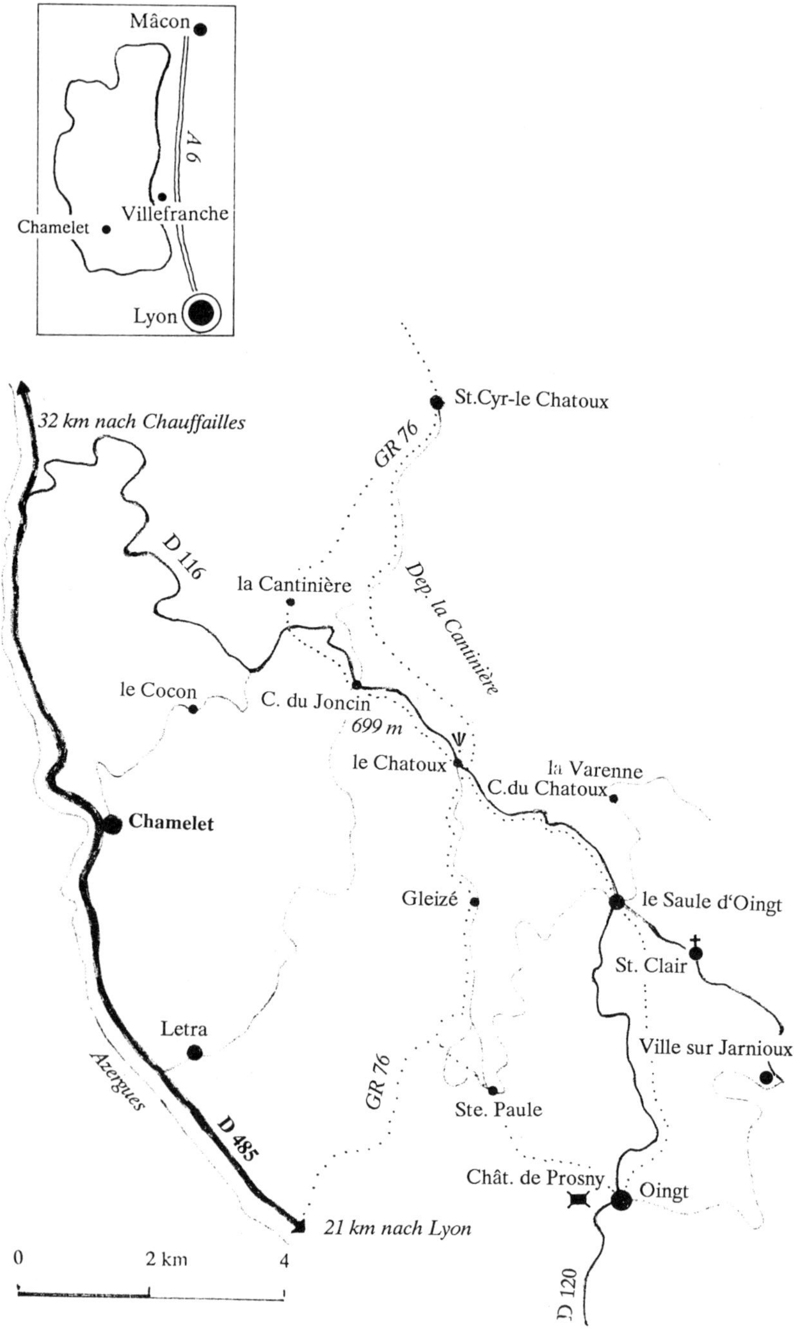

Mâcon
A 6
Villefranche
Chamelet
Lyon
St.Cyr-le Chatoux
32 km nach Chauffailles
GR 76
D 116
la Cantinière
Dep. la Cantinière
le Cocon
C. du Joncin
699 m
le Chatoux
la Varenne
C.du Chatoux
Chamelet
Gleizé
le Saule d'Oingt
St. Clair
Letra
Ville sur Jarnioux
Azergues
GR 76
Ste. Paule
D 485
Chât. de Prosny
Oingt
21 km nach Lyon
0
2 km
4
D 120

▪ *Le Chatoux Fleuri*, ein Bauernhof mit einfacher Gaststube. Wirklich ganz einfach, und dazu eine Vorliebe für Lindgrün. Das Mittagsmenü kostet DM 20, aber man erhält eigentlich immer etwas zu essen, einen Teller mit Schlachtwaren, ein Omelette, frischer Quark mit Sahne oder Käse. Draußen steht ein großer Tisch mit Bänken. Auf dem Nachbarhof von Georges Pierchon kann man Ziegenkäse kaufen.

# Wanderungen vom Col du Chatoux

*Durch den Wald auf den Kamm zum Bergdorf Saint-Cyr, großartige Blicke auf die Saône-Ebene. Zur anderen Seite hin führt der Weg an Weiden und Wäldchen vorbei schnell zurück in die Reblandschaft des Südbeaujolais. Jeweils rund 4 Stunden Wanderzeit.*

Richtung Nordwesten erreicht man in 1½ Std. *Saint-Cyr-le-Chatoux* (70 Ew., im Dorf macht Pierre Rampon Ziegenkäse): Zunächst geht es an der Fontaine des Anes vorbei, dann durch den Wald der Cantinière auf dem GR 76. Saint-Cyr in westlicher Richtung verlassen auf dem gelb angezeigten Weg. Durch den Wald zum Weiler *La Cantinière*. Dort über die D 116. Hinter la Bonnaire wendet man sich südöstlich zum *Col du Joncin* und nach *Le Chatoux*. (Ca. 4 Std.)

Nach Süden, zur Weide von *Oingt*: Auf der wenig befahrenen Straße zum Flecken *Gleizé* und weiter nach *Sainte-Paule*. Nun hinab ins Tal, wo man den Bach überquert und auf der anderen Seite, in der Nähe des *Château de Prosny*, nach Oingt hinaufsteigt. Weiter auf einem bequemen Weg an *La Guillardière* vorbei auf einer Variante des GR 76 bis *Le Saule d'Oingt*, an der berühmten Weide treffen fünf Wege aufeinander - und oft Radfahrer. Hier folgt man ein Stück der D 116 und nimmt dann den Wanderweg, der südlich von ihr zum *Col de Chatoux* führt. Oder man geht nach *la Varenne* und klettert von dort durch den Wald hinauf. (Etwa 4,5 Std.)

Von der Weide von Oingt nach Saint-Clair, einer kleinen Kapelle mit ungewöhnlichem Holzturm, früher ein Pilgerort für Augenkranke. An Wiesen mit grasenden Schafen und Häusern aus gelbem Stein vorbei.

In Ville-sur-Jarnioux bekommt man auch außerhalb der französischen Essenszeiten in La Maladière wenigstens einen Imbiß. Verlassen Sie den Ort auf der Dorfstraße in südlicher Richtung, dann erste links nach Jarnioux. So können Sie den Blick auf das *Château de Clavière* genießen, das von sechs Türmen umgeben ist, das schönste des *Pays des Pierres Dorées*. Leider kann man es nicht besichtigen. Im Dorf finden Sie eine urige Bäckerei.

# Radtour durch das südliche Beaujolais

- Start der 86-km Rundtour in Anse beim Hotel Saint-Romanin

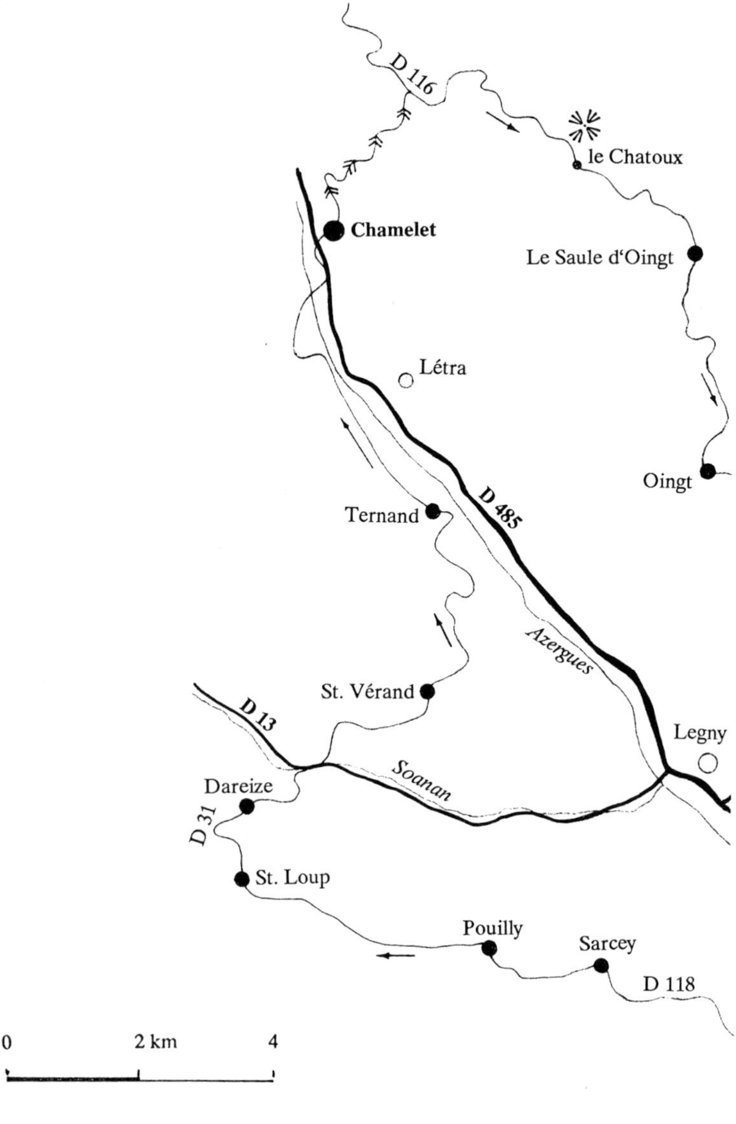

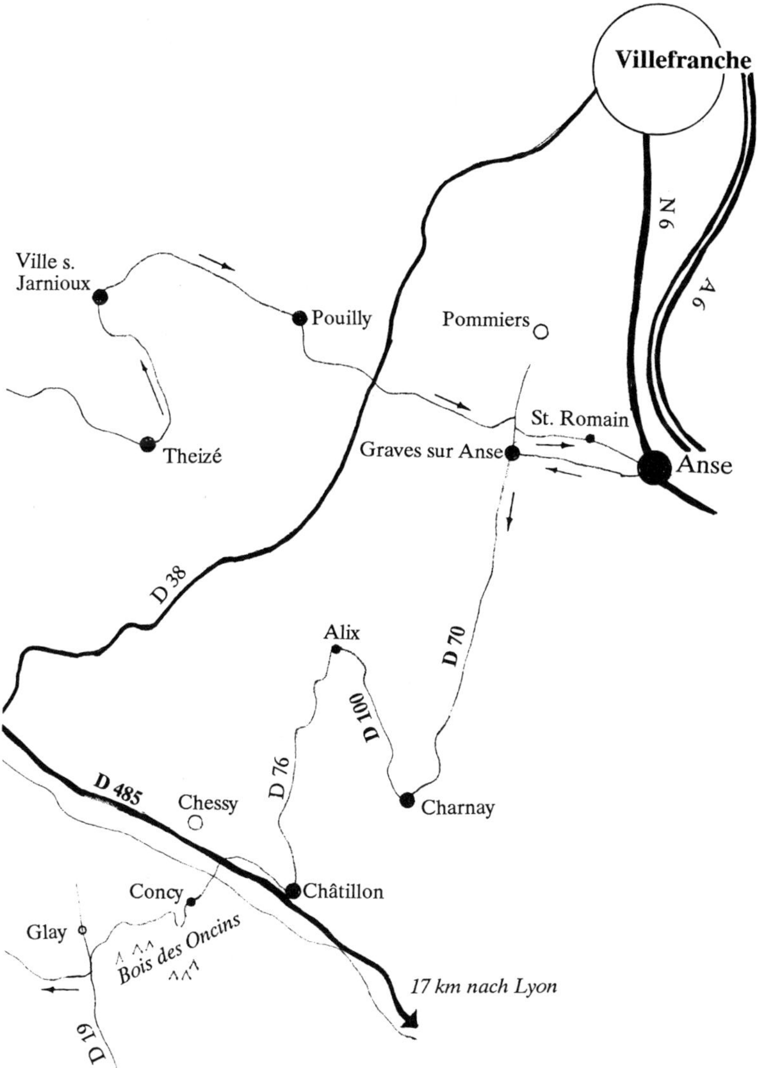
Villefranche
N 6
A 6
Ville s.
Jarnioux
Pouilly
Pommiers
Theizé
St. Romain
Graves sur Anse
Anse
D 38
Alix
D 70
D 100
D 76
D 485
Chessy
Charnay
Concy
Châtillon
Glay
Bois des Oncins
17 km nach Lyon
D 19

*In weitem Bogen über die* Corniche d'Azergues *und um die Weide von* Oingt. *Eine sehr abwechslungsreiche Tagestour durch einige der schönsten Ecken des Beaujolais. Ortsbeschreibungen im obigen Text. Selbst für geübte Radler ist es ein voller Tag, denn es müssen 86 km zurückgelegt werden. Die Steigung von* Chamelet *zur* Corniche *hinauf hat's in sich, dafür gibt es aber weite Strecken, auf denen man einfach locker dahinrollen und schöne Weitblicke genießen kann.*

In westlicher Richtung von Anse hinauf, bis Graves-sur-Anse, wo man auf die D 70 trifft, die auf dem Höhenzug über dem Tal der Azergues entlangführt. Auf der D 70 nach Süden bis nach *Charnay* (7 km). Dort rechts und hinab auf der D 100 nach A l i x . Vor dem Dorf links auf die D 76, die durch das schöne Bachtal gemütlich nach *Châtillon-d'Azergues* führt (13 km). Die Schnellstraße und den Azergues überqueren, gleich die 1. Abzweigung rechts zu den Häusern von *Conzy*, dort links und nach 300 m rechts. Am Rande des kleines Waldes von *Oncins* steigt die Straße an und trifft 500 m von G l a y auf die D 19.

An der nahen Kreuzung links, dann nach knapp 1 km auf der D 118 weiter über das Plateau, von dem aus man weit ins *Lyonnais* und ins *Pays des Pierres Dorées* blickt, an Vignen, Wiesen und Wäldern vorbei bis S a r c e y (24 km). Das Dorf auf der D 118 verlassen, 1 km später rechts nach *Pouilly*. Dort links nach *Les Olmes* und weiter durch diese offene Landschaft, wo neben Weiden und Feldern an den sonnigsten Lagen die südlichsten Rebflächen des Beaujolais liegen. Nach S a i n t L o u p, (Bistro am kleinen Platz). Dort auf die D 31 bis D a r e i z é (33 km).

Der D 31 hinab in das Tal des *Soanan* folgen, die D 13 überqueren und hinauf nach S a i n t - V é r a n d mit seinem schönen Dorfplatz. Weiter auf der D 31, die nun ins Tal des Azergues führt, Blick aufs *Pays des Pierres Dorées* und zum hübschen T e r n a n d , das von seiner Turmruine überragt auf einem Fels thront. Man fährt hinauf bis direkt vor das Dorf, dann geradeaus auf der bewaldeten Strecke hinab, dem Tal des Azergues folgend, aber immer auf der rechten Seite des Flusses. Schließlich überquert man ihn und die D 485 direkt unterhalb von C h a m e l e t . Oben im Dorf ist die alte Markthalle absolut sehenswert. (50 km).

Von Chamelet (wie oben beschrieben) steiler Anstieg bis zur D 118, dann auf der *Corniche de l'Azergues*, teils durch Wald, an *Le Chatoux* vorbei zur Weide von O i n g t (61 km). Von der Weide die schöne kurvige Strecke nach O i n g t . Auf der D 98 oberhalb der Weingärten und oberhalb des *Châteaus de Rapetour* nach T h e i z é , ins Herzen des *Pays des Pierres Dorées*. Weiter das großartige Stück bis kurz vor *Ville-sur-Jarnioux*, wo man nach *Jarnioux* mit seinem prächtigen Schloß aus goldenen Steinen und seinem urigen Bäckerladen abbiegt (78 km). Rechts durch das Tal nach P o u i l l y - l e - M o n i a l . Hinter dem Ort links, über die D 38 hinweg, an der *Grange Huguet* vorbei, hinauf nach *Graves-sur-Anse*. Von dort hinab nach S a i n t - R o m a i n (86 km).

# Das Zentrum

Hier bekommt man am schnellsten einen Eindruck vom ganzen Beaujolais: Im Süden färbt das Land der Goldenen Steine noch ab, im Norden sieht man den nobleren Einfluß der großen Crus, von denen zwei sich um den *Mont de Brouilly* scharen, den man als Nabel des Beaujolais ansehen könnte. Im Westen drängen sich die Wälder des Hochbeaujolais bis an die Weinberge der Beaujolais-Villages heran. Winzerdörfer und Weindomänen, stattliche Châteaux. Und im Osten die breite Ebene der *Saône* mit dem schönsten Uferstück, dem auf der gegenüberliegenden Seite des Beaujolais.

Auch die Weine steuern Mittelkurs. Die feinsten *Primeurs* kommen von hier, aber die besten kräftigeren Tropfen nähern sich bereits den *Crus*.

# Das Zentrum

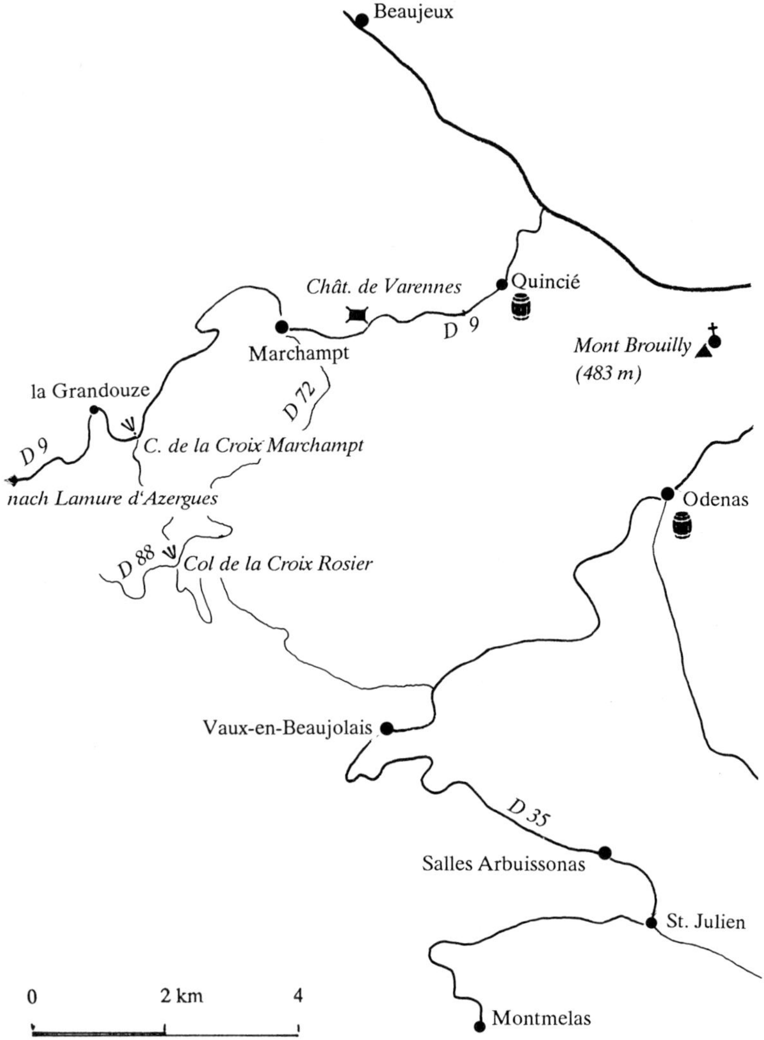
Beaujeux
Quincié
Chât. de Varennes
D 9
Marchampt
Mont Brouilly
(483 m)
la Grandouze
D 72
C. de la Croix Marchampt
D 9
nach Lamure d'Azergues
Odenas
D 88
Col de la Croix Rosier
Vaux-en-Beaujolais
D 35
Salles Arbuissonas
St. Julien
0
2 km
4
Montmelas

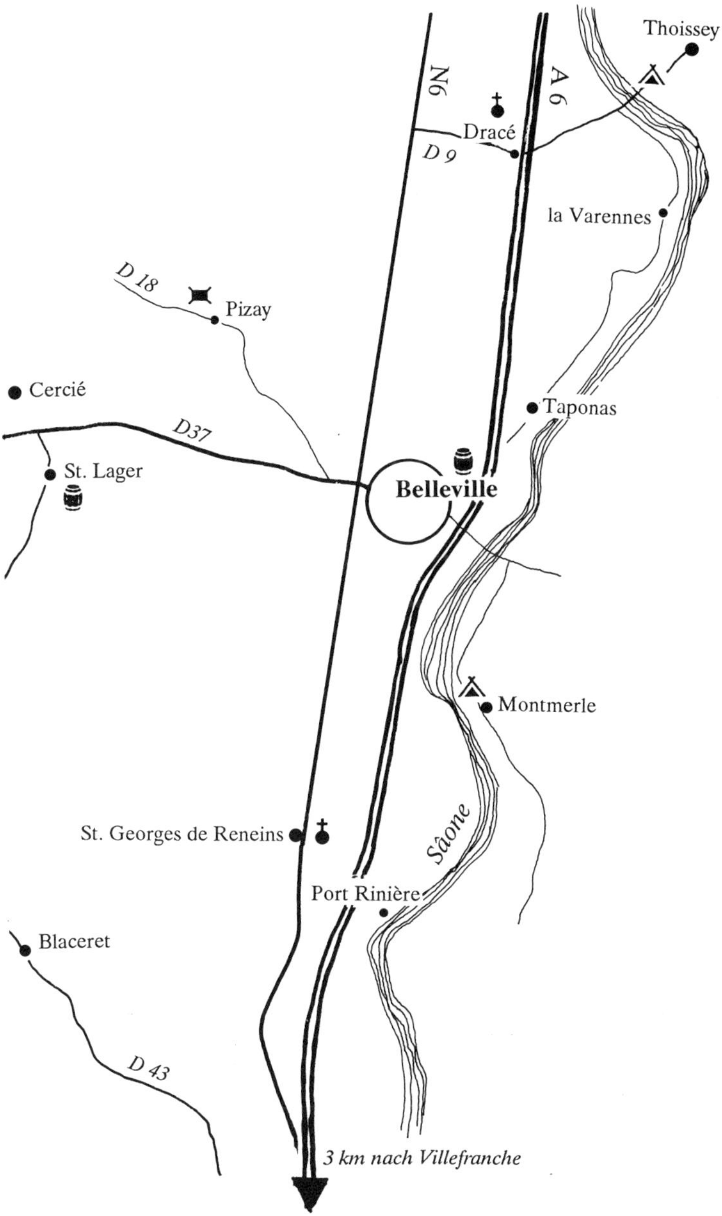
Thoissey
N6
A 6
Dracé
D 9
la Varennes
D 18
Pizay
Cercié
Taponas
D37
St. Lager
Belleville
Montmerle
St. Georges de Reneins
Sâone
Port Rinière
Blaceret
D 43
3 km nach Villefranche

# Belleville

*6500 Ew., 15 km nördlich von Villefranche an der A 6. Zentrum des Weinhandels. Jahresmarkt am letzten Samstag im November.*

Belleville ist ein recht beaujolaiser Städtchen, denn es besteht praktisch nur aus einer Straße, jedenfalls nur einer, die für Besucher interessant ist. Das war schon immer so, seit zu Zeiten der Römer an dieser Stelle *Lunna* entstand. Lunna überlebte die Hunnen nicht, und die westgotische Neugründung nicht die Mauren. Belleville gewann erst unter den *Sire de Beaujeu* wieder Größe und Bedeutung. Humbert III, der später Villefranche gründete, hatte sich im Morgenland dazu hinreißen lassen, dem Orden der Tempelritter beizutreten. Als er jedoch erfuhr, daß es um sein kleines Reich daheim ohne ihn schlecht stand, kehrte er unverzüglich zurück und führte sein einstiges Leben als Landesherr und Familienvater fort. Das ließ ihm der Papst nicht ohne Buße durchgehen. Also stiftete er eine Abtei, die in Belleville, ein paar Schritte von der Hauptstraße entfernt, gebaut wurde, *Notre-Dame-de-Misericorde*. Überragt von dem klotzigen romanischen Glockenturm bietet die Kirche eine Mischung aus romanischen und gotischen Stilelementen. Besonders reizvoll die Skulpturen auf den Säulen, hinreißende Beispiele der vielfältigen Fabelwelt der mittelalterlichen Bildhauer. Sollte das Portal abgeschlossen sein, erhält man den Schlüssel in der Pfarrei. Die *Sire de Beaujeu* machten aus der in die Kirche integrierten Kapelle *Saint-Denis* ihre Nekropole. Doch von den Grabmälern lieben nach der Revolution kaum noch Spuren übrig.

Bellevilles Arterie ist die *Rue de la République* an der man das alte Spital ebenso findet wie das Rathaus, doch vor allem Geschäfte, Restaurants und Bistros, wie die urige *Bar de l'Hotel de Ville.*

## *Schmeichelhafte Nase: Pierre Ferraud*

*Was den Wein betrifft, ist Belleville die Hauptstadt des Beaujolais. Nicht etwa, weil ein Teil des Gemeindelandes für den einfachen Beaujolais klassiert ist, sondern wegen der Konzentration von* négociants, *von Weinhändlern. Sie spielen nicht nur eine große Rolle, weil sie den Wein an den Konsumenten bringen. Jeder Händler hat seine eigene Idee davon, wie ein einfacher Beaujolais, ein Villages oder jeder einzelne Cru schmecken sollte. Danach sind seine Nase und sein Gaumen ausgerichtet. Entsprechend versucht er, bei den Winzern Weine ausfindig zu machen und sich zu sichern.*

*Sein Beruf besteht keineswegs nur darin, Wein 'en vrac' zu kaufen, auf Flaschen zu ziehen und mit Profit weiterzuverkaufen. Ein Händler, der seine Aufgabe ernst nimmt und sich mit Recht* négociant-éleveur *nennen kann, pflegt und entwickelt die Weine der Crus in seiner Kellerei und füllt sie erst ab, wenn sie harmonisch geworden sind. Pierre Ferraud gehört zu denen, die den Ausbau besonders ernst nehmen. Seine Weine sind für ihren lagentypischen Charakter bekannt. Vier von fünf Flaschen werden in Frankreich in Restaurants ausgeschenkt.*

*Das Haus Ferraud ist ein Familienbetrieb, der 1882 gegründet wurde. Pierre folgte seinem Vater 1955, und seit Jahren ist sein Sohn Jean im Geschäft.*

*In der Kellerei in der Rue Maréchal-Foch reihen sich alte große Holzfuder, stehen herkömmliche Beton- und moderne Edelstahltanks. Meist verbringt ein Wein Phasen in unterschiedlichen Behältern. Gewissenhaft markieren die Ferrauds, woraus die Weine stammen. Die Entwicklung vollzieht sich unterschiedlich, ist langsamer in Stahl oder Zement als in Holz. "Wir versuchen das Gleichgewicht zwischen Frucht und Holzcharakter zu finden", sagt Pierre. "Das zählt für die Crus". Die Ferrauds kaufen ihre Weine immer auf den selben Gütern. Zwar übernehmen sie die gesamte Lese, aber sie bieten unter dem Namen der Domaine und ihrem Etikett nur ausgewählte Qualitäten an. Was diesem hohen Maßstab nicht gerecht wird, aber dennoch gut ist, findet man unter dem Namen der Appellation. Was ihnen nicht zusagt, verkaufen sie weiter an andere Händler.*

*Was sei für ihn wichtiger als Kriterium bei der Beurteilung eines Weins, Nase oder Gaumen, wollte ich von Pierre Ferraud wissen. "Beide", sagte er, "aber ich bevorzuge den Gaumen. Die Evolution eines Weins ist besser nach dem Gaumen zu beurteilen. Ist er lang am Gaumen, hat der Wein auch ein langes Leben. Die Nase ist, wenn der Wein jung ist, immer schmeichelhaft."*

▪ Pierre Ferraud, Rue Maréchal-Foch, 69220 Belleville, Tel. 74 66 08 05. Weinverkauf von 8 bis 12 h und von 14 bis 18 h. Sonntags geschlossen.

■ Wohnen und Essen:

*La Route des Vins* ** 1, place de la Gare (Tel. 74 66 34 68). 31 ordentliche, saubere, moderne Zimmer von DM 41 EZ / 48 DZ bis 73 EZ / 94 DZ. Parkplatz im Hof. Vielbesuchtes Bistro und Zeitschriftenladen.

*Auberge des Sablons*** in Taponas, 3 km nordöstlich von Belleville, Tel. 74 66 34 80 (Di geschl.). Kleine Räume zu ebener Erde mit dem allernötigsten Mobiliar, vernünftiges Bad. EZ DM 75 und DZ DM 85. Für ängstliche Durchreisende: zum Greifen nah geparkte Autos. Und das Rauschen der Autobahn im Hintergrund. Die Kaufhausbilder an den Rauhputzwänden des Restaurants sind nicht untypisch für beaujolaiser Geschmack. Die *Ballotine au canard aux pistaches* besser als gekauft, aber der Loup hat war schon zu lange aus dem Meer, das Gemüse zu lange im Topf. Ganz generell bleibt man besser bei Naheliegendem: Würsten aus dem Beaujolais, Geflügel vorzugsweise aus der Bresse, Steaks vom Charollais, wenn möglich. Die Küche ist mäßig, aber die Atmosphäre sympathisch. In der schummrigen Bar scharen sich bessergestellte Bauern des Dorfes um das joviale Wirtsehepaar und überbieten sich im Rundenspendieren. Bei gutem Wetter sitzt man draußen. Menüs von DM 28 bis 58.

■ Essen

Ein solides gutes Bistro: *Le Clapoton,* 10, Rue de la République, Tel. 74 66 04 64. Ein holzgetäfeltes Bistro, in dem man deftig und gut ißt. Sehr empfehlenswert *Andouillette* oder *Saucisson*. Guter offener Wein. Menüs für DM 23, 32 und 46. Sa und So geschlossen.

Fast ausschließlich von Einheimischen frequentierte Kneipe mit Mittagstisch: *Au Coin Tranquil*, Rue du Moulin. Einfach und echt.

Zuverlässig durchschnittlich: *Le Beaujolais,* 40, Rue Maréchal-Foch, Tel. 74 66 05 31 (Diabends und Mi geschl.). Ein auf rustikal renoviertes Restaurant mit himbeerfarbenen Wänden, doch schönem alten Kachelfußboden. Die Atmosphäre erinnert an Rheinweindeutschland. Oder liegt das an den bundesdeutschen Rentnerpaaren, den Holländern und Belgiern, die sich hier ein Stelldichein geben? Man sitzt weniger erdrückt in dem Vorbau. Es ist nicht billig, dafür reichlich: Menüs von DM 31 bis 62. Die Weinkarte ist ziemlich umfangreich und verzeichnet die empfehlenswerte Auswahl von Pierre Ferraud, der schräg gegenüber seinen Weinhandel betreibt. Was dennoch für das 'Beaujolais' einnimmt, sind der Einsatz von Madame und Tochter.

*Etienne de Pizay gehörte 1260 mit zu den Unterzeichnern der Charta von Villefranche. Die Herren auf Pizay kassierten von den umliegenden Weilern Abgaben. Oft wurden sie in Naturalien, vor allem Getreide, beglichen, weshalb man entsprechend voluminöse Scheunen errichtete. Ende des 18. Jhdts verwandelte Jean Baptiste Sabot de Pizay das Gut in eine Weindomäne und die mittelalterliche Burg in ein kleines charmantes Château.*

*Im Château selbst findet man das Restaurant* Le Donjon, *einen eleganten Salon, eine Bar, die Rezeption und Seminarräume verschiedener Größe. Der moderne Hoteltrakt liegt hinter den Kellergebäuden. Die Räume in den flachen Bungalowbauten verfügen über einen Salon, eine Mezzanine als Schlafzimmer und luxuriöse Bäder. Zu jedem gehört eine Terrasse. Am besten wählt man eine, die auf den großen Swimmingpool hinausgeht. Außerdem Tennisplatz, ein 30 ha großer Wald und ein französischer Park in Form eines überdimensionalen Schachspiels. DZ von DM 140 bis 180.*

*Im kleinen Saal des Restaurants im ehemaligen Burgfried geht es vornehm zu. Die Küche zählt zu den feinsten. Der mit Anis gewürzte gebeizte Lachs war tadellos, das Poulet de Bresse exquisit, reichliche Käse- und Dessertauswahl. Empfehlenswert der Beaujolais blanc des Gutes, ein sortenreiner aromatischer Chardonnay. Außerdem erzeugt man einen roten Beaujolais und einen Morgon. Die Weine kann man in der Cave probieren und kaufen. Menüs von DM 55 (mittags) bis 93.*

- Adresse: Château de Pizay (knapp 4 km nordwestl. Belleville), 69220 St. Jean-d'Ardières, Tel. 74 66 51 41, Fax 74 69 65 63.

# Entlang der Saône

**Von Belleville nach Norden:**

*Gartenwirtschaften am Fluß*: Von *Dracé* (8 km nördlich von Belleville) Richtung *Thoissey*. Direkt vor der Brücke rechts der Uferstraße folgen: *Chez Jeannette* sitzt man unter Bäumen nah am Fluß.

Mir gefällt *A la bonne Franquette* besser, was auf deutsch "ohne Umstände" bedeutet und dieser Devise treu bleibt. (Adresse: Les Varennes, 69220 Dracé, Tel. 74 66 08 40). Das einfache Tagesmenü beinhaltet Vorspeise, Fleisch und Gemüse, Quark oder Käse, Obst oder Eis und kostet DM 17. Auch wenn die Kläranlage nah ist, fühlt man sich an Holztischen auf Bänken wohl, hat Platz zum Boulespielen und die Kinder eine Wiese mit Schaukel. Der Fluß ist 50 m entfernt hinter einer Kuhweide.

Wer sich in Dracé die kleine Kirche und ihren schönen romanischen Turm ansehen möchte, erhält den Schlüssel in der Marie dahinter.

▪ Camping: Gleich auf der anderen Seite der Brücke, die über die Saône führt (auf der D 9 Richtung Thoissey), liegt der sehr gepflegte, große *Camping municipal* (440 Plätze auf 12 ha) von Thoissey, mit eigenem Strand, Sport- und Spielarealen, Bar und Restaurant. Adresse: Camping municipal, 01140 Thoissey, Tel. 74 04 02 97 oder 74 04 04 25 (Gemeinde). Von April bis Ende September geöffnet.

Über den Fluß nach Thoissey (16 km südl Mâcon): Beaujolaiser Weinhändler besuchen mit ihren Geschäftsfreunden hier gern den *Chapon Fin*, das schon zur *Bresse* gehört. Und die ist für Geflügel das, was Burgund für den Wein bedeutet. Beides findet man bestens bei Paul Blanc. Die behäbig gediegene Einrichtung behagt mir weniger, die Speisen sind zum Glück wesentlich leichter. Ausgezeichnetes Charollais. Gute Auswahl an Beaujolais und Mâcons. Menüs von DM 68 bis 120. Sehr komfortable Zimmer von DM 75 bis 195. Hübscher Garten.

▪ *Chapon Fin*, 01140 Thoissey, Tel. 74 04 04 74. Restaurant Di geschlossen, während des Sommers nur Di-mittags.

**Von Belleville nach Süden:**

Das schönere und leichter zu erreichende Ufer der Saône ist hier auf der *Ain*-Seite. An den langen Quais von Montmerle hokken die Angler.

Auf der schattigen Terrasse am träge dahinfließenden Fluß kann man bei *Emile Job* angenehm speisen, z.B. die Aalterrine, den Lachs mit Sauerampfer oder das im Teig gegarte Rinderfilet. Menüs kosten zwischen DM 28 und 80. Außerdem gibt es nette Zimmer von DM 56 bis 110.

▪ *Hotel du Rivage***, 01090 Montmerle-sur-Saône, Tel. 74 69 33 92. Im Winter Mo Ruhetag.

▪ Camping: Montmerle hat zwei Plätze, die beide von der Gemeinde betrieben werden. Beide liegen am Fluß, der kleinere und einfachere mit 69 Stellplätzen im Norden. Der größere im Süden erstreckt sich über fast 100 ha (440 Plätze). Zu ihm gehören Spiel- und Tennisplätze. *Camping municipal**** , 01090 Montmerle-sur-Saone, Tel. 74 69 34 40. Geöffnet vom 26.3. - 31.10.

*Camping Le Gite Vert***, 01480 Messimy, Tel. 74 67 81 24. 4 km südlich von Montmerle. Großes Terrain von 25 ha für knapp 100 Stellplätze am Ufer. Reiten, Tennis, Angeln. Von April bis Ende Oktober.

**Saint-Georges-de-Reneins**

Hier stand einst die erste und wichtigste römische Siedlung: *Ludna*. Im kleinen sympathischen Museum werden Funde gezeigt, die aus dem Boden der Gemeinde stammen. Auch die Kirche ist beeindrukkend, nur steht sie leider direkt an der Nationalstraße 6. Der älteste Teil der Apsis geht auf das 11. Jhdt zurück, der untere Teil des Glockenturms auf die romanische Epoche.

In das *Château Montchervet* ist das Rathaus eingezogen. Ein Blick auf das *Château de Marzé*, einen befestigten Hof aus dem 14. Jhdt, am östlichen Dorfrand lohnt sich: es wird von breiten Wassergräben geschützt.

▪ Auf dem beaujolaiser Ufer bieten zwei Restaurants in Port-Rivière, dem früheren Hafen von *St. Georges-de-Reneins*, einfache Küche und vor allem die friture: *Les Trois Canard*, Tel. 74 67 62 02 und *Au Martin-Pecheur*, Tel. 74 67 62 97.

TABAC
CAFE ALIMENTATION
RÉGIE
CHOKY
LE PROGRES

## Der Curé von Ars

*Das Dorf* Ars, *auf gleicher Höhe wie Villefranche, 5 km von der Autobahnausfahrt über die D 904 nach Osten, ist ein berühmter Pilgerort. Hier wirkte der heiliggesprochene* Jean-Marie Vianney, *der* Curé *von Ars. Im Alter von 32 Jahren übernahm er 1818 die Gemeinde. Mit großer Bescheidenheit und voll Energie widmete er sich seinem Amt, gründete ein Waisenhaus, restaurierte die Kirche und beeindruckte die Dorfleute durch seine Gläubigkeit und seine Wahrsagungen. Ganz allmählich verbreitete sich sein Ruf. Nach und nach kamen immer mehr Gläubige aus immer weiterem Umkreis, um seinen Rat zu suchen. Mit Weisheit und Intuition half er jedem. Und immer mehr hörten von ihm und pilgerten nach Ars. Nach einer schweren Erkrankung zog er sich 1843 in sein Geburtshaus nach Dardilly vor Lyon zurück. Aber bald blieb ihm nichts anderes übrig, als dem Drängen seiner Gemeinde zu folgen und zurückzukehren.*

*Noch zweimal versuchte er später vergeblich, sich zu entziehen und durchlitt verschiedenste Proben, darunter acht Jahre Tyrannei eines Gemeindehelfers. In den letzten sechs Jahren seines Lebens fügte er sich ganz und gar seiner Berufung und stand täglich bis zu siebzehn Stunden Pilgern und Ratsuchenden zur Verfügung. Er starb am 4. August 1859. Pius XI sprach ihn 1925 heilig. In vielen Kirchen des Beaujolais wird der Curé d'Ars, der 1929 zum Patron aller Curés der Welt erklärt wurde, verehrt. An seine kleine alte Dorfkirche wurde ihm zu Ehren eine klotzige Basilika angebaut. Das alte Pfarrhaus bewahrt viele Erinnerungsstücke an ihn.*

# Um den Mont Brouilly

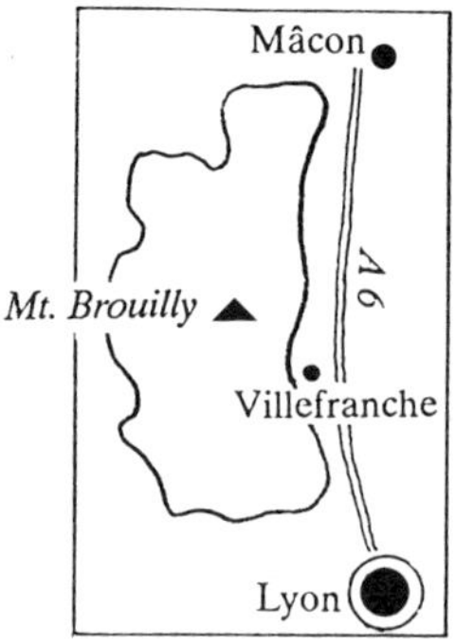


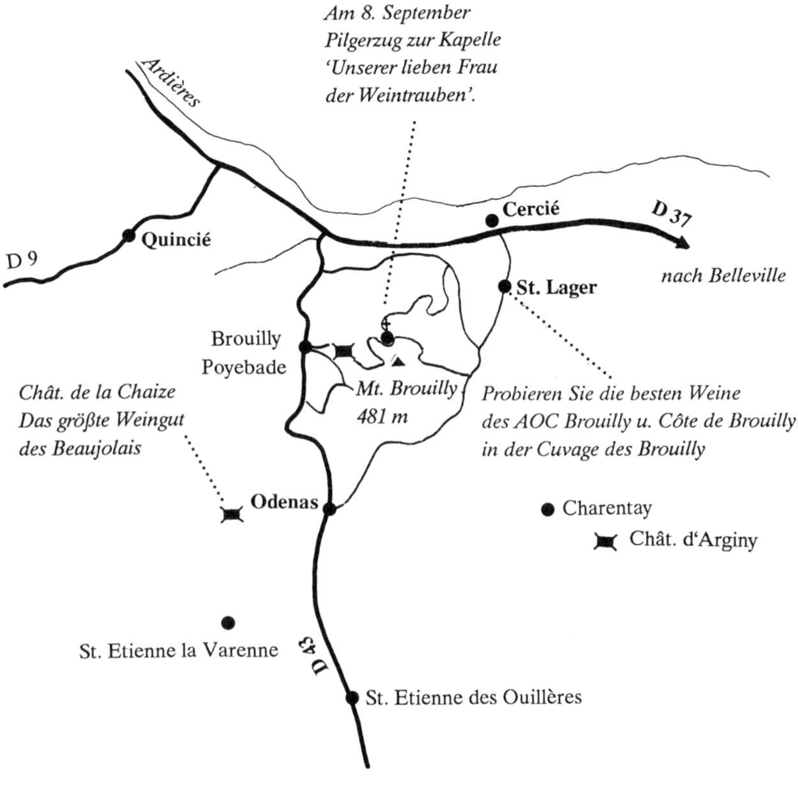

Der *Mont Brouilly* erhebt sich als weithin sichtbare Halbkugel am Rande der Saône-Ebene. Gekrönt wird er von der Kapelle "Unserer Lieben Frau der Weintrauben", der Hüterin der Weinberge. Die Winzer erflehten von ihr Beistand gegen den echten Mehltau, der um 1850 das Beaujolais plagte. Sie legten für eine Kapelle zusammen, die am 8. September 1857 eingeweiht werden konnte. Und der Mehltau verschwand. Dank der Heiligen Jungfrau. Oder, wie Ungläubige meinten, wegen der aufkommenden Schwefelbehandlung der Rebstöcke.

Noch immer pilgern viele am 8. September hinauf auf den Berg. Während des Sommers ist die Kapelle an Sonntagen geöffnet. Die Wiesen auf der Bergkuppe sind dann ein beliebter Picknickort. Man erreicht den Gipfel ohne Anstrengung auf der kleinen Straße, die von der D 43 bei der *Poyebade* abzweigt. Dieser 483 m hohe Hügel vulkanischen Ursprungs besteht überwiegend aus Porphyr, einem enorm harten blauen Gestein, das an der Oberfläche mit Ton vermischt ist. An seinem Fuße trifft man auf sandige Böden, die von Adern rosaroten Granits durchzogen werden.

Der besondere Boden und die Symbolbedeutung des Mount veranlaßten die Winzer, die an seinen Hängen Rebflächen besaßen, um eine besondere Appellation zu kämpfen. Der *AOC Côte de Brouilly* gehört mit knapp 300 ha zu den Zwergen unter den *Crus*. Obwohl er mehr oder weniger sonnenbegünstigte Seiten hat, verleiht ihm der homogene und karge Boden eine eigene Identität. Und eine kräftigere Struktur, die ihn gut altern läßt. "Ein Wein für Eingeweihte", meint Pierre Ferraud. Vier Gemeinden haben Anteil am *Mont Brouilly*. Im Norden *Cercié*, im Westen *Quincié*, im Süden *Odenas* und im Osten *Saint-Lager*, zu dem das meiste gehört.

Die tieferen Lagen mit ertragreicheren Böden zählen bereits zum *AOC Brouilly*, dem auch Weinberge in den Gemeinden von *Charentay* und *Saint-Etienne-la-Varenne* zugeordnet worden. Mit 1300 ha ist er neben *Morgon* der größte Cru.

# Saint-Lager

Dem Pfarrer des Dorfes (850 Ew.) untersteht auch die Kapelle des Mont Brouilly. Im Ort kann man in der *Cuvage des Brouilly* die besten Weine der *AOCs Brouilly* und *Côte de Brouilly* verkosten. Der Probierkeller ist gleichzeitig Sitz der *Amis de Brouilly*, deren wichtigstes Fest an einem Samstagnachmittag Anfang September oben auf dem Berg gefeiert wird. Wer einen Beitrag bezahlt, kann daran teilnehmen. Auskünfte: Tel. 74 66 18 34.

Wer zu Fuß hinaufsteigen möchte, folgt am besten dem Sträßchen, das vom kleinen Marktplatz abzweigt, denn auf dieser Seite wird man selten durch Autos gestört.

In dem Schloß, das rechts an der Straße von Cercié liegt, erforscht das Institut *Pasteur* Entwicklung und Effekte von Hefen. Das imposante Château im Ort, das aus dem 13. Jhdt stammt, befindet sich in Privatbesitz.

## *Gute Adressen*

▪ Wohnen:

*Chambres d'hôtes:* Manoir du Pavé, Madame M. Martin, 69220 Saint-Lager, Tel. 74 66 82 03. Ein altes Herrenhaus direkt an der Straße. Drei schöne, sehr saubere Gästezimmer mit altem Mobiliar im Seitenflügel. Nette, ordnungsliebende Wirtin. Gutes Frühstück. Die Tochter am anderen Ende des Dorfes verkauft Wein. Zimmer für zwei Personen DM 75, für drei DM 85.

*Chambres d'hôtes* und *Gîte*: Les Berthaudières Georges Large, 69220 Saint-Lager, Tel. 74 66 04 37. Liegt oberhalb des Dorfes am Nordhang. Schöner Blick. Letztes Wegstück sehr schlecht. Gepflegtes Haus mit zwei Gästezimmern für DM 70 zu zweit, DM 54 allein. Das kleine Ferienhaus mit nur einem Schlafzimmer, einer Couch im Wohnraum, Terrasse u. Garten kostet (ohne Strom) zwischen DM 230 und 300 die Woche.

▪ Essen: *Auberge de Saint-Lager.* Unten in dem alten Dorfhaus betritt man zunächst das einfache Bistro, hinter dessen Theke meist die superblonde Wirtin mit Charme und Persönlichkeit agiert. Eine Treppe hinauf das nette rustikale Restaurant. Die Portionen sind reichlich, das Essen einfach und ordentlich und für das Gebotene preiswert. Menüs während der Woche DM 19 u. 30, am Wochenende DM 30 u. 69. Spezialitäten wie Huhn mit Flußkrebsen muß man vorher bestellen (Tel. 74 66 16 08).

▪ Wein: Von Saint-Lager immer geradeaus auf der D 68 E Richtung Odenas, bis sie von einer Landstraße gekreuzt wird, die nach Osten führt. Darauf erreicht man vor Charentay die *Do-*

*maine des Combes*, wo man bei Philippe Dutraive einen guten Brouilly erhält. In den Vignen des Gutes erhebt sich 35 m hoch der seltsame Turm der Schwiegermutter, *la tour de la belle-mère*, der an einen Fabrikschornstein erinnert. Auf Anweisung einer besorgten Alten im letzten Jhdt errichtet, diente er ihr dazu, ihren Schwiegersohn im Auge zu behalten. Der hatte angeblich wenig Sinn für die Schönheit der Weinberge, dafür viel für die der Winzerinnen.

# Charentay

Charentay besitzt den Vorzug, an keiner Durchgangsstraße zu liegen. So träumt es von Wein umgeben vor sich hin. Die Kirche mit dem gedrungenen Turm wurde im 15. Jhdt wesentlich erweitert, aber einige Details belegen ihre romanische Vergangenheit.

Durch den Ort hindurch, dann in südlicher Richtung weiter, bis die Straße einen scharfen Bogen macht. An einem Wäldchen, mickriges Überbleibsel eines großen Eichenwalds, der vor 130 Jahren abgeholzt wurde, versteckt sich hinter den hohen Bäumen der Allee das Château d'Arginy. Es macht einen traurigen Eindruck: verwahrlost, dabei zu verfallen. Ein ungepflegter Bauernhof, auf dem Viehzucht betrieben wird. Die tiefen Wassergräben vor dem eindrucksvollen Tor sind leer. Schade, daß nichts Ernsthaftes unternommen wurde, es zu erhalten. Zu seiner Blütezeit zählte man zweiundzwanzig Türme. Eine Märchenburg, überragt von dem hohen Backsteinturm, der innen achteckig ist. Von der Rückseite hat man den besten Blick, allerdings sollte man für diesen Spaziergang einen trockenen Tag erwischen.

Im 1. Jhdt errichtete ein Römer - vielleicht hieß er Arginius? - an dieser Stelle eine Villa. Reste ihrer Fundamente dienten den *Sire de Beaujeu* als Grundmauern der ab dem 10. Jhdt konstruierten, Festung. Militärisch war dieser Ort in der Ebene, durch die der Nordsüdweg verlief, für die auf Spitzstein residierenden Recken von großer Bedeutung. Die weite Anlage bot im Notfall den Bauern von Charentay und ihren Herden Zuflucht.

Arginy besitzt einen gewissen Zauber. Der verwirrte manche Gemüter. Es hieß, *Guichard de Beaujeu* sei der Neffe des Großmeisters der Tempelritter, *Jacques de Molay*, gewesen, und der berühmte Onkel habe, bevor die Tempelritter 1307 in Ungnade fielen, den Ordensschatz bei seinem Neffen versteckt. Andere erklärten Arginy gleich zu einer Komturei der Templiers. Viele jedenfalls buddelten in der Burg nach ihrem Glück. Natürlich vergebens. Denn als *Jacques de Molay* hingerichtet wurde, gehörte Arginy schon lange nicht mehr denen von Beaujeu. Verwandt war er ohnehin nicht mit ihnen.

Humbert III, der seine Reichtümer auf Kreuzzügen an der Seite König Ludwigs VIII durchbrachte und im Morgenland sein Leben ließ, hatte Arginy bereits 1243 an die Familie *Vernet* verscherbelt. Nach knapp 300 weiteren Jahren folgte die reiche, durch ihre Offiziere berühmte Familie *Camus*. Ab 1540 blühte die Burg auf, sichtlich, wie ihre zahlreichen neuen Türme demonstrierten. Als es mit den Camus bergab ging, wurde auch das einst prächtige Château degradiert. Seither vegetiert es als Bauernhof dahin.

## *Bei Christian Mabeau in Odenas*

*Schildern mit 'Restaurant gastronomique' mißtraue ich. Ziemlich skeptisch betrat ich das niedrige Dorfhaus in Odenas. Da kam mir Sylvie Mabeau schon entgegen, begrüßte mich freundlich und lächelte so schön, daß meine Skepsis sofort dahinzuschmelzen begann. Als ich zwei Stunden später wieder auf die Straße trat, wußte ich, daß das Schild völlig berechtigt ist.*

*Während man zur wärmeren Jahreszeit auf der schönen Terrasse Platz nimmt und über Weinfelder auf die Ebene blickt, sitzt man sonst an einem der acht Tische im kleinen Saal. Hier herrscht persönlicher Stil, der licht, charmant, intim und schlicht ist. Jeder fühlt sich augenblicklich wohl und entspannt. Dies ist kein Restaurant, wo man automatisch ins Flüstern verfallen würde. Die Gäste - Winzer aus den benachbarten Crus mit derben Händen, Weinhandelsherren in blauen Hemden mit blauen Krawatten, andere Domänenbesucher, wissende Gourmets und zwei mittelalterliche Paare auf Urlaub - unterhalten sich angeregt in normalem Tonfall.*

*Christian beschränkt seine Gäste auf dreißig, "um die Kunden zu pflegen und nicht zu viel Personal haben zu müssen." Nur zwei Lehrlinge helfen ihm in der Küche. So treibt er mit garnierenden Beilagen keinen Aufwand, sondern konzentriert sich auf das Wesentliche. Zwei Menüs stehen zur Auswahl: Für DM 33 hat man die Auswahl zwischen vier Entrees und fünf Hauptgerichten, darunter Andouillette, Fisch oder Entenschenkel mit grünem Pfeffer. Für DM 45 wählt man nach der Vorspeise, darunter Schnecken und eine ausgezeichnete Terrine von Porree und Foie gras, zwischen Fisch oder Fleisch, für DM 56 Fisch und Fleisch. Sehr gut der in Champagner gedünstete Zander oder die Rotbarbe mit Basilikum. Das Magret de Canard ist empfehlenswert, mehr noch das Rinderherz vom Charollais in Roquefortsauce. Saucen sind nämlich Christians große Spezialität. Zu allen Menüs gehören Käse und Dessert. Die gute Käseauswahl - leider schmilzt sie manchmal schnell - ist nicht nur vorbildlich beschildert, der flinke und aufmerksame Kellner erklärt und kommentiert sie gern. Hinterher gibt es gute Fruchttarten oder ein Sorbet Vignerone: Früchte, Eis und Crème von Schwarzen Johannisbeeren mit einem Schuß Marc.*

*Es war schon halb drei nachmittags, und wir löffelten bereits am Sorbet, als sich ein verspäteter Gast einstellte. Zu meinem großen Erstaunen wurde er freundlich begrüßt und an einen Tisch geführt - das ist in Frankreich wirklich eine Seltenheit!*

▪ *Restaurant Christian Mabeau*, 69460 Odenas, Tel. 74 03 41 79 So abends und Mo und vom 1. - 21. 9. geschlossen.

*Das größte Weingut im Beaujolais:*

## Château de La Chaize

*Kennen Sie den Friedhof Père Lachaise in Paris? Voila. Père La Chaize war zwei Jahrzehnte lang der Beichtvater Ludwigs XIV. Er drängte den König, sich wieder zu verheiraten, und arrangierte die heimliche Trauung mit Madame de Mantenon. Kein Wunder, daß die Familie La Chaize d'Aix profitierte. Sein jüngerer Bruder François, Hauptmann der Königlichen Garde, später Seneschall von Lyon, erwarb das Gut 'La Douze' in der Gemeinde Odenas. Das kleine alte Château befand sich in desolatem Zustand. Im Jahr 1670 stürzten die*

 *Château de la Chaize, das größte Weingut im Beaujolais*

*Mauern ein und begruben seine Frau und seine beiden Söhne unter sich. Drei Jahre später heiratete François de La Chaize aufs Neue, und gab 1674 den Auftrag zum Bau des neuen Schlosses. Nach Plänen von Mansart, dem Architekten von Versailles, wurde es in nur zwei Jahren errichtet. Den französischen und den Gemüsegarten legte man nach einem Entwurf von Le Notre an, der in Versailles den Park gestaltet hatte.*

*Die einzige Tochter des Herrn de La Chaize heiratete den Grafen von Montaigu, den französischen Botschafter am Wiener Hof. Fortan blieb das Gut im Besitz der Familie Montaigu. Zwar überstand es Revolution und Kriege ungeschoren, aber nicht den Zahn der Zeit. 1967 erbte die Marquise Roussy de Sales den Besitz von ihrer Großtante.*

*"Als meine Eltern hierherkamen, glich er Dornröschen. Abgesehen vom Schloß, war seit 200 Jahren nichts getan worden", erzählt Caroline von Klitzing, die in Frankfurt lebende Tochter der Marquise. "Die* vigneronages, *die Winzerhöfe, von denen es auf dem Gut ein Dutzend gibt, waren praktisch Ruinen, ohne jeglichen Komfort, kein fließendes Wasser, keine sanitären Anlagen, nichts. Man mußte damit beginnen, alle Unterkünfte zu renovieren, Straßen neu anzulegen, in Maschinen zu investieren, Dächer zu erneuern, Gärbehälter anzuschaffen." Beim Château waren die Gärten neu anzulegen und 50 Zimmer mit insgesamt 6000 qm Wohnfläche zu renovieren. Die Marquise und ihr verstorbener Mann, der Direktor der Parfums von Dior war, sahen schnell ein, daß sie Schloß und Gut nur halten konnten, indem sie ihrem Wein ein Markenimage gaben und ihn ausschließlich in Flaschen verkauften. "Wir pflanzten viel Wein", sagt die Marquise, "denn es gab nur 67 ha und heute sind es 95. Dann mußten wir* round the world *gehen, Leute besuchen und unseren Wein anbieten. Man muß wirklich den Mut haben, das eigene Produkt unter den Arm zu nehmen und den Leuten geradeheraus erklären, was man ist." Das tat sie mit großem Erfolg.*

*Der* Brouilly *des* Château de La Chaize *ist in den USA der meistverkaufte Wein einer französischen Domäne, und steht weltweit auf der Weinkarte von mehr als 250 Restaurants.*

*Das Kellergebäude ist sehenswert. Besichtigung nur auf Voranmeldung! Es wurde zwischen 1771 und 1811 errichtet. Im oberen Teil, der* cuvage *mit ihrem grandiosen Dachstuhl, wird der Wein vinifiziert. Die alte Kelter und einige alte hölzerne Gärbehälter dienen als Zeugen ver-*

*gangener Zeiten. Seit einigen Jahren wird die jährliche Lese von 5000 hl in Edelstahltanks unter Temperaturkontrolle vergoren. Im unteren Teil, der* cave, *reihen sich die kleinen -* pièce *genannten - Fässer und großer Eichenfuder, in denen der Wein ausgebaut wird. Mit seinen 109 Metern ist dies das längste beaujolaiser Kellergewölbe. Der Wein des Château de La Chaize ist ein typischer Brouilly, süffig, angenehm, mit einem Duft nach kleinen roten Früchten und einem Nachgeschmack nach Himbeeren, den man in fast allen Jahren wiederfindet. Meist sollte man ihn im Alter von ein bis zwei Jahren genießen, nur bei ungewöhnlichen Jahrgängen wie 1988 entwickelt er so kräftige Tannine, daß er gut fünf Jahre altern kann.*

*Die eine Hälfte des Besitzes bewirtschaftet die Marquise direkt. Die andere ist unter sieben Erbpächtern aufgeteilt. Das traditionelle System der* métayage *hat sich im Beaujolais bis auf den heutigen Tag erhalten. Rechte und Pflichten sind genau geregelt. Haus, Dünger, Spritzmittel, neue Rebstöcke stellt der Besitzer, Arbeitskraft und die von ihm benötigten Werkzeuge und Maschinen der Pächter. Auf La Chaize werden die Trauben vom Besitzer vinifiziert. Die Pächter erhalten die Hälfte des Weins, den sie bei sich ausbauen, der aber fast immer vom Château zurückgekauft wird.*

*Gab es früher großes Elend, wenn durch Unwetter, Krankheiten oder Insektenplagen die Lese gering war, verdienen* métayers, *die um 8 ha Wein bearbeiten, laut der Marquise "mehr als der Bankdirektor im nächsten Dorf".*

■ *Château de La Chaize*, 69460 Odenas Tel. 74 03 41 05 und 74 03 41 38. Direktverkauf des Weins im Kellergebäude zu üblichen Ladenzeiten.

## Ein Winzerhof mit Stil: Château Thivin

*Das Tor umrankt von der prächtigen Glyzinie, die Colette 1949, als sie hier die Weinlese verbrachte, mit einer Python verglich, die in ihrem eigenen Laub verschwindet. Dies war das Zuhause von Claude Geoffray, der in seinem Leben (er starb 1959) unentwegt für den Ruhm des Beaujolais stritt, mithalf, ihm AOC-Ehren zu erwerben und den Bau des* Maison du Beaujolais *an der Nationalstraße 6 anregte, das über viele Jahre die erfolgreichste Missionsstation der Weinregion war. Für andere, für Künstler, Schriftsteller und Schauspieler war das Château*

*Thivin die charmanteste Botschaft, wo Claude und seine Frau Yvonne später allein durch ihre Großherzigkeit jedermann für das und den Beaujolais einnahmen. "Mit mir geht es etwas weniger ausgiebig weiter", sagt Großneffe Claude Vincent Geoffray, der sich schon seit 1975 um die Domäne und den Wein kümmert. Geblieben ist dennoch eine einmalige Atmosphäre: ein Haus mit Geschichte und voll Geschichten.*

*Im 12. Jhdt gehörten die Weinberge - heute sind es nur noch 8,5 ha - Humbert III, Sire de Beaujeu und das Gut hieß* Clos de Brouilly. *Als er reumütig die Abtei von Belleville stiftete (s.o.), vermachte er den Mönchen verschiedene Güter, darunter auch dieses. Im 17. Jhdt kam es in den Besitz des Marquis de Vichy, dessen Familie es bis zur Französischen Revolution besaß. Sein heutiger Name, der ein Schreibfehler ist, geht auf den Anwalt Thivend zurück, der es 1807 erwarb.*

*"1879 während der Reblauskrise kaufte mein Urgroßvater das Gut, wohl wegen der Lage und der schönen Landschaft", sagt Claude Vincent, "denn es waren nur wenige Weinberge dabei." Die meisten Rebstöcke sind zwischen 45 und 50 Jahre alt, und Claude Vincent versucht, sie wegen der besseren Qualität der Trauben zu erhalten. In der Cave führte er moderne Technik ein, konstruierte selbstentleerende Gärbehälter und schaffte eine teure pneumatische Presse an. Die arbeitet so behutsam wie die alte Holzkelter, die im Probierkeller steht, nur wesentlich schneller. Nach dem Pressen kommen die Weine zum Ausbau in große Holzfuder. Der* Côte de Brouilly *des Château Thivin duftet, wenn er jung ist, oft nach Veilchen, später nach Pfingstrosen und kleinen roten Früchten. Er entwickelt sich hervorragend. Mit drei Jahren beginnt er seinen eigentlichen Charakter zu zeigen, den er mindestens zwei, drei weitere Jahre bewahrt.*

▪ Château Thivin, Claude Vincent Geoffray, 69460 Odenas, Tel. 74 03 40 15. Zufahrt: bei la Poyebade östlich abbiegen und sich auf der Südseite des Mont Brouilly halten.

▪ *Domaine des Grandes Vignes*. Albert, Jean-Claude und Jacky Nesme, Chavanne, 69430 Quincié. Tel. 74 04 31 02. Sehr guter, voller, nach reifen Kirschen schmeckender Côte de Brouilly mit ausgeprägtem, an Kirschen und Hagebutten erinnernden Duft.

▪ *Château de Nervers*, 69460 Odenas, Tel. 74 03 48 88. Zufahrt: statt hinter dem Dorf rechts nach La Chaize, links abbiegen.

Auf dem ehemaligen Jagdschloß von *La Chaize*, zu dem 43 ha Weinberge gehören, macht der sympathische *Jean-Gabriel de Chabannes* einen ganz und gar untypischen Brouilly. Seine Weine sind körperreicher, weisen jung Aromen von Cassis und Wildkirsche, manchmal etwas Pfirsich auf und brauchen etwas länger, um sich zu öffnen. In ihrem Charakter ähneln sie, wie Georges Duboeuf meint, mehr einem *Moulin-à-Vent*. Ein kleiner Teil wird in *barriques*, neueren Eichenfässern ausgebaut.

▪ *Château des Tours*, 69830 St-Etienne-La-Varenne, Tel. 74 03 40 86. Zufahrt: von Odenas kommend, an der ersten Kreuzung rechts, dann die zweite Zufahrt rechts.

Seit Urzeiten besiedelt, besitzt das einst befestigte Gut einen klotzigen, unter Richelieu gestutzten Turm aus der Epoche der Merowinger und einen runden hohen Wachturm, der den Sarazenen zugeschrieben wird. Das Château diente immer Verteidigungszwecken. In seinen Mauern leben heute acht Familien, die die Domäne bearbeiten. Die Lesehelfer werden in den Türmen untergebracht, deren Mauern bis zu 1,50 Meter dick sind.

*Guy Brac de la Perrière* ließ den *Chai* 1988 völlig renovieren und mit modernen Gärtanks ausrüsten. Sie ermöglichen die *pigeage*, ein im Burgund übliches Verfahren, bei dem die während der Gärung aufsteigenden Beeren zurück in den Most gedrückt werden. Damit entzieht man den Trauben mehr Farbe und Tannine. Der *Brouilly Château des Tours* verfügt über eine intensive Nase nach Himbeeren und Johannisbeeren und einer Note von Veilchen, ein angenehm fruchtiger Wein.

▪ *Cave Coopératives de Saint Etienne des Ouillières*, 69460 Saint Etienne des Ouilléres, Tel. 74 03 43 69, direkt an der D 43. Mit Probierstube, mittwochs geschlossen.

Eine der Wiegen des Primeurs. Der Sandboden ergibt einen feinen *Beaujolais Villages Nouveau*. Die große Cave, die jährlich 25000 hl Wein produziert (davon 18.000 als Primeur), verfügt über modernste Technik. Jeder einzelne Tank kann per Computer auf die gewünschte Temperatur gebracht werden. Man macht nur 800 hl *Côte de Brouilly*, einen aromatischen, gut strukturierten Wein, am besten der zwei Jahre alte.

# Quincié

Aus Quincié kommt *Bernard Pivot*, der bis vor kurzem *'Apostrophe'*, das Literaturmagazin des französischen Fernsehens moderierte, das der gesamten Nation mit Engagement und Autorität den Lesestoff verordnete. Die Rezensionsexemplare stiftete Pivot seiner Heimatgemeinde, so daß das Winzerdorf über eine erstaunliche Bibliothek moderner Literatur verfügt. Der kleine, von Platanen beschattete, Platz lädt zu einer Rast ein, denn vor dem Café kann man draußensitzen.

Am Sonntag, der dem 25. März am nächsten ist, findet hier der Jahresmarkt statt.

## *Gute Adressen*

▪ Wohnen und Essen: Nur ein paar Schritte von der Coop. sind es zum *Hotel de la Vigne et du Vin**, 69430 Quincié-en-Beaujolais, Tel. 74 04 32 40. Sechs einfache, renovierte Zimmer, solides Restaurant ohne jeden Schnokus, sympathische Wirtsleute. Man ißt ordentlich für 16 oder 20 DM.

*Gîte rural: Domaine de la Maison Rouge*, Jean-Réné Lafond 69430 Quincié-en-Beaujolais, Tel. 74 04 32 32. Ferienhaus auf einem Weingut, also kein Mangel an gutem Beaujolais-Villages. Altes Natursteinhaus, Wohnzimmer mit Kamin, Küche, Bad, 2 Schlafzimmer, insgesamt 7 Betten, Terrasse und Platz zum Boulespielen. Hauptsaison DM 320, sonst DM 260 pro Woche, auch nur wochenendweise für DM 90.

Gleich am Dorfeingang das *Restaurant de la Roche* mit seiner sonnigen Terrasse. Tel. 74 04 30 90. Der Saal ist schmucklos, die Küche typisch mit der in Wein gegarten *Saucisson*, der *Andouillette* oder dem *Coq au vin*. Menüs für DM 20 und 43. Vorsicht beim *pot*, dem offenen Wein: hinundwieder hat er einen Essigstich! Dabei gibt es in der nahen Cave Coopérative einen guten Beaujolais Villages.

*Le Mont Brouilly***, Le Pont de Samson, 69439 Quincié. Ein modernes, ruhiges Hotel mit ordentlichen, zweckmäßig eingerichteten Zimmern, TV. EZ DM 73, DZ 81. Mickriges Frühstück. Die Küche ist gut bürgerlich mit regionalen Gerichten wie Coq au Vin, Forelle in Macon oder Faux-filet in Brouilly. Menüs für DM 25, 30, 42 und 53. (Zufahrt: von der D 37 in die D 43 einbiegen, dann gleich den ersten Weg rechts. Restaurant in Herbst und Winter So abends und Mo geschlossen.)

Auf dem Weg von Quincié nach *Marchampt* liegt rechts an der Straße das imposante *Château de Varennes*, das seine symmetrische Form mit den drei verschiedenen Arten von Turmdächern um 1600 erhielt.

Ein Stück weiter in der Kurve die Rieseneiche. Genau dort, wo sich die Straße gabelt und links ins Dorf *Marchampt* führt, steht das urige *Café Roch*, mit einem schattigen Plätzchen unter der Platane.

# Marchampt

Das von steilen Weinbergen eingerahmte malerische Dorf (280 Ew.), scheint eingenickt zu sein, auch das kleine Hotel bei der Kirche hat zugemacht. Das öffentliche Pissoir direkt an der Kirchwand (auf den Spuren von *Clochemerle*, s.u.) ist dafür noch in Betrieb, ebenso der alte Tante-Emma-Laden - er sollte unter Denkmalschutz gestellt werden.

## *Die Weberin von Marchampt*

*Mit Weben begann Christine Poirier schon 1973, damals in der Touraine, ihrer Heimat. Einen ersten Preis erhielt sie bereits zwei Jahre später. 1989 reiste sie als Finalistin eines internationalen Wettbewerbs für Weben und Drucken nach Japan, eine Auszeichnung, die unterstreicht, welches Niveau die von Christine entworfenen und gewebten Tuche inzwischen erreichen. Daraus fertigt sie selbst Modelle, die sie in ihrem Atelier und auf Messen zeigt.*

*Seit 1984 betreibt Christine ihre Webstube in der ehemaligen Schmiede von Marchampt, einem kleinen niedrigen Haus direkt am Bach (bevor man den Ortskern - von Quincié kommend - erreicht, liegt es linkerhand). Sie bietet in einem kleinen Ausstellungsraum fertige Stücke an und gibt außerdem auch Webkurse (auf franz. heißen sie* stage*) von mind. fünf Tagen. Dabei lernt man, selber einen Pullover oder eine Jacke zu weben oder auch Originelleres zu realisieren. Während dieser Zeit wird man bei ihr in einem gemütlichen Zimmer*

atelier de tissage
chambre d'hôte

*mit Blick auf den verwilderten Garten untergebracht und teilweise oder ganz verpflegt. Man kann während des ganzen Jahres kommen, nur muß man sich einen Monat im Voraus anmelden und 20% anzahlen. Christine ist eine staatlich anerkannte Ausbilderin. 5 Tage Kurs (Material inbegriffen) kosten DM 470, zuzüglich DM 220 für Vollpension, DM 78 für Halbpension (nur Mittagessen). 10 Tage Kurs (auf einmal oder 2 mal 5 Tage) kosten DM 780. Jugendliche unter 20 erhalten 20% Ermäßigung. Das Atelier ist täglich, bis auf montags geöffnet.*

▪ Christine Poirier, Création Textile, 69430 Marchampt, Tel. 74 04 37 03.

# In die Monts du Beaujolais

Fährt man weiter nach Westen, hat man schnell das Beaujolais der Rebstöcke verlassen, und die Landschaft nimmt Mittelgebirgscharakter an.

### Zum Col de la Croix Rosier und Croix de Marchampt

Durch das Dorf hindurch auf der schmalen, wenig befahrenen D 72 nach Süden. Zwischen Weinbergen führt sie ein Stück am Hang entlang, so daß man einen schönen Blick über das *Rau de Samsons* genannte Tal hat. Weiter geht es hinauf zum *Col de la Croix Rosier* vor dem der Weg unter Laubbäume taucht. Wer Picknicks liebt, findet auf dem Paß einen Grill, auf dem man Feuer machen darf. Freitag-, Samstag- und Sonntagnacht herrscht hier oben Remmidemmi, wenn der Night Club Le Pressoir zwischen 23 h und 4 h seine Pforten öffnet. Eintritt: DM 28. Samstagabends erhält man ein Menü für 25 Mark.

Eine schöne Strecke führt durch die bewaldeten Hügel nach Norden zur *Croix de Marchampt*, wo man wieder auf die D 9 trifft. Nach einem Kilometer erreicht man den Bauernhof *La Grandouze*. Leider haben die Douillons die Bewirtung aufgegeben, aber man kann noch Käse bei ihnen kaufen und Wanderer finden ein Strohlager.

# Clochemerle oder Vaux

*Vaux - wie es in Wirklichkeit heißt (590 Ew.) - liegt zu Füßen des Col de la Croix Montmain und seinen bewaldeten Höhen. Von Villefranche nordwestlich über die D 43, hinter Blaceret links auf die D 49.*

Wenn das Beaujolais, abgesehen von seinem Wein, in der Welt bekannt geworden ist, dann dank eines Autors: *Gabriel Chevallier.* In seinem 1934 erschienenen Roman, der in 33 Sprachen übersetzt wurde, nahm er die Beaujolaiser aufs Korn und karikierte ihre Vorlieben für weltliche Freuden und ihre Schwächen. Als Schauplatz wählte er ein fiktives Dorf westlich der Nationalstraße 6.

*"So fährt man mehrere Kilometer. Schließlich haben wir nach einer letzten Wendung das gesuchte Tal vor uns. Die Kurve, die uns einläßt, zeigt uns auf halber Höhe des Abhangs gegenüber, ungefähr vierhundert Meter hoch, eine umfangreichere Ortschaft. Das ist Clochemerle (Beaujolais), aus dem als Wahrzeichen einer vergangenen Zeit sein neun Jahrhunderte alter romanischer Kirchturm aufragt."* Der ruhige Lauf der Dinge wird eines Tages durch den Bau eines Pissoirs unterbrochen. Es wird direkt an der Kirche errichtet, und erzürnt insbesondere Justine Putet, eine alte Jungfer, die aus ihrem Fenster eine bevorzugte Aussicht darauf genießt. Sie stänkert und intrigiert, und alsbald ist das ganze Dorf in Aufruhr. *"Leidenschaft mischte sich mit jener Heftigkeit ein, die sie bisweilen in der Provinz, wo sie mangels Stoff lange geschlummert hat, annimmt, um die Menschen mit elementarer Wucht zu Handlungen hinzureißen, deren Umfang und Bedeutsamkeit in gar keinem Verhältnis mehr zu den Ursachen stehen, von denen sie ausgegangen sind."*

Da obendrein die Beaujolaiser ihre Nase mindestens so gern ins Glas wie in anderer Leute Angelegenheiten stecken und keine Chance auslassen, den Landessport zu praktizieren, nämlich den nächstbesten auf den Arm zu nehmen, entfacht sich ein köstliches Spektakel. An Anzüglichkeiten und derben Scherzen herrscht kein Mangel.

Obwohl das Bild, das Chevallier von dem Provinznest und seinen Einwohnern zeichnet, keineswegs nur schmeichelhaft ist, entdeckten die Leute von Vaux, daß seine Beschreibung auf ihr Heimatdorf zutraf und identifizierten sich voll Begeisterung mit dem Roman. Man eröffnete den Probierkeller *Caveau de Clochemerle* und taufte zu Ehren und in Anwesenheit des Autors eine Straße auf seinen Namen. Da man leider keine Bedürfnisanstalt vorzuweisen hatte, leistete man sich schließlich 1981 sogar eine *'Pissotière de Clochemerle'*, wenn auch nicht an der Kirchenwand.

Natürlich fanden bereits endlose Busladungen von Touristen den Weg in das schön gelegene Dorf, in dem man selbstverständlich auch einen *'Clochemerle'*-Wein kaufen kann. Und man kehrt in die *Auberge de Clochemerle* ein, in der es, wenn man Glück hat, so hoch her geht wie einst zu Clochemerle (Tel. 74 03 20 16).

Der Roman ist als Fischer TB Nr. 1190 erschienen, seine Fortsetzungen 'Clochemerle-Babylon' und 'Clochemerle wird Bad' als Nr. 8047 und 8048.

## *Gute Adressen*

▪ Markt: Donnerstags, gutes Wurstangebot und schönes Obst.

▪ Essen: *L'Auberge du Bon Vivant*, mitten im Ort gegenüber der Kirche: traumhafte Terrasse mit schattenspendender Platane und Vordach, drinnen französische Provinz mit Plastiktischen.

▪ Wein: Im Nachbarort *Le Perréon* steht die Kellerei neben dem *Château des Loges*, das die Coopérative nebst Weinbergen erstand. Im Gewölbe hat man den Probierkeller eingerichtet, in dem kürzlich renovierten Schloß ein Restaurant. Gästezimmer sind geplant. Die Genossenschaft begann 1961 mit bescheidenen 1915 hl, hatte aber schnell Erfolg mit ihren Weinen. So traten immer mehr Winzer bei. Inzwischen erzeugt man allein 25000 hl Primeur. Die Weinberge wurden in vier Sonnenzonen aufgeteilt. Die besten Lagen vinifiziert Kellermeister Georges Michaud getrennt. Empfehlenswert ist das Aushängeschild der Cave, ihr *Villages Château des Loges*.

▪ Wohnen: *Gîte rural* im Weiler *Le Perrin*: ein einzeln stehendes, renoviertes altes Dorfhaus. Wohnraum mit Kochnische, 4 Schlafzimmer, Bad, Hof mit Gartenmöbeln. Hauptsaison DM 320, Vorsaison und sonstige französische Schulferien 265 DM, ansonsten 240 DM pro Woche, Nebenkosten extra. *Adresse:* Michel Jaquet, Ecole Publique, 69460 Le Perréon, Tel. 74 03 22 07.

*Chambre d'hôte*: Mme Cyrille Mingret, 69640 Vaux-en-Beaujolais, Tel. 74 03 26 13. Ein einfaches Gästezimmer in einem soliden Natursteinhaus. Für zwei Personen DM 50. Das ganze Jahr über geöffnet.

# Wanderung in die Monts du Beaujolais

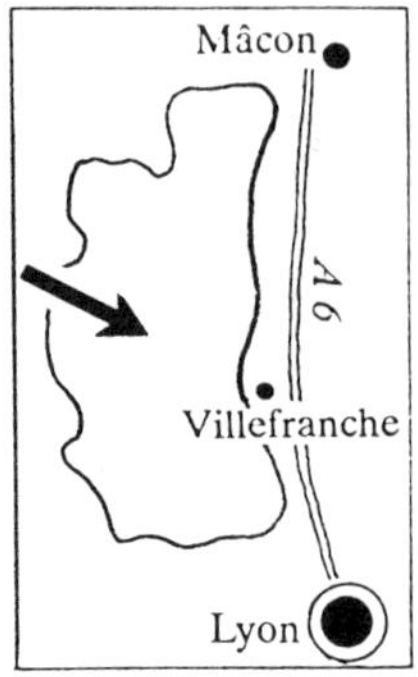


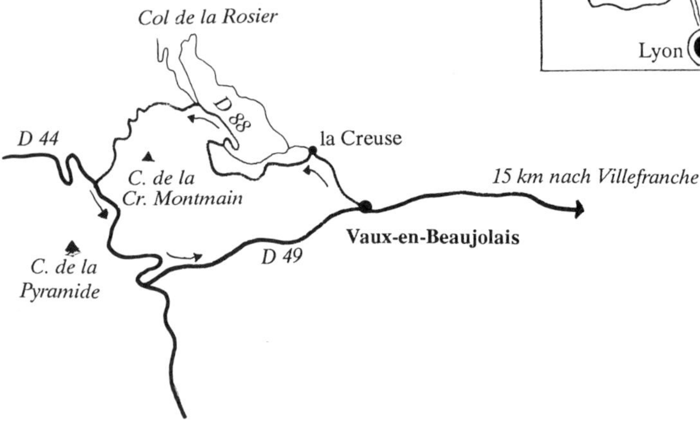


*Hinter Vaux beginnen die Hügel und Wälder der* Monts du Beaujolais. *Ein schöner Rundweg, allerdings auf asphaltierten Wegen - insgesamt rund 15 km:*

Hinter der Kirche mit ihrem beachtenswerten Portal rechts hinauf. Zum Teil sehr steile, mit Reben bestandene Hänge. Bei den Häusern von La Creuse links, dann geradeaus (rechts wäre eine etwas weitere Variante). An die Weinberge schließt sich zunächst bis zum Ende des Tals Mischwald an, weiter oben Nadelwald. Nach etwa 1,5 km an der nächsten Abzweigung rechts die D 88. Durch den Wald hinauf kommt man nach knapp 2 km an die Kreuzung, wo es rechts zurück nach *La Creuse* geht, geradeaus zum *Col de la Croix Rosier.* Den Weg links zum *Col de la Croix Montmain* (737 m) nehmen, gut 2,5 km.

Von hier aus führen Waldwege rund um den Col de la Pyramide. Scharf links, die D 44. Nun wieder hinab, dann rechts auf die D 49 und zurück in das schöne Tal von Vaux und zwischen Weinbergen bis zur Kirche.

Eine ausgesprochen schöne Fahrt von Vaux hinab ins Tal und auf die D 35 führt durch die Weinberge nach

# Salles-Arbuissonnas

*Zwei zusammengelegte kleine Dörfer, wobei Salles der Hauptort ist.*

Salles (260 E.) erinnert Dornröschen. Es wird zur Ferienzeit wachgeküßt und schlummert dann gleich weiter. Der Postimpressionist *Georges Dufrenoy* (1870 - 1943) lebte einige Schritte von der Kirche die Straße hinauf, fast gegenüber des Eingangs zum Kapitelsaal. Jetzt stehen viele Häuser leer, und der Zahn der Zeit nagt an ihnen. Romantiker sollten sich außerhalb der Saison einstellen.

Kein anderer Ort im Beaujolais bietet so viel an Architektur und romantischer Atmosphäre! Im 10. Jhdt gründeten Mönche aus Cluny in Salles ein K l o s t e r . Sie sicherten damit den Einfluß der - nur 60 Kilometer entfernten - bedeutendsten Abtei des Mittelalters im Beaujolais. Das war angesichts der die Unabhängigkeit liebenden *Sires de Beauje*u nicht unwichtig. Zwar hatte *Humbert Cluny* den Grund und Boden in Salles vermacht, aber er schreckte an anderen Orten nicht davor zurück, sich Ländereien der Abtei anzueignen. Bald bestimmte der Prior von Salles die Pfarrer für verschiedene Kirchen, vergrößerte den Besitz des kleinen Klosters, arrangierte sich mit den Landesherren, und auch *Nôtre-Dame-des-Marais* im neuen Villefranche zählte zu seinen Pfarreien.

So stammt der älteste Teil der romanischen Kirche, der Chor, aus dem 11. Jhdt. Sie wurde nach einem typischen Muster errichtet, dessen Grundform ein Kreuz ist, das Kirchenschiff, Querschiff und Chorjoch bilden. Der quadratische Turm mit seinem niedrigen Pyramidendach erhebt sich in der Mitte. Seine beiden Etagen, die auf allen Seiten von Bögen durchbrochen sind, geben ihm Eleganz. Faszinierende Tiergestalten zieren die Kapitelle. Im Inneren Stationen der Kreuzigung in realistisch überhöhtem Halbrelief. Das Chorgestühl wurde am Ende des 18. Jhdts installiert, als Salles eine entscheidende Wandlung erfuhr. Durch eine Pforte neben der Kirche betritt man einen kleinen Garten, durch den man zur einzigen übriggebliebenen Galerie des romanischen Kreuzgangs kommt. Die Bögen werden im Wechsel von einer dickeren oder zwei kleinen Säulen getragen. Auf den Kapitellen Trauben- und Blättermotive.

Durch einen Torbogen - oder durch eine Pforte von der Dorfstraße aus - gelangt man in den Kapitelsaal, in dem die Gewölbebögen auf einem zentralen Pfeiler ruhen. Das Löwenwappen signalisiert die Herren von Beaujeu, das Wappen auf der Rückseite des Tores die Abtei von Cluny. Drei ihrer Äbte wurden, vermutlich im 15. Jhdt, auf den Wandbildern verewigt: *Odon*, der Erneuer ihrer Ordensregeln, *Odilon*, der den Gottesfrieden durchsetzte und - am deutlichsten zu erkennen - *Hugues de Semur*, Erbauer der Basilika, der größten Kirche der Epoche.

Der Charakter von Salles änderte sich, als um 1300 ein Hochwasser der Saône die auf der Insel *Grelonges* lebenden Benediktinerinnen vertrieb. Sie fanden Aufnahme in dem Kloster, das ihnen später überschrieben wurde. Im 15. Jhdt erweiterten sie es um den Kapitelsaal. Manches Mädchen aus adeligem Haus kam nach Salles ins Kloster, in dem es weniger streng zuging als anderswo. Schließlich, gegen Ende des 17. Jhdts, erhob der Erzbischof von Lyon die Nonnen in den Rang adeliger Stiftsdamen. Denen genügten bald die kargen Klosterräume nicht mehr. Um 1770 wurden deshalb hinter Kirche und Kloster elegante Häuser für sie erbaut, die sich um die große rechteckige *Place du Chapitre* reihen. Den Zutritt versperrte das große schmiedeeiserne Tor. Entsprechend elegant verlief nun das Leben in Salles. Oft nahmen die *Chanoines-ses-Comtesses* junge adelige Mädchen auf, für deren Erziehung sie sorgten.

Unter Junggesellen sprach sich herum, daß in dem schmucken beaujolaiser Kapitel manche Schönheit und manch gute Partie weilte. Eine Tafel erinnert an die bekannteste Verbindung, die hier angebahnt wurde: Bei *Dame Suzanne de Lamartine*, die als Stiftsdame von 1770 bis 1792 in Salles lebte, verliebte sich ihr - fast 40 Jahre alter - Bruder *Pierre* in die blutjunge *Alix des Roys*. Drei Jahre schmachtete die siebzehnjährige, dann gaben ihre Eltern die Einwilligung. 1790 wurde ihr Sohn *Alphonse* geboren, der berühmte Dichter und Staatsmann.

*Der Kapitelsaal kann von Ostern bis 30.9 täglich von 10 bis 12 h und von 14.30 bis 18 h besichtigt werden. Eintritt: DM 1.*

## Vigneron Réné Miolane

*"Ich bin Sohn, Enkel und Urenkel von Winzern. Meine Vorfahren mütterlicherseits sind seit mehr als drei Jahrhunderten hier. Und wir haben diese Hänge nicht verlassen. Denn in Annalen aus dem 17. Jhdt ist belegt, daß sie direkt gegenüber wohnten. Und ich bin nur einige hundert Meter fortgezogen, um auf diese Seite des kleinen Flusses zu kommen."*

*Réné Miolane ist stolz darauf, so tiefe Wurzeln in dem kleinen Tal von Salles zu haben. Dabei übernahm er in seiner Jugend nur einige Weinberge, die hier besonders steil sind. Daraus sind inzwischen 24 ha Beaujolais Villages geworden, die sich auf die Gemeinden Salles-Arbuissonnas, Vaux und Blacé verteilen. Er bearbeitet sie gemeinsam mit Sohn, Tochter und Schwiegersohn, ein echter Familienbetrieb.*

*Das alte Haus seiner Vorfahren verließ er 1966, um in einer neuen Cave rationeller arbeiten zu können. Dazu nutzte er die Hanglage. So wandert der Wein nach dem Ende der sieben bis zehn Tage dauernden Maischung eine Etage tiefer in die Pressen. Danach fließt er hinab in große Holzfuder, bis er zur Abfüllung in die neue, 300 Meter entfernte Halle kommt. Dort verwahrt Réné Miolane auch seine Sammlung von Winzergeräten und Weinkellerinventar. Zwar würde man sich dafür eine zünftigere Umgebung wünschen, aber wenn unser Vigneron in seiner bedächtigen Art seine Schätze beschreibt (für Gruppen gar in Tracht), wird trotzdem beaujolaiser Vergangenheit lebendig.*

*Die alte Kelter der Familie diente 1933 zum letzten Mal. Mehr als hundert Jahre alt ist der eicherne Gärbottich, den hölzerne, mit Weidenruten verstärkte Faßbinden zusammenhalten. Die drei originellen Fässer, deren Vorderseite jeweils anders als die Rückfront ist, beweisen das Geschick von einem Küfer, der im Nachbardorf arbeitete. Neben vielen anderen Geräten und Werkzeugen steht auch ein schönes Exemplar eines fahrbaren Heizkessels, in dem der Winzer Wasser im Weinberg erhitzte, mit dem er die Rebstöcke abspritzte: ein wirksames Mittel gegen die Pyralislarve.*

*"Wir haben Sandböden, die sehr feine Weine ergeben, die sich aber dennoch einige Jahre halten", erklärt Miolane, der bei der Degustation seine Weine ausführlich vorstellt. Jung werden sie durch eine schöne Fruchtigkeit, oft Schwarze Johannisbeeren, und angenehme Fülle charakterisiert. Die besonders vom Terroir geprägte* Cuvée de la Cotabras *zeigt im Alter von zwei Jahren ein intensives Bouquet mit Noten von*

*Unterholz, Pilzen, Leder und einem Akzent von Cassis. Ein würziger Wein mit einer persönlichen Note.*

## Gute Adressen

■ Wein: Réné & Christian Miolane, *Le Cellier* (s.o.), 69460 Salles-Arbuisson-nas-en-Beaujolais, Tel. 74 67 52 67. Besuch auf Voranmeldung. Bei Gruppen Unkostenbeitrag.

*La Tassée du Chapitre*, schlichte Probierstube am ruhigen Platz. Gute Beaujolais-Villages.

■ Wohnen u. Essen: Direkt von der Kreuzung führt eine prächtige Zufahrt zur *Hostellerie St-Vincent**** (69460 Salles-Arb., Tel. 74 67 55 50). Ein würdiges altes Haus mitten in einem Park mit einer Libanonzeder, einer enormen Kastanie und einer Riesenthuja. Dazugehörig noch ein Swimmingpool und Tennisplatz. Trotzdem, um es gleich zu sagen, wundert man sich, wieso der Vorbesitzer es zu drei Sternen gebracht hat, denn noch entsprechen die meisten der 28 Zimmer nicht diesem Standard. Noch. Denn Bernadette Roman und ihre Familie setzen alles daran, ihnen gerecht zu werden. Ein Superzimmer haben sie im Parterre renoviert, ebenso geschmackvoll wie komfortabel. Die weinrote Badewanne mit Goldarmaturen könnte ich mir im Orient-Express vorstellen. Zwei weitere Zimmer wurden im Anbau auf Vordermann gebracht. Und der Rest wird folgen. So lange hilft der nette Empfang über die Unzulänglichkeiten hinweg. Wirtin und Anhang kommen aus der Auvergne und so wird gekocht, mit leichtem lokalen Einfluß, wie den Wurstwaren von *Bobosse*, dem für seine *Andouillette* und sein joviales Naturell berühmten Schlachter *Réné Besson*, und ein *Poulet au sang et au Beaujolais Villages*. Der Chef hat eine ausgesprochene Vorliebe für Blätterteig, in den er Schnecken, Fisch oder Fleisch verpackt. Aber auch für *Confit de canard* und für frische Entenleber mit den feinen Linsen des Puy. Die Seezunge war gut, das Kalbsmedaillon mit kleinen Steinpilzen ebenso. Der Stil bleibt ländlich wie das in der Veranda untergebrachte Restaurant mit seinen Bauernmöbeln. Nette Bar. Menüs für DM 27, 38, 47 und 62. DZ im Anbau DM 88, das graurosa Superzimmer DM 110.

■ In dem gelben Natursteinhaus an der Dorfstraße das symphatische Restaurant *La Benoîte* mit einem angenehmen schattigen Garten. Gute und typisch beaujolaiser Küche. Menüs für DM 22 und 50. (Tel. 74 67 52 93, Di abends und Mi geschl. Vom 1. bis 15.3. und vom 26.7. - 14.8. geschl.)

■ In Blaceret (nördlich von Salles an der D 43) das *Restaurant du Beaujolais*:

An der Hauptstraße in einem typischen, recht schäbig wirkenden Haus mit Terrasse. Vorn ein einfaches Bistro mit schönen Holztischen, Treffpunkt der Dorfleute und der Winzer der umliegenden Güter. Ein großes Foto des Faßkellers von La Chaize an der Wand. Das eigentliche Restaurant erinnert an die gute Stube eines Bauernhofs. Dicke Holzbalken, Rauhputzwände, an denen Tapisserien hängen. An der Stirnwand ein altes Büffet mit Ziertellern und der Batterie von Verdauungsschnäpsen. Blütenweiß gedeckte Tische mit schönen Gläsern und solidem Besteck. Liebenswerter Empfang durch die Wirtin. In der Küche wirken Mann und Tochter.

Berühmt ist der *Pot au feu*, den es während des Winters donnerstags gibt. Spezialitäten wie Hecht, Wachteln, gefüllte Tauben muß man vorbestellen. Die Fischterrine ist ausgezeichnet, wie die sahnige Sauce des *Poulet à la crème*. Nur das Hühnchen selbst hielt da nicht ganz mit. Das vergaß ich völlig, als mir die *Crèpes Parmentier* von der Bedienung, die mich an die Nonnen des benachbarten Salles denken ließ, artig vorgesetzt wurden. Da hätte sich Monsieur Parmentier, der seinen Ruhm den Kartoffeln, die er importierte, verdankt, aber gefreut. Denn Kartoffeln gehören in diese Crèpes, die hier einfach köstlich sind. Der Käsekorb bot eine reiche Auswahl, darunter kleine, reife, intensive Kuhkäse, die *Charollais*, und gute Ziegenkäse. Beim Dessert ließ ich mich zur Tentation hinreißen. Oh Graus. Lindgrünes und türkises Eis, schwarze Brombeeren, gelbe Pfirsiche und mit feuerrotem Himbeersirup übergossene Sahne. Dummerweise schmeckte das Ganze auch noch so scheußlich wie es aussah. Man darf eben nicht auf jede Versuchung hereinfallen! Schließlich · gibt's Harmloseres auf der Karte.Dafür wird eine gute Weinauswahl geboten. Leider sind die lustigen Überschreibungen und Zusätze auf der Karte nur zum Teil entzifferbar. Menüs für DM 37 und 62.

*Adresse:* Rest. du Beaujolais, *69460 Blaceret, Tel. 74 67 54 75. Mo, Di Ruhetag, Febr. geschl.*

▪ Wohnen - *Gîte rural:* Ein freistehendes Wohnhaus mit Garten, 3 km vom Ortskern. 2 Aufenthaltsräume, 3 Schlafzimmer (für 5 Pers.), Bad, Zentralheizung. Juli u. Aug.: pro Woche DM 265, sonst DM 220, nur monatsweise Vermietung, Sept. u. Okt. geschl., Nebenkosten extra. *Adresse:* Paul Coquerel, 69460 Blaceret, Tel. 74 67 51 10.

# Saint-Julien

Ein schmuckes Dorf, das man von Villefranche aus schnell auf der D 35 erreicht. Der *Marverand*, ein am *Col de Saint-Bonnet* entspringender Bach, trägt zu seinem Reiz ebenso bei wie das prächtige *Château de la Rigaudière*, deren Park die Dorfstraße säumt. Besonderer Anziehungspunkt ist jedoch das Museum des Begründers der Physiologie:

*Mit seinem berühmtesten Werk 'Einführung zum Studium der experimentalen Medizin' schuf er die Grundlagen wissenschaftlich medizinischer Forschung, die noch immer Gültigkeit haben.*

*Während man heute geteilter Meinung über den Wert von Tierversuchen sein kann, gibt es keinen Zweifel daran, daß Claude Bernards zu seiner Zeit ungewöhnliche und mutige Versuche enorme Fortschritte bedeuteten. Selbst wenn man sich für die Geschichte der Medizin sonst wenig interessiert, und Bernard bei uns nur Fachleuten bekannt ist, gibt es gute Gründe, sein Museum zu besuchen. Denn man erhält Zutritt zu dem alten Beaujolaiser Herrenhaus, das der Wissenschaftler 1861 kaufte, und zu dem einfachen Bauernhaus, in dem er 1813 als Sohn eines Winzers geboren wurde. In dieser echten Umgebung gewinnen die Exponate eine Bedeutung, die über den wissenschaftlichen Zusammenhang hinausgeht. Persönlichkeit und Epoche werden auf eine Weise greifbar, wie es Museen selten gelingt.*

*Das Haus steht im Weiler* Chatenay, *oberhalb des Dorfes. Eine Oase mit kleinem Park, umgeben von Weinbergen. Aus dem Grün ragen die Kirchturmspitze und einige Dächer auf. Weit reicht der Blick über die Ebene. "Ich lebe auf den Hängen des Beaujolais, die den Dombes zugewandt sind. Als Horizont habe ich die Alpen, jene weißen Gipfel, die ich bei günstigem Wetter sehen kann ..., von meinen Fenstern oder der Terrasse kann ich über 7 oder 8 Kilometer vor mir die weiten wogenden Weideländer des Saônetales sehen", schrieb Claude Bernard.*

*Jedes Jahr kehrte er mindestens zur Weinlese zurück, - nur im Kriegsjahr 1870 kam er kurz danach. Denn trotz seiner wissenschaftlichen Karriere blieb er seiner Herkunft treu und kümmerte sich um Reben und Wein. Dabei interessierte ihn vor allem der Vorgang der Gärung, dem seine letzten Experimente gewidmet sein sollten. Mit ihnen ging er einen Schritt weiter als* Louis Pasteur, *aber er konnte sie nicht abschließen. "Schade, es wäre schön gewesen, fertigzuwerden", sagte er auf seinem Totenbett.*

*Claude Bernard lernte, nach Schuljahren in Villefranche und Thoissey, Apotheker in einem Vorort von Lyon. In seiner Freizeit dichtete er ein Singspiel, das 1833 mit einigem Erfolg in Lyon aufgeführt wurde und ihn von literarischem Ruhm träumen ließ. Doch als er im darauffolgenden Jahr nach Paris ging und einen bekannten Kritiker um des-*

*sen Meinung bat, riet der dem 21jährigen, sich dem Studium der Medizin zu widmen und Literatur Mußestunden vorzubehalten.*

*Er studiert an Pariser Hospitälern, wird 1839 Assistent des berühmten Professors Magendie am Collège de France und promoviert vier Jahre später mit einer Arbeit über Magensäfte. Dann aber geht es in seiner Laufbahn zunächst nicht so weiter, wie er es wünscht. Eine Bewerbung um eine Dozentenstelle wird abgelehnt. 1845 geht er mit der Tochter eines Pariser Arztes eine Vernunftsehe ein, die sich als höchst unvernünftig herausstellt. Die Angetraute hat für seinen Forscherdrang und die Experimente, die ihn faszinieren, keinerlei Verständnis und findet immer Grund, zu nörgeln. Von den vier Kindern sterben die beiden Söhne im Babyalter, während die Töchter zur Mutter halten. 1869 kommt es zur gesetzlichen Trennung. Claude Bernards Privatleben war alles andere als glücklich. Abgesehen von Augenblicken in Saint-Julien.*

*Zwar erhielt er 1847 einen Preis für die Erforschung der Arbeit der Bauchspeicheldrüse, wurde Magendies Stellvertreter am Collège de France und zwei Jahre später Ritter der Ehrenlegion, aber den wissenschaftlichen Durchbruch brachten erst seine Arbeiten über die Zuckerfunktion der Leber, die auf ausführlichen Tierexperimenten beruhten. Er entdeckte das Glykogen, die Substanz, in die Zucker in der Leber umgewandelt wird. Nun folgten die Ehren auf schnellem Fuß: 1853 Ernennung zum Doktor der Naturwissenschaften, 1854 Mitglied der Akademie der Wissenschaften und Lehrstuhl für Allgemeine Physiologie an der Sorbonne, 1855 Ernennung zum Professor der Medizin am Collège de France.*

*Im eleganten Treppenhaus hängt ein berühmtes Ölgemälde, das Claude Bernard bei einer Vivisektion, umgeben von seinen Schülern zeigt. "Und dort, inmitten der anwidemdsten Schauspiele, die Atmosphäre des Todes atmend, enthüllte er, die Hände im Blut, die intimsten Geheimnisse des Lebens, und die Wahrheiten, die aus diesem traurigen Loch emporstiegen, verblüfften all jene, die sie zu erkennen wußten." Die Worte Ernest Renans, des bedeutenden Verfechters positivistischer Wissenschaft, treffen eine Empfindung, die der Besuch von Claude Bernards Haus zwangsläufig weckt. Die Problematik der Experimente. In seiner 'Einführung' setzte er sich selbst grundlegend damit auseinander.*

*Dem Nervensystem widmete Bernard viele Studien und Versuche. Er entdeckte die vasomotorische Aktivität des Sympathikus. Oft setzte er*

*Gifte als "primäre Mittel der Forschung" ein, darunter Curare, um sein Verständnis der "Phänomene der Lebensmaschine" zu erweitern. Er beschränkte sich keineswegs darauf, isolierte Phänomene zu ergründen, sondern zog selbst die Querverbindungen und betonte die Bedeutung der vergleichenden Physiologie. Er erforschte die Sensibilität von Pflanzen, fand heraus, wie Zucker sie beeinflußte und daß Anästhesie Wachstum wie Verwelken stoppte, Versuche, die seine 'Vorlesungen über Tieren und Pflanzen gemeine Phänomene' vorbereiteten. 1868 wurde er in die Académie Française gewählt. Neben den vielen Schülern und Kollegen traf Claude Bernard eine verständige Seele, der er in 488 Briefen, die er in Saint-Julien schrieb, sein Herz ausschüttete: die aparte Madame Raffalovich. Zusammen mit seinen letzten Studien wurde ihr der letzte Raum des Museums gewidmet. Jedes einzelne der acht Zimmer präsentiert verschiedene Aspekte und Phasen seines Lebens, wissenschaftliche wie biographische.*

*Im Geburtshaus direkt hinter der Gentilhommière wird die 'wissenschaftliche Familie' des großen Physiologen eingehender vorgestellt, die Schüler, die sein Werk fortsetzten und insbesondere der Herzphysiologie eigene Studien widmeten. Aufnahme fanden auch Objekte des berühmten Chirurgs und Autors Alexis Carrel.*

▪ *Maison-Musée Claude Bernard, Fondation Marcel Merieux*, 69640 St-Julien-en-Beauj. (Im März u. montags geschl., tägl. von 10-12 u. 14-17 Uhr, von April bis Oktober bis 18 Uhr.)

▪ W e i n : *Albert Franchino* in St-Julien keltert einen spritzigen Primeur, aber sein länger gemaischter Beauj. Villages besitzt mehr Finesse. Tel. 74 67 51 85.

# Montmelas-Saint-Sorlin

Ein kleines Winzerdorf (260 Ew.), auf 500 m Höhe gelegen. Am Platz ein Bistro und einfaches Restaurant. Gegenüber der bemerkenswert dekorative Kirchturm in burgundischem Stil. Zur Gemeinde gehören auf den tieferen Lagen viele Weinberge, auf denen Beaujolais-Villages erzeugt wird. Sonst betreibt man Forstwirtschaft, denn rund um den 3 km entfernten *Col de Saint-Bonnet* (648 m) dehnt sich der Wald. Vom Paß aus erreicht man auf einem bequemen Waldspaziergang (20 Min.) die alte Kapelle von *Saint-Bonnet* mit ihrem klotzigen Turm. Schmerzte die Winzer der Kopf gar zu sehr, pilgerten sie hierher, um Linderung zu finden.

**Die Burg Montmelas**

Das *Château von Montmelas* auf einem Ausläufer des Berges *Saint-Bonnet* gelegen, dominiert das Zentrum des Beaujolais. Wegen der bevorzugten Lage diente dieser Ort seit Urzeiten militärischen Zwecken. Die Sires de Beaujeu bauten es zu einer Burg aus, hausten aber lieber zu ihren Füßen in einem vermutlich behaglicheren, doch in der Zwischenzeit verschwunden Sitz.

Das Château wechselte mehrfach den Besitzer, und die einst bis Saint-Georges-de-Reneins und Lamure-sur-Azergues reichende Seigneurie schrumpft erheblich. Im 16. Jh. erwarb es die Familie *Arod*, aber erst zwei Jahrhunderte später beschloß ein Arod, die Burg instandzusetzen und zu bewohnen. Große Veränderungen folgten im 19. Jhdt, als man dem betagten Gemäuer dem Mittelalter nachempfundene Extras zufügte, dabei aber mehr auf Wohngenuß achtete. Das Ganze ergab ein Potpourri aus gelbem Stein mit ekkigen und runden, gedrungenen und hoch aufragenden, massigen und schmächtigen Türmen, die in der Zwischenzeit großflächig von wildem Wein überwuchert sind.

Noch immer in Familienbesitz kann man das Château leider nicht besichtigen - nicht einmal richtig anschauen, denn das ganze Anwesen von zig Hektar ist von einer hohen Steinmauer umgeben. Doch eine angenehme - und beliebte - Promenade führt auf dem Sträßchen rundherum. Hinundwieder erblickt man durch Bäume und Büsche eine Teilansicht oder blickt durch verschiedene Tore auf Wirtschaftsgebäude, Gärten oder den Park.

▪ Wohnen: In Rivolet - *Les Maisonnetes,* Mme M. Sandrin, 69640 Rivolet, Tel. 74 67 31 85. Zwei Gästezimmer in einem Haus am Rande der Weinberge, gemeinsames Bad. Aufenthaltsraum, Bibliothek, Kochmöglichkeit. Ganzjährig, 1 Pers. DM 30, 2 Pers. DM 40.

In Denicé - *Le Manoir des Carrières,* Mme M. Durieu, 69640 Denicé, Tel. 74 67 32 99. Ein einfaches Gästezimmer in einem schönen alten Gutshaus, 500 m vom Dorf. Kinderbett, eigenes Bad. Ganzjährig, um DM 50 für zwei.

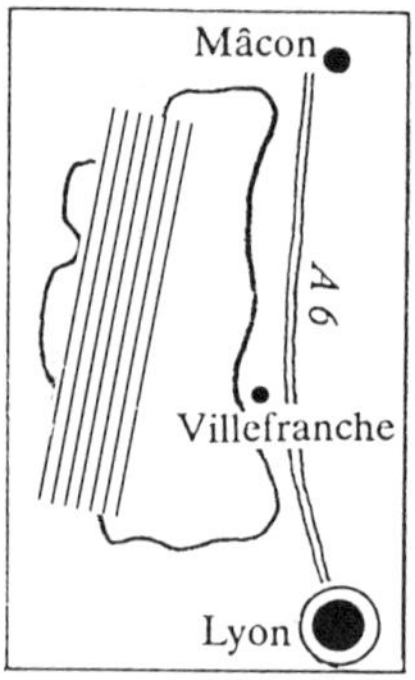


*Das Land*
*der Berge, Wälder*
*und Weiden*

# Der Westen

Von der Autobahn oder Nationalstraße ist man in wenigen Minuten in den Weinbergen. Um die andere und wenig bekannte Mittelgebirgslandschaft des Beaujolais kennenzulernen, muß man weiter ins Hinterland vorstoßen: ausgedehnte Wälder, sanftgewellte Wiesen und Weiden und ein überraschend weiter Horizont. Dörfer, in denen es nach Mist riecht, klare Bäche, frische, oft kühle Luft. Ungezählte Sonnenplätze. Ein Landstrich zum Wandern, Radfahren und Picknicken ....

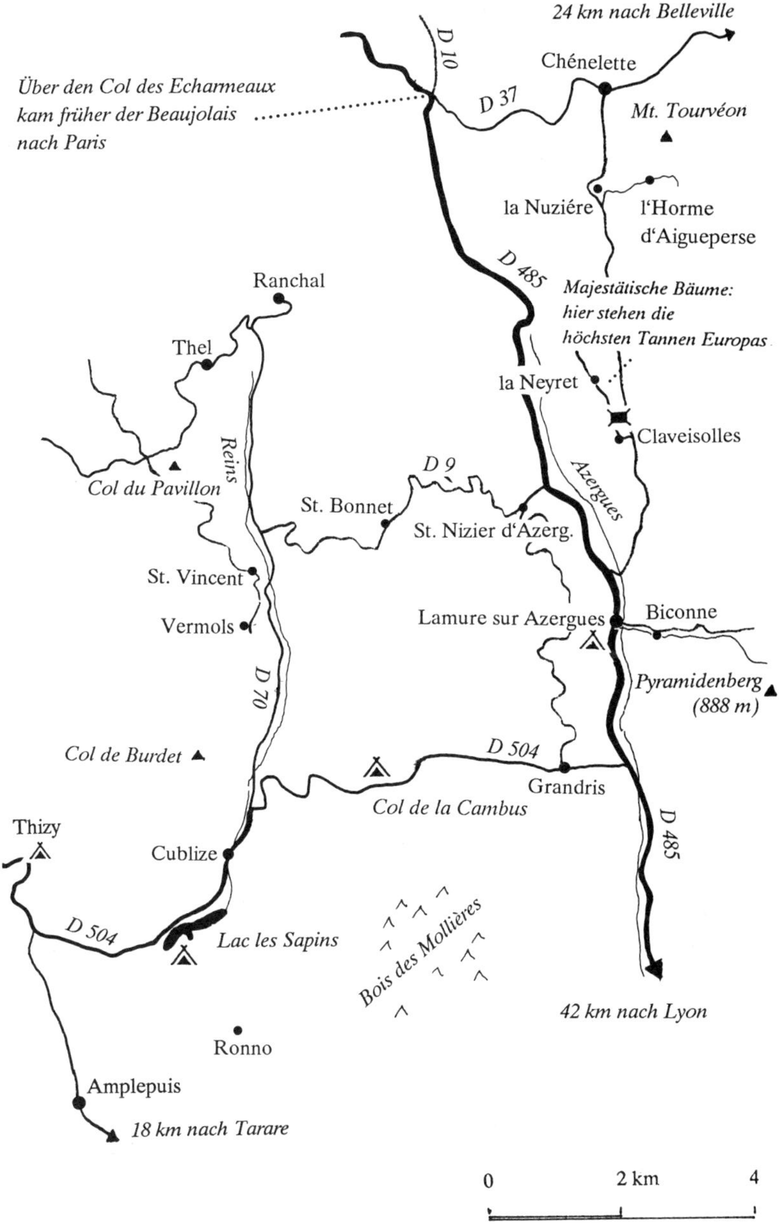
24 km nach Belleville
D 10
Chénelette
Über den Col des Echarmeaux kam früher der Beaujolais nach Paris
D 37
Mt. Tourvéon
la Nuziére
l'Horme d'Aigueperse
D 485
Majestätische Bäume: hier stehen die höchsten Tannen Europas
Ranchal
Thel
la Neyret
Claveisolles
Reins
Azergues
D 9
Col du Pavillon
St. Bonnet
St. Nizier d'Azerg.
St. Vincent
Lamure sur Azergues
Biconne
Vermols
D 70
Pyramidenberg (888 m)
Col de Burdet
D 504
Grandris
Col de la Cambus
D 485
Thizy
Cublize
D 504
Lac les Sapins
Bois des Mollières
42 km nach Lyon
Ronno
Amplepuis
18 km nach Tarare
0
2 km
4

# Radtour um den Mont Saint-Rigaud

- Ausgangspunkt der 38 km langen Rundtour: Chénelette

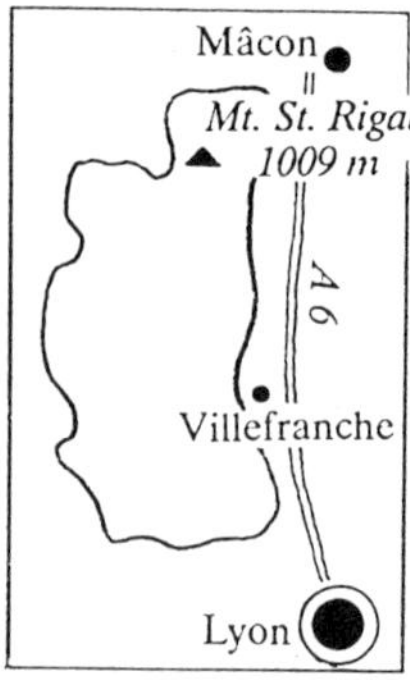


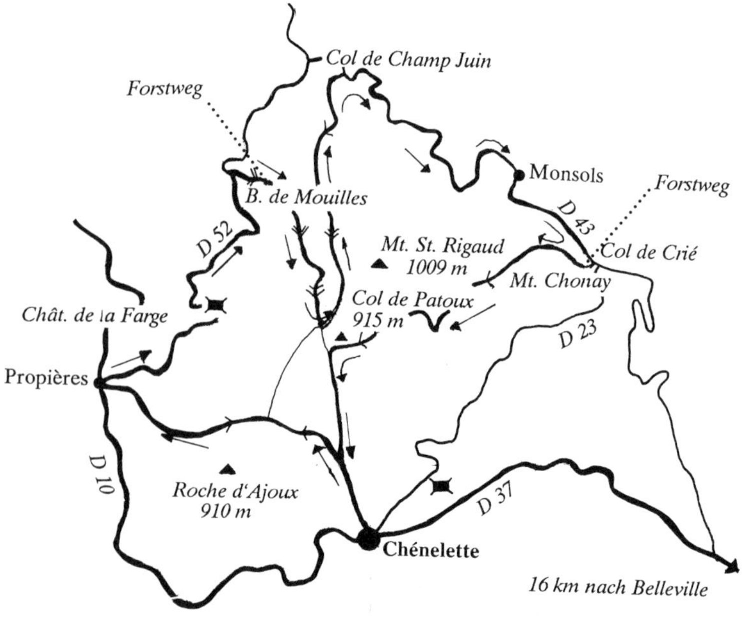

*Zur Einstimmung in das bergigen Beaujolais eine Radtour um den höchsten Berg der Region (1009 m), drei empfindliche Steigungen.*

Rechts von der D 37 auf die Straße Richtung Roche d'Ajoux. An mehreren weit auseinander liegenden Höfen vorbei und hinauf, bis man in den Bois d'Ajoux eintaucht, einen Nutzwald mit hohen Fichten. Vorsicht: Holzlaster!

Nach 3 km die Croix d'Ajoux. Von ihr führt ein Wanderweg in gut 20 Min. zu dem kahlen Fels (970 m), den man leicht erreicht: Ein Druidenplatz- mit großartigem Blick!

Hinab nach Propières, kein besonders interessantes Dorf, man kann aber in der *Auberge de la Croix d'Ajoux* einen netten Halt machen (5,5 km). Rechts auf die D 52, eine gute, echt zweispurige Straße, auf der wenig Verkehr ist. Am *Château de La Farge* vorbei. Seine ältesten Mauern wurden im 12. Jhdt errichtet, das Schloß, heute ein Internat, Anfang des 18. Jhdts wieder aufgebaut. Weite Sicht nach Westen.

Nach 2 km das *Vallon du Sorlin* ein schönes Bergbachtal, wo nicht nur Einheimische je nach Jahreszeit Pilze, Himbeeren, Brombeeren und Haselnüsse sammeln (leider mit überflüssig breitem Weg).

1,5 km weiter scharf rechts den steilen Forstweg nehmen, der durch den *Bois des Mouilles* in 4 km von 740 auf 915 m beim *Col de Patoux* führt. Scharf links bis zur *Croix d'Amancé* mit seiner überdachten Picknickstelle.

Durch Laub- und Fichtenwald führt ein Fußweg in 15 min zum Gipfel des *Saint-Rigaud* (oder ein Stück weiter den asphaltierten Weg nehmen). Wie es sich für unsere Zeit gehört, wird der höchste und heiligste Berg des Beaujolais von einer Antenne gekrönt, die von einem übermannshohen Zaun umgeben ist. Alles andere als ein schöner Ort. Bei klarem Wetter sieht man den Montblanc, bei Dunst nur die Monts. In früheren Zeiten pilgerten kinderlose Frauen zum St-Rigaud und baten den dort hausenden Eremiten um Beistand, den er ihnen, so wird erzählt, in vielen Fällen erfolgreich gewährte. Etwas unterhalb des Gipfels die *Fontaine des Pélerins*

Schnelle Abfahrt zum Col de Champ Juin. Auch hier Vorsicht vor Holzlastern und tiefen Schlaglöchern. Dann rechts am Hang entlang auf der D 43 bis Monsols (25 km), Kantonsort (760 E.) mit Bergdorfcharakter und Neubauten, ohne besonderen Reiz. (i : Informationen über das Haut Beaujolais auf der Mairie). Durch den Ort bis zum Col de Crie. Dort scharf rechts auf den Forstweg, der auf der Nordseite um den *Mont Chonay* herumführt. Geradeaushalten, durch den Wald bis 300 m unterhalb des *Col de Patoux* - wieder eine schöne Steigung - bis ein anderer Weg kreuzt. Diesen links hinab bis Chénelette (38 km).

Wem mehr nach freien Blicken, Wiesen und Feldern und weniger Steigung ist, nimmt am *Col de Crie* halb rechts die D 23 an dem *Chât. des Granges Neuves* vorbei zurück nach Chénelette (36 km).

▪ Essen: Am berühmten Paß *Col des Echarmeaux*, über den früher der Beaujolais Richtung Paris verfrachtet wurde, das Restaurant *Les Tilleuls*. Reichhaltige Küche in modern rustikalem Rahmen. Menüs für DM 22, 30, 39 und 46. (Februar geschl., Mo-abends und Di zu, außer während der Ferien). *Les Tilleuls, 69870 Poule Les Echarmeaux, Tel. 74 03 62 55.*

*Auberge du Bois Botton,* Col des Echarmeaux, Tel. 74 03 73 12. Sehr schön im Sommer zum Draußensitzen.

▪ Wohnen: *Gîte d'étape, Col des Echarmeaux,* verantwortl. Mme Molette, Tel. 74 03 63 15 oder 74 03 64 48. Schlafsaal, eine Nacht 10 Mark.

Im Flecken *Nuzières*, 2,5 km südlich von Chénelette, werden drei Häuser an Feriengäste vermietet. Ideal für Leute, die gern wandern oder Pilze suchen. In der Umgebung Tannen- und Eßkastanienwälder. Einziger Nachteil ist das Sägewerk: Gîte für 4 Personen mit Bad, Kochecke im Wohnzimmer, Balkon und Garten, unabhängig, doch unter einem Dach mit dem Besitzer. Pro Woche ca. DM 350, alles inklusive. *Adresse:* Jean Fayard, La Nuzière 69430 Chénelette, Tel. 74 03 61 55.

Gîte für 2 - 3 Personen in einem typischen alten Steinhaus (neben dem Vermieter), Kochnische im Wohnraum, Bad, Gartenmöbel, Rasen. Zwischen DM 240 und 340 pro Woche, je nach Saison, alles inklusive.

Gîte für bis zu 8 Personen in 3 Schlafzimmern, Wohnraum, Küche, Dusche, etc.. Zwischen DM 240 und 360 pro Woche, je Saison, zuzüglich Kosten.

*Beide Ferienhäuser vermietet Louis-Juliette Prothery, La Nuzière du Bas, 69430 Chénelette, Tel. 74 03 61 86.*

# Auf dem Tourvéon

Auf dem Gipfel des *Tourvéon* stößt man auf die spärlichen Überbleibsel des *Châteaus des Ganelon*. Ludwig der Fromme, Sohn Karls des Großen, soll es persönlich belagert und erobert haben. Denn der Burgherr *Ganelon* war angeblich kein anderer als jener niederträchtige Verräter, dem man den Tod des Helden Roland bei *Ronzesvalles* im Baskenland ankreidete. Wie er ausgerechnet ins Beaujolais kam, um sich auf dieser nicht gerade wohnlichen Bergkuppe niederzulassen, verschweigt die Legende. Dafür weiß man detailgetreu zu berichten, wie unfromm Ludwig mit Ganelon umgesprungen ist. Er ließ ihn in ein mit Nägeln gespicktes Faß stopfen und den Abhang hinunterstoßen. Daß man dann ausgerechnet dort, wo diese Abfahrt ihr blutiges Ende fand, nämlich in Chénelette, eine Kirche baute, spricht dafür, daß den Leuten die Sache nicht ganz geheuer war.

Von Chénelette aus kann man den Tourvéon auf der Nordseite besteigen, von La Nuzière aus, genauer von *l'Horme d'Aigueperse*, nimmt man die Südseite. In beiden Fällen ist der Aufstieg steil, dafür entschädigt der Blick.

## Claveisolles

Der kleine Bahnhof hat seinen Dienst erfüllt, denn die Linie von *Lyon* über *Lozanne* nach *Lamure* und *Claveisolles* wurde eingestellt. Über die Gleise sind es 2 km bis zum Ort (570 E.).

Einst wichtiger Posten der *Sire de Beaujeu* wuchs Claveisolles durch den Bergbau. Doch die Eisenminen sind längst stillgelegt.

▪ Neben dem winzigen Tabakladen die Dorfkneipe: Ein paar ländliche Schwergewichte drücken auf die Holzstühle. Die *pots* auf dem runden Tisch leeren sich schnell. Die stille Wirtin trägt die nächste Runde heran. Beaujolais gibt's keinen, denn der hat die in den Bergdörfern akzeptierte Preisgrenze längst gesprengt. Der Rote, das Glas für eine Mark zwanzig, läßt sich trinken. Sieht man von dem Bollerofen ab, besteht der einzige Schmuck des Gastraums in einem rahmenlosen Spiegel - und dem satten Orange der Tür- u. Fensterrahmen.

### Die höchsten Tannen Europas

Im Dorf verbirgt sich, von einer hohen Mauer umgeben, das *Château du Sablon*, auf das man durch das mächtige Tor einen Blick werfen kann. Am Schloß vorbei Richtung *La Neyret*. Nach 100 m von der Weggabelung ein Quertal mit Bach und Wiesen. Links dem Weg folgen. Nach einer Viertelstunde steht man unter gewaltigen *Douglastannen*. Der Graf von *Sablon* brachte sie um die Mitte des letzten Jahrhunderts aus Amerika mit. Majestästische Bäume! Im Dorf glaubt man, es seien die größten Europas. Könnte sein...

# Lamure-sur-Azergues

Der kleine Kantonsort (800 Ew.), 6 km südl. von Claveisolles eignet sich ausgezeichnet als Zwischenstation und Ausgangspunkt für Wanderungen in den Wäldern links und rechts des *Azergues*.

Märkte: Brocante-Markt am letzten Sonntag im Juni, Wochenmarkt samstagmorgens.

▪ i : Syndicat d'initiative de la Haute Azergues, Mairie, 69870 Lamure-sur-Azergues. Tel. 74 03 09 23. Auskünfte über Wanderwege, Unterkunftsmöglichkeiten, Restaurants in zehn Gemeinden links und rechts des Flusses.

▪ Wohnen und Essen: *Hotel Ravel**, ein nettes einfaches Hotel, vor dem man draußen unter Platanen an der D 485 sitzt. Drinnen in der kleinen Bar dreschen die Alten nachmittags voll Eifer Karten. Im rustikalen Restaurant serviert Michel Gely solide regionale Küche. Menüs für DM 20, 30, 40, 53. Ein halber Liter ordentlicher offener Beaujolais kostet 10 Mark. DZ ohne Dusche DM 35, mit Dusche o. Bad 54/60 DM. Im Winterhalbjahr freitags geschlossen und im November. *Hotel Ravel*, 69870 Lamure-sur Azergues, Tel. 74 03 04 72.*

▪ *Camping Le Lyzeron***, von Süden kommend am Ortseingang rechts am Hang über dem Tal des Azergues. Die gegenüberliegende Talseite ist bewaldet. Recht sympathischer Platz, leider wenig Schatten. Einfacher Waschpavillon. *Kontakt: Hotel du Commerce, Tel. 74 03 05 00. Vom 1. April bis 12. Dezember geöffnet.*

# Wanderung um den Pyramidenberg

*Eine aussichtsreiche Wanderung auf den 888 m hohen Gipfel der Pyramide, einem alten Kultort mit Weitblick. Zunächst führt ein recht gemächlicher Bergpfad durch ein schönes Bachtal mit grünen Wiesen bis zum Waldrand hinauf, darauf folgt ein kurzer, steiler Gipfelanstieg.*

▪ Ausgangspunkt der (ohne Abstecher) gut 4-stündigen Wanderung: Lamure.

In Lamure (385 m) den *Azergues* überqueren, sich auf der linken Seite des *Rau de Biconne* (also rechts) halten. Der wenig befahrene Weg führt (etwa 3 km) das schmale Bachtal hinauf und steigt bis auf 522 Meter an. Dort, wo er endet, trifft er auf einen gelb gekennzeichneten Weg. Nun steil hinauf zur Quelle der Drei Notare mit ihrem köstlichen Wasser. An ihr sollen die Notare der drei

Gemeinden, die Anteil am Gebiet der Pyramide haben, zusammengekommen sein und sich beratschlagt haben. Nun zunächst nach Norden, dann östlich, bis der GR 76, nah des *Col de la Croix Montmain* (737 m), kreuzt.

Von hier aus führt ein Weg auf den 888 m hohen Gipfel der *Pyramide* (1 km): bei klarem Wetter Sicht bis zu den Alpen. An dieser Stelle hatten die Römer einen Posten und einen Tempel errichtet.

Zurück auf dem GR 76 bis zur Croix Desplaces. Dann westlich den Pfad entlang bis man auf den Forstweg trifft. Nach etwa 1 km dem rot markierten Weg durch den Wald folgen. Oberhalb vom Flecken *le Vanel* (3 km) den Forstweg nehmen, der zu *le Berger* führt, aber an der nächsten Wegkreuzung links halten. Ein Stück weiter, wo man auf den Weg nach *le Vanel* stößt, zweigt - fast gegenüber - ein weiterer Waldweg ab. In Meyrol (ca. 3 km) nach Norden und links u. rechts der Bahnlinie entlang zurück nach Lamure.

## Saint-Nizier-d'Azergues

Saint-Nizier (550 Ew.) liegt auf einer Kuppe am Rande des Waldes von *Pramenoux*. Vom Ort aus sind zwei Wanderungen durch die schöne waldreiche Umgebung ausgeschildert.

▪ Essen: Am Dorfplatz das *Hotel du Midi*, das nur noch Restaurant und Bar ist. Im etwas schäbigen Bistro mit seinem durchgetretenen Linoleumboden stellen sich Dorfleute pünktlich zum Aperitif ein. Die freundliche Wirtin schenkt Rotwein aus, kein übler, für nicht mal eine Mark pro Glas. In dem einfachen Eßsaal gibt es ein klassisch französisches dreigängiges Mittagessen für nur DM 13.

▪ Wohnen: Ferienhaus in *Pont-de-Veyle*: Ein kleines alleinstehendes Natursteinhaus 1,5 km vom Dorf mit Terrasse. Das einstöckige Gebäude bietet Wohnzimmer mit Kamin, Küche, Dusche und ein Schlafzimmer. Maximal vier Personen. In der Hauptsaison DM 420 inklusive, sonst DM 280 bis 310 pro Woche. *Adresse: Claude Joly, La Montée Crottet, 01290 Pont-de-Veyle, Reservierung über Tel. 78 92 91 15.*

Auf der D 9 fährt man durch eine anmutige und hügelige Wiesen- und Waldlandschaft an der *Croix Nicelle* vorbei, wo der GR 7 kreuzt, zum malerisch gelegenen Saint-Bonnet-le-Troncy. Im Dorf das dem *Pater Colin* gewidmete Museum. Er wurde 1790 in dem - am Weg nach Meaux-la-Montagne liegenden - Weiler Barbery geboren und gründete die Bewegung der *Maristen* die in allen Teilen der Welt missionierten.

Weiter nach Saint-Vincent-de-Reins, auf knapp 600 Meter Höhe. Zu seinen Füssen fließt der *Reins*, der weiter unten zum *Lac des Sapins* gestaut wurde. Wer im Reins, von seiner Quelle bis zur Sägerei von Magny, angeln möchte, erhält Angelscheine entweder im *Café Goujet* in Saint-Vincent oder im *Café-Restaurant Faure* in Magny. Obwohl Saint-Vincent keinen besonders geschäftigen Eindruck macht, besitzt es seit langer Zeit im Tal des *Reins* bedeutende Textilfabriken. Heute stellt man überwiegend Konfektionskleidung her.

# Wanderungen zum Col de Burdet

*Die Gemeinde von Saint Vincent hat zwei, jeweils 4-stündige, Wanderungen gelb ausgeschildert:*

Eine Wanderung beginnt am *Reins* bei *les Filatures* (dtsch. 'die Spinnereien'), führt unterhalb des Dorfes durch einen Wald bis zur *Croix des Charpennes*, um sich dort nach Norden zu wenden. Über *Propremont* und *les Chaudures* erreicht man wieder das Tal. Am *Pont-de-la-Côte*, wo die D 9 auf die D 10 trifft, eine einfache Auberge.

Die andere Tour beginnt im Dorf selbst, das man auf dem *Chemin des Ecoles* verläßt. Bei *la Plaine* wendet sich der Weg südlich auf den *Col de Burdet* (hier Camping, s.u.) zu. Nun ein Stück auf der D 94, dann links nach *la Place* hinab u. weiter Richtung *Vermorel*, zu dem man aufsteigt. Von dort auf der schmalen Straße zurück nach Saint-Vincent.

▪ *Camping à la ferme*: Jean-Louis und Paulette Billet, Le Burdet 69240 Thizy, Tel. 74 64 07 78. Neun Stellplätze (mit Duschen) bei einem stillosen Bauernhof (ein schönerer steht 100 Meter weiter) am Rande eines Maisfelds in praller Sonne, aber dafür gibt es viel Himmel, viel Wald und viel Beaujolais. Verkauf von eigenen Erzeugnissen.

Auf der 755 Meter hohen und platten Hügelkuppe oberhalb der Kleinstadt Cours, wo sich die D 64 und die D 108 kreuzen, ein symphatisches, schön gelegene Berghotel mit Restaurant: Hotel-Restaurant 'Le Pavillon'. Neben dem älteren Gebäude, in dem das Restaurant und einfache Zimmer untergebracht sind, steht ein freundlicher Neubau, dessen grüne Holzverschalungen und rote Fensterrahmen sich gut in die Landschaft einfügen. Auf der überdachten Terrasse, die sich an den dezenten Speisesaal anschließt, sitzt man bequem, wenn auch die Einrichtung etwas an Atmosphäre zu wünschen übrigläßt. Das hat man schell vergessen, denn man wird nicht nur herzlich, sondern auch humorvoll betreut.

Verschiedene Menüs von DM 22 - 75 mit regionalen Spezialitäten wie Forelle, Lachs oder Faux Filet vom Charollais. Üppige Auswahl von Käsen aus der Region. Ordentliches Weinangebot, guter weißer Mâcon Château de Viré. Den Kaffee nimmt man besser in der angenehmen modernen Bar, wo man sich im Winter an dem eisernen Godin-Ofen wärmt, während man im Sommer auf der Terrasse sitzen kann. (Zimmer von DM 25 bis 67 pro Pers., für 2 Personen 20 % mehr. Auch Halb- und Vollpension.)

*Adresse:* Le Pavillon**, Les fils de J. et M. Duperray. 69470 Cours-la-Ville, Tel. 74 89 83 55.

# Thel und Ranchal

Wenige Kilometer nördlich des *Col du Pavillon*, mitten in einem großen Waldgebiet zwei kleine Bergdörfer: In Thel (270 Ew.) das *Centre hippique des Sapins*, hier werden Reitstunden gegeben und Ausritte angeboten. Am letzten Sonntag im Oktober ziehen Rauchschwaden durch den Ort. Dann steigt die *Fête des Marrons*, und auf dem Dorfplatz brutzeln Eßkastanien.

Ein gelb gekennzeichneter Spaziergang führt hinauf zum *Monument de la Résistance*: weiter Blick über das Loire-Gebiet.

Auch Ranchal (280 Ew.) hat seine ausgeschilderten Wanderwege - zwei gelbe Streifen: Eine 1½stündige Wanderung führt vom Dorf hinauf zum *Col des Ecorbans*, wendet sich dann fast im rechten Winkel nordwestlich zum *Mont Pinay*. Über den gleichnamigen Weiler mit seiner Auberge erreicht man auf einem Forstweg, der einen Bogen nach Südwest macht, die *Croix Bleue*. Weiter zur *Croix de Foupeysson*. Dort östlich und über *les Petites Fayes* und le Peloux *zurück zum Ausgangspunkt.*

Vom *Col des Ecorbans* gelangt man auch zur Monumentalstatue der *Nôtre Dame de la Rochette,* die vor 120 Jahren errichtet wurde.

### *Gute Adressen*

▪ Unterkunft: *Camping à la ferme*: Pascal Foray, du Près du Bois, 69470 Ranchal. Die D 54 Richtung Col de Favardy, Saint-Nizier.

*Gîte rural*: André Forest, 69470 Ranchal, Tel. 674 89 62 09. Das Ferienhaus liegt, wenn man auf der D 10 von Süden kommt, 4 km rechts vor dem Ort im Flecken *Le Coupier* (hinter Valetty rechts). Alleinstehendes Haus mit Wohnraum, Bad, Küche u. 3 Schlafzimmern, für 6 Pers. Von Juni bis September DM 265 (zzgl. Unkosten), sonst DM 205. Übers Wochenende DM 140.

*Gîte rural*: Michèle Burnichon, 69470 Ranchal, Tel. 74 89 64 32. Freistehendes Haus mit Garten in *La Croix Rouge,* kurz vor Ranchal. Wohnraum mit Kochnische, 2 Schlafzimmer für 5 Personen, Bad, Garage. Während aller frz. Schulferien DM 265 die Woche, sonst zwischen DM 170 und 205, Wochenende DM 80.

# Die Städte der Monts du Beaujolais

Vom großen Zentrum Lyon ausgehend eroberte sich vor allem die Textilindustrie die Bergregionen des Beaujolais, in denen die Flüsse *Reins* und *Trambouze* für das notwendige Wasser sorgten. Schon die Römer hatten sich hier niedergelassen. Im Mittelalter war Thizy eine der bedeutendsten Vogteien der *Sires de Beaujeu*. Aus ihrer Zeit stammt der älteste Teil der *Chapelle Saint-Georges*. Im Innern ein Taufbecken aus dem 11. Jhdt, Kapitelle, Fresken und Ölbilder. (Den Schüssel erhält man im Rathaus oder im Syndicat d'Initiative.) Der auf dem Markt von Thizy erzielte Tuchpreis galt weithin für bindend. Seine Bedeutung als Handelsplatz führte zur Entstehung von Manufakturen. Mit dem 18. Jhdt nahm auch in Amplepuis, Bourg-de-Thizy, Thizy und Cours die Entwicklung industrielle Formen an und bald wurden Großwebereien und Bekleidungsfabriken gegründet.

Der Boom kam im 19. Jhdt und hielt bis zum Ersten Weltkrieg an. In den sechziger Jahren folgte die schwere Krise, die eine überalterte und einseitige Industrie zur Modernisierung zwang. Wie überall resultierte daraus Arbeitslosigkeit, aber dennoch gelang die Umstellung.

*Cours-la-Ville* (5100 Ew.) blieb - zusammen mit einigen Betrieben im benachbarten Thizy - größter Erzeuger von Bettdecken, die hier erstmals 1825 hergestellt wurden. Außerdem Betriebe für Matratzenbezüge. Ausrüstung für Textilbetriebe, Färben und Bedrucken u.a.. Stolz ist man auf die Dampfmaschine aus dem Jahr 1863 (Rue de Winslow). Schöner kleiner Schloßpark im Süden der Stadt. Großer Markt jeden 1. und 3. Montag des Monats.

In *Bourg-de-Thizy* (3100 Ew.) stellt man zum Beispiel Matrazen, Haushaltstücher, Farbgarne und Sweat Shirts her. Durch seine industriellen Betriebe gewann der einstige Vorort von Thizy so an Bedeutung, daß er zur unabhängigen Gemeinde wurde. Und diese Unabhängigkeit wahrt man - bei aller Zusammenarbeit - entschieden. Dabei merkt man, wenn man nicht aufs Ortsschild achtgibt, gar nicht, wo die eine aufhört, die andere anfängt.

In *Thizy* (3700 Ew.), dem Geburtsort von *Roland de La Platière* (s.u. Theizé), konzentriert sich die Produktion auf gefärbte und bedruckte Baumwollstoffe. An jedem 1. Mittwoch im Monat ist ein besonders großer Markt, sonst mittwochs- und samstagsvormittags Wochenmarkt. Dann hat auch das *Syndicat d'Initiative* unter den Arkaden des *Centre d'Animation geöffnet* (hier auch der Schlüssel für die Kirche).

## *Gute Adressen*

■ Wohnen und Essen:

In Thizy: Hotel/Rest. *La Musardière***, eine Villa aus der Jahrhundertwende in kleinem Park. Im Parterre ist abgesehen von Tapeten und Vorhängen alles original: Eichenparkett, bunte Bleiglasfenster, der Marmorkamin im Eßsaal. Helle Räume mit vielen Pflanzen. Das junge Mädchen, das bedient, ist so freundlich, daß man annehmen könnte, es stamme ebenfalls aus jener gloriosen

Zeit, als die Textilfabrikation es den reichen thizerotter Bürgern erlaubte, solche Häuser zu bauen. Menüs für DM 27, 36 und 52. Bürgerlich traditionelle Küche. Guter gebeizter Lachs mit Korianderkörnern und Pinienkernen, doch überflüssiger Garnierung. Etwas simple Hauptgerichte wie *Faux Filet* oder Lammkoteletts. Gute Käseauswahl und natürlich als Alternative *Fromage blanc*, den sahnigen Quark, der auch mit Pfeffer und Salz schmeckt. Klassische Desserts wie *Mousse au Chocolat, Crème brulée, Tartes aux fruits.*

Beaujolaisweine von Louis Tête, sonst Bordeaux und Weine aus dem Rhônetal. Empfehlenswert der *Crozes Hermitage*, abgefüllt von David & Foillard, sehr fruchtig (Cassis) u. würzig in der Nase, ausgewogen, rund und kräftig im Geschmack, etwas schlicht, aber angenehm.

Die Zimmer haben nicht ganz den Charme des Restaurants. Zwar wurden sie renoviert, aber ohne den Stil des Hauses zu respektieren. Das trifft auch aufs Mobiliar zu. Schade. Dafür zum Teil gute Bäder und TV. EZ von DM 44 bis 68. DZ von DM 53 bis 75.

*Adresse:* La Musardière***, 12, Rue du Bois Semé, 69240 Thizy, Tel. 74 64 03 15. (Anfahrt: auf der D 9 von Marnand kommend, gleich nach Alfa Romeo links.)

▪ In Marnand: *Hotel/Restaurant La Terrasse*, ein altes Dorfhaus, holzgetäfelte gemütliche Räume, nette junge Leute vom Fach, die eine regional inspirierte, aber feine Küche machen. Große Auswahl verschiedener Menüs von DM 22 bis 50, besonders empfehlenswert der in Chablis geschmorte Steinbutt, der mit Oliven und Trüffelsaft gefüllte Entenschenkel und das Filet vom Charollais mit rosa Pfeffer. Ordentliche, modern möblierte Zimmer mit Dusche für DM 30 bis 47. *La Terrasse, 69240 Marnand, Tel. 74 64 19 22.*

▪ Camping: Camping *Sabatin**, 69240 Thizy, Tel. 74 64 05 04. Einfacher städtischer Platz am Rande einer Neubausiedlung oberhalb von Thizy an der Straße nach Marnand. Einige Platanen, die Schatten spenden. Schöner Blick. 20 Stellplätze auf 5700 qm. 1. Mai bis 15. September geöffnet.

Camping *Chez Forest***, 69550 Saint-Jean-La-Bussière, Tel. 74 64 17 82. Nur 10 Stellpl. am Rande des halb landwirtschaftlich, halb auf Industrie ausgerichteten Dorfes zwischen Thizy und Amplepuis. Vom 1. Juni bis Ende Dezember.

▪ Verkehr: Von Thizy bzw. Bourg-de-Thizy gibt es regelmäßige Busverbindungen nach *Roanne* und *Charlieu* und freitags nach *Chaufailles* mit seinem großen Automuseum und La Clayette. Auskunft von den Cars Buchet 69240 Bourg-de-Thizy, Tel. 74 64 01 05.

# Amplepuis

*Industriestädtchen und bedeutendste Kleinstadt (5000 Ew.) am westlichen Rande des Beaujolais, wo sich die Monts bereits zur Loire hin senken, nur eine halbe Stunde Autofahrt von Roanne entfernt. Dienstags Markt, große Foire am 1. Sonnabend im November.*

Amplepuis Bedeutung unterstreichen seine drei Châteaus, vor allem das prächtige Château du Crêt mit seinem enormen Park. Leider nicht zu besichtigen. Neben Textilfabriken für Bezüge und Baumwollstoffe wird auch Konfektion gefertigt, zum Beispiel Hemden. Zusätzlich etablierten sich Leichtmetall- und Holzverarbeitungsbetriebe und eine Fabrik, die Produkte zur Bekämpfung von Waldbränden erzeugt.

Der kleine Stadtkern liegt zwischen der Kirche aus dem 19. Jhdt mit geschnitzter Kanzel wie Chorgestühl und dem Rathaus. An der Rue Centrale die Konditorei-Confiserie *'Au Val de Reins'* mit dem *Palet Barthélemy Thimonnier*, einem schnasigen Andenken an den Erfinder der Nähmaschine. In der Rue de l'Hotel de Ville eine Boulangerie-Bar, eine einst weitverbreitete Verquickung, die sich nur noch selten findet.

## Der Erfinder der Nähmaschine

*Berühmtester Sohn Amplepuis' war Barthélemy Thimonnier, der Erfinder der Nähmaschine. Ihm wurde ein Museum geweiht, in dem nicht nur eine großartige Sammlung von Nähmaschinen ausgestellt ist. Neben ihnen, darunter drei von Thimonnier selbst und 100 weitere aus allen Epochen, einer Rekonstruktion von Thimonniers Atelier und einer Schneiderwerkstatt aus dem Jahre 1905, einer Sammlung von Bügeleisen, lohnt insbesondere das angeschlossene Fahrradmuseum. Es beginnt mit der 'Laufmaschine' des Baron Drais, der Draisienne aus dem Jahr 1818, und zeigt so urige Stücke wie das erste Faltrad oder das Fahrrad mit gefederten Eisenreifen aus der Zeit des Ersten Weltkriegs, als es kein Gummi gab.*

*Barthélemy Thimonnier wurde 1793 in einem Dorf vor Lyon geboren, zog aber als Zweijähriger mit seinen Eltern in die Weberstadt, in der er aufwuchs. Nach einer Schulzeit im Internat kehrte er nach Amplepuis zurück und begann eine Schneiderlehre. Er nahm seine Arbeit als Schneidergeselle auf, heiratete, wurde Familienvater und nach wenigen Jahren Witwer. Er übergab seine drei kleinen Kinder seiner Mutter und verließ Amplepuis, um als 'Schneider-Tagelöhner' in Panissières, 20 km südlich, sein Geld zu verdienen. Dort lernte er seine zweite Frau kennen, die er 1822 heiratete. Nach der Übersiedlung in einen Vorort von Saint-Etiennes mühte er sich weiter tagsüber, seine Familie als Schneider zu ernähren, tüftelte und bastelte aber abends in einem Schuppen, um eine Maschine zu entwickeln, die die Näharbeit mechanisierte. Ende 1829 hatte er es geschafft, sein* métier à coudre *funktionierte. Bei jeder Pedalbewegung machte die Maschine einen Stich, der den Faden durch zwei aufeinandergelegte Stoffe zog. Dieses einfache Prinzip erinnert an das Arbeiten mit einer Häkelnadel. Mag es im Vergleich zu modernen Modellen wie Zeitlupe scheinen, es war sechsmal schneller als per Hand.*

*Um seine Erfindung patentieren zu lassen, gründete der mittellose Thimonnier eine Gesellschaft. Aber die erste Nähmaschine fand keine Abnehmer. Deshalb beschloß Germain Petit, einer der Teilhaber, selbst eine mechanische Konfektionswerkstatt zu eröffnen, die erste der Welt. Im Mai 1830 nahm sie in Paris unter der Leitung von Thimonnier ihre Arbeit auf. Achtzig Maschinen fabrizierte er für sie. Trotz der unruhigen Zeiten gab es genügend Aufträge, insbesondere für die Armee, die in Algerien im Einsatz war. Die Werkstatt florierte. Dreizehn Monate lang. Dann wurde sie von 200 Schneidergehilfen, die um ihre Existenz fürchteten, überfallen und verwüstet, der Erfinder mit Morddrohungen bedacht.*

*Thimonnier kehrte zu seiner Familie nach Amplepuis zurück, erschneiderte sich den Lebensunterhalt und verbesserte seine Maschine nach Feierabend. Sein zweiter Versuch 1834, in Paris das Glück zu machen, scheiterte kläglich. Zu Fuß, das kostbare Stück auf dem Rücken, marschierte er zurück ins heimatliche Beaujolais. Kost und Logis ergatterte er, indem er das Wunderwerk Schaulustigen vorführte.*

*In Amplepuis begann er nun, neben seinem Fabrikjob, Nähmaschinen herzustellen und zu verkaufen. 1845 meldete für eine wesentlich verbesserte Maschine ein neues Patent an. Gefördert von dem Anwalt*

*Magnin eröffnete er im selben Jahr in Villefranche ein kleines Werk. Bei einem Stückpreis von FF 50 kamen die Partner jedoch nicht auf ihre Kosten, und verkauften eine Lizenz nach Manchester. Eine Weiterentwicklung stellte der* 'couso-brodeur' *dar, der nähte und stickte und den sie auch in England anmeldeten. 1849 reiste Thimonnier nach Manchester, zunächst mit Erfolg. Nicht genau geklärte private Gründe zwangen den Erfinder unverrichteter Dinge zurückzureisen. Seine Chance war vertan.*

*Eine für die Weltausstellung in London 1852 eingereichte Nähmaschine kam angeblich zu spät, eine mit Schiffchen für die in Paris 1855 funktionierte erst danach. Zwar wurde er für ein älteres Modell mit einer Medaille ausgezeichnet und offiziell als Erfinder der Nähmaschine geehrt, aber niemand unterstützte seine Arbeit mehr. Ohne Geld und krank kehrte er nach Amplepuis zurück. Mit kleinen Jobs hielt er sich über Wasser, bis er 1857 im Alter von 64 Jahren starb. Fünfzehn Jahre später, kurz vor ihrem Tod, erhielt seine Witwe vom Staat eine Zuwendung für die Verdienste ihres Mannes. Wirkliche Anerkennung wird Barthélemy Thimonnier erst mit dem 1985 eingeweihten Museum zuteil.*

▪ *Musée Barthélemy Thimonnier de la machine à coudre et du cycle*: Mittwochs, freitags, samstags, sonn- und feiertags von 14h30 bis 18h30, für Gruppen auf Anmeldung an allen Tagen. Eintritt DM 4. Tel. 74 89 08 90.

## Gute Adressen

i : *Syndicat d'Initiative*, Pl. de l'Hotel de Ville, 69550 Amplepuis, Tel. 74 89 30 24. Hilfreiches Prospektmaterial über die Gegend, verschiedene Wandervorschlägen für die *Monts du Beaujolais*.

▪ Wohnen:

*Gîte rural* - André Chirat, 25, rue de l'Egalité, 69550 Amplepuis. Tel. 74 89 31 26. Das Haus steht oberhalb der Stadt im Weiler Mioland, 3 km im Südosten Amplepuis'. Kochnische im Wohnraum, Dusche, Kamin, Garten. Zur Hauptsaison für 6 - 8 Pers. wöchentlich DM 310, im Juni u. Sept. DM 280, sonst DM 250, übers Wochenende DM 140.

*Gîte rural* - Pierre et Dominique Noyel, 6955 St-Claude-Huissel, Tel. 74 89 35 38. Kleines Ferienhaus im Weiler *Les Cures* ganz im Westen des Beaujolais, 8 km von Amplepuis. Wohnküche, reichlich mit Betten bestücktes Schlafzimmer, Dusche, Rasen. Nah am Wald, Ziegenkäse an Ort und Stelle. DM 300 zur Hauptsaison, Schulferien, Juni und Sept. DM 265, sonst DM 240.

*Chambre d'hôte* - M.Channelière, Barberet 69550 Amplepuis. Tel. 74 89 44 84. Einfaches Gästezimmer mit Doppelbett (DM 38 für 2 Pers.) auf einem Bergbauernhof, der am Wald von Thivard liegt. Von Amplepuis aus den Weg zum Château de Rochefort, dann weiter Richtung *Pin Bouchain*.

*Gîte d'étape* und *Chambre d'hôte* - Sylvie Hoppenot, Les Trois Pins 69550 Amplepuis, Tel. 74 89 03 08. Zufahrt: Auf der D 13 Richtung Amplepuis. Vor der Stadt links zum Friedhof hinauf. Vor dem Friedhof scharf links auf den Chemin de Joasson. An der Croix du Treve rechts, noch 400 Meter, auch ausgeschildert. Einsam gelegener Hof am Hang, massives Natursteinhaus. Hügel mit Viehweiden. 2 Gästezimmer jeweils mit Dusche. Kochmöglichkeit im Haus. Um DM 40 pro Nacht. Auf Vorbestellung gibt es auch Abendessen. Gut als Wanderstation: 3 Zimmer mit insgesamt 15 Betten.

▪ Essen: *La Petite Auberge*, ein netter Landgasthof mit guter beaujolaiser Küche. Wenn man aus Ronno kommt auf der linken Straßenseite oberhalb von Amplepuis. Tel. 74 89 33 72, montags geschlossen.

*Nußöl:* In der *Minoterie Gueydon* an der Straße nach Cublize erhält man selbstgepreßtes Nußöl.

# Lac des Sapins

... eine künstliche Angelegenheit. Der *Reins*, der bei Ranchal entspringt und gegenüber von Roanne in die Loire mündet, wurde unterhalb des Dorfes *Cublize* gestaut. Nun erstreckt sich eine 40 ha große Wasserfläche zwischen dunklen Nadelwäldern am östlichen und teppichartigen Weiden am westlichen Ufer und sieht anmutig aus. Das finden natürlich vor allem die Lyoner und Roanner und treffen sich hier an schönen Wochenenden mit Familie, Freunden und Nachbarn am See. Das Auto wird auf den Parkplätzen am südlichen oder nördlichen Zipfel gelassen, für die keineswegs bescheidene Gebühr von FF 13 (oder sind es schon mehr?). Aber schließlich ist das eine legitime Möglichkeit, denjenigen, die von der Anlage profitieren, einen Obolus abzuknöpfen.

Mit besonderer Vorliebe verabredet man sich zum sonntäglichen Mittagessen in der *Auberge paysanne 'La Voisinée'*. Ein alter restaurierter Bauernhof, der von einer Gruppe von Landwirten und Landwirtinnen betrieben wird. Zum größten Teil bezieht man die in der Küche verwandten Produkte von umliegenden Bauernhöfen.

Oh Sonntag am Lac des Sapins! Alles ist fürchterlich überlaufen. In der Auberge paysanne stehen Oma und Opa, Kind und Kegel Schlange. Es ist gerade halb eins mittags. Im unteren Teil, dem in einen großen Eßsaal verwandelten Stall drängen sich die Leute an den Tischen wie einst das Vieh an den Trögen. Der obere Teil erinnert mit seinen gemauerten Eßkojen an eine Autobahnraststätte. Der Verkehr gleicht französischen Ferienanfängen. Hat man keinen Tisch reserviert, erntet man ein mitleidiges Lächeln. Das war's dann. Trotz des Massenandrangs gelingt es bewundernswerterweise den Leuten der Auberge freundlich zu bleiben und sich sehr zu bemühen. Das Essen ist üppig, die Rezepte traditionell, jeweils Sonntags wechselnde Menüs, jeweils zwei für DM 23, zwei für DM 34.

▪ *La Vosinée*, Cublize. Öffnungszeiten: Samstagabend, Sonntagmittag und -abend, an Feiertagen. Im Juli und August täglich. Im Januar und Februar geschlossen. Tel. 74 89 33 83 oder 74 89 52 60.

## *Gute Adresssen*

▪ Camping: *Lac des Sapins****, 69550 Cublize, Tel. 74 89 52 83. Vom 1. 4. bis 30.9 geöffnet. 100 Plätze auf 9 ha. Schön am See gelegen, 2 Tennisplätze.

Camping *Chez Favre***, 69550 Cublize, Tel. 74 89 51 28. Ein halber Hektar für 40 Stellplätze, direkt am See.

*Camping à la ferme 'Chez Bert'*, Mme P.Giraud, 69550 Cublize, Tel.74 89 65 46. 5 km vom See. (Über D 504 Richtung *Grandris*, in der Nähe des *Col de la Cambuse*. Verkauf eigener Erzeugnisse.

▪ *Baden:* am nördlichen Ende des Sees gibt es einen bewachten Strand.

▪ *Surfen:* am südl. Parkplatz ein Club, der auch Kurse gibt. Bretter kann man auf dem gegenüberliegenden Ufer ausleihen.

▪ *Reiten:* in der Nähe der Staumauer die *Ranch des Gris*, Tel. 74 89 42 87.

# Wanderungen um Cublize

Vom Kirchplatz in Cublize ist eine 30 km Wanderung blau-weiß ausgeschildert (ca. 9 Std), der *Circuit Azur*: Er führt zunächst nach R o n n o , dann am See des *Vivier* vorbei bis zur *Croix d'Ornaison*. Nun ein Stück auf der D 98, dann rechts hinauf zur 877 Meter hohen bewaldeten *C r ê t  d e  M o n n e* . Durch den *Bois des Mollières*, das letzte Stück auf der Straße, zum *Col de la Cambuse*. Weiter nach Norden bis zur *Croix de Villard* und hinauf zur *Roche des Fées* (841 m). Nach etwa 1 km links nach *B a r b e r y* , am Denkmal der von den Nazis Deportierten vorbei zum Weiler *Lurcy* und hinab nach *M a g n y* . Den *Reins* überqueren, ein Stück auf der D 10, hinter dem letzten Haus rechts. Der Weg steigt an bis *la Place*, weiter zum *Col de Burdet*. Über die D 94 bis zum Flecken L a c h a l . Auf der schmalen Straße bis zur *Croix de Vienne* und zurück nach Cublize.

Ein nur 2-stündiger Spaziergang führt um den *Lac des Sapins*: Von Cublize auf dem breiten Weg am südöstlichen Ufer des Sees entlang, teilweise durch den hohen Tannenwald. Hinter der Staumauer überquert der gelb gekennzeichnete Weg die D 504. Durch ein Stück Wald erreicht man die *Croix de Vienne*, von wo der Weg wieder nach Cublize zurückführt.

# Radtour durch die Monts du Beaujolais

*Diese Radtour führt durch abwechslungsreiche Bergregionen: durch Wald, Feld und Wiesen - dabei immer wieder freie Weitblicke. Es geht immer schön bergauf und bergab - keine extremen Steigungen!*

- Start der 61 km langen Rundfahrt in S a i n t - N i z i e r  d ' A z e r g u e s (s.o.)

Auf der D 9 nach *Saint-Bonnet-le-Troncy* bis zum Tal des *Reins*, den man am *Pont de la Côte* überquert (11 km).

Nun die D 108 steil zum Dorf von *Saint-Vincent-de-Reins* hinauf und weiter bis zum *Col de Pavillon* (17 km). Richtung *Cours*, aber nach 150 m links, also südlich, durch den Wald. An der ersten Weggabelung rechts nach *Madore* durch idyllische Bauernlandschaft (22 km). (*Bistro 'Rendezvous des Chasseurs'*). Hinter dem Ort sofort links, Richtung *la Chapelle-de-Madore*, die im Tal der *Drioule* liegt. Ein alter Pilgerort, aber die Kapelle nicht weiter sehenswert. Zunächst nach dem Dorf Richtung *Marnard*, an der 1. Kreuzung links über den Bach und hinauf zum *Col de Burdet* (Höhenunterschied von 550 auf 670 m). Auf der D 94 wieder hinab ins Reins-Tal, auf der anderen Seite weiter nach Osten nach *Meaux-la-Montagne* (36 km). Hier eine urige Kneipe:

▪ Restaurant du Bourg, *mit deftigem Menü für DM 64 und ein paar von Platanen beschatteten Tischen davor. Außerhalb der üblichen Essenszeiten schreckt der kläffende Schäferhund Gäste ab.*

Zum *Col de la Cambuse* (707 m), dann durch den Wald der *Mollières* zum *Col de la Croix des Fourches* (776 m). Auf der D 98 etwa 500 m nach Süden, dann östl. nach *Saint Just d'Avray* (44 km). Gleich nach der Kirche links auf die D 54 und über *Nuzières* nach G r a n d-r i s (52 km). In das malerische Dorf hinauffahren u. auf der D 54 wieder verlassen. Am *Château de Pramenoux* mit seinen vier Ecktürmen vorbei durch den gleichnamigen Wald zurück bis Saint-Nizier (61 km).

## Gute Adressen

▪ W o h n e n : 1,5 km nördl. Madore - zwei unabhängige Ferienwohnungen mit getrennten Eingängen, Bad, E-Heizung, Garten und Hof. Außerhalb der Saison DM 160, in der Hochsaison bis DM 320. *Vermietung: J.C. Suchel, 340, Route de Nuelles, 69210 L'Arbresle, Tel. 74010290.*

In St-Just-d'Avray: Ein Gutshaus aus dem 15. Jhdt. mit Garten und geschlossenem Hof, Kaminen, 2 Schlafzimmern für 6 Pers. Wird zwischen Mai und September vermietet, DM 250 pro Woche, das Wochenende rund DM 125. Nebenkosten extra. *Adresse: Le Château, 69870 Saint-Just-d'Avray, Reservierung über Tel. 78 92 91 15.*

▪ C a m p i n g *à la ferme*: bei Meaux, in schöner weiten Landschaft oberhalb von Cublize. Am Waldrand, große Wiese ohne Schatten, mit Wasser und Plumpsklo. Blick aufs Château Magny. Verkauf eigener Erzeugnisse. *Adresse: A. Rollin 'Boutouge', 69550 Meaux-la-Montagne, Tel. 74 89 60 95.*

Bei Familie Corgier 'La Joanna', 6987 Saint-Just-Avray, Tel. 74 71 53 12. Nah am Wald.

▪ Bio-Käse beim Bauernhof 100 m vor dem Château Magny an der D 504, in der Kurve. Farmkäse beim *Château de la -Valsonnière*.

# Der Norden

Kaum ein Hang, der nicht mit *Gamay* bestockt ist ... Der Norden des Beaujolais, der sich an das *Mâconnais* anschließt, ist vom Wein her gesehen der nobelste Teil des Beaujolais. In den Dörfern geht es gemütlich zu, nur daß hier und dort eine Abfüllanlage hektisch klirrt.

## Beaujeu

*Hauptkantonsort mit 2100 Ew, 14 km nordwestl. von Belleville über die D 37, Marktplatz für die umliegenden Winzerdörfer. Keine Industrie, nur Verwaltung und Handel.*

Die alte Hauptstadt des Reiches der *Sire de Beaujeu* hat viel von ihrer einstigen Bedeutung verloren. "Die Burg war ein klassischer Sitz", sagt *Mademoiselle Durhône*, seit vielen Jahren Bürgermeisterin des winzigen Städtchens. "Sie lag auf einem Berg über einem schmalen Tal, das ein alter Verbindungsweg ins Zentrum Frankreichs war. Beaujeu war ein mittelalterlicher Platz, keiner der Renaissance. Deshalb wurde unter *Anne de Beaujeu* Villefranche Hauptstadt des Beaujolais, und nie residierte sie in Beaujeu."

Neben ihrer Burg Spitzstein hatten die Herren des Beaujolais eine Stiftskirche errichtet, die 1076 eingeweiht wurde. Sie überstand alle Unbillen der Zeiten bis zur Französischen Revolution, als sie dem Erdboden gleichgemacht wurde. *Saint-Nicolas* jedoch, die im

Cluny-Stil errichtete romanische Kirche unten im Tal, schien den Revolutionären symphatischer gewesen zu sein und überlebte. Sie ist eine der beeindruckensten Kirchen der Region.

Der Legende nach gab es an dieser Stelle einen See. In ihm ertrank der Sohn Guichards III, worin manche eine Strafe dafür sahen, daß sich der *Sire de Beaujeu* die Besitzungen seiner auf Kreuzzügen im Morgenland umgekommenen Vasallen ungeniert aneignete. Die Mutter des Knaben schwor, an der Stelle, wo der Körper gefunden worden war, eine Kirche zu errichten. Der See wurde trokkengelegt, und die Kirche 1130 von Papst Innozenz II eingeweiht. Auf einem erst kürzlich bei den umfangreichen Restaurierungsarbeiten entdeckten und freigelegten Fresko wird die Legende dargestellt.

Durch die Kirche nahm der Ort zu Füßen der Burg Aufschwung. Bauern, Händler und Handwerker siedelten sich an. Der mittwochs abgehaltene Markt gewann an Bedeutung. Noch heute ist er einer der interessantesten im beaujolaiser Hinterland. Doch bot der zwischen steilen Hängen eingekeilte Ort keine großen Möglichkeiten zur Erweiterung. Die ältesten Häuser an der *Rue principale* stammen aus dem 14. und 15. Jhdt., wurden aber später verändert. Das schönste alte Haus beherbergt jetzt das *Maison de Pays* am Rathausplatz gegenüber der Kirche. In dem alten Fachwerkbau ist das Syndicat der Region Beaujeu-Monsols untergebracht. Sehr schöner Innenhof mit Ziehbrunnen, typischen Fenstern, drei Galerien und Turm mit Wendeltreppe. Verkaufsausstellungen von Künstlern und Kunsthandwerkern der Gegend. Gut gearbeitete hölzerne Automodelle. Auch Konserven und Honig.

▪ *Maison de Pays*: Syndicat de la région Beaujeu-Monsols, Tel. 74 69 20 56. Öffnungszeiten wie das Museum (s.u.).

Beaujeu zieht sich im Tal des *Ardières* entlang seiner Hauptstraße hin. Im 19. Jhdt. breitete sich das Färberhandwerk aus, und die 18 Färbereien beschäftigten viele Arbeiter. Im Nordwesten der Stadt stehen noch die typischen Häuser mir den langen Holzgalerien, auf denen die Tuche trockneten. Die kleineren schmäleren Häuser wurden von den Arbeitern bewohnt.

Beaujeu ist heute Kantonsort von 17 Gemeinden und kann sich mit Recht als Hauptstadt des Beaujolais-Villages betrachten. Auch die zehn Crus gehören ganz oder zumindest teilweise hinzu, sogar der auf dem Gebiet des *Mâconnais* gelegene *Saint-Amour*, weil seine Weinberge teilweise Leuten aus Juliénas gehören. Als Verwaltungssitz und historische Hauptstadt hat das Städtchen für die Leute aus den Dörfern eine gewisse Anziehung behalten. Noch immer gibt es verschiedene Handwerker und Läden. Nur die kleinen *Epicerien* haben nicht überlebt. Nr. 50 der *Rue principale* beherbergt noch eine Bäckerei mit Bar, eine einst sehr verbreitete, doch jetzt immer seltener anzutreffende Verbindung.

Auf den ersten Blick gefällt dieses von Weinbergen eingerahmte Städtchen. Nur das abscheuliche *Bureau des Impôts* das Finanzamt, stört das Bild, was sinnfällig unterstreicht, welch Unfug auch in Frankreich mit Steuergeldern getrieben wird.

Im Museum, das der in Beaujeu geborene Druckermeister *Marius Audin* 1942 schuf, werden die Werkzeuge der Färber, Holzschuhmacher, Küfer und Winzer ausgestellt. Außerdem eine Bauernstube aus dem 19. Jhdt und Objekte aus den *Hospices de Beaujeu*, dem alten Krankenhaus (s.u.). Interessant sind die beiden Puppensammlungen, eine besteht überwiegend aus Puppen und Puppenmöbel des 18. u. 19. Jhdts aus England und Rußland, die andere aus Puppen mit verschiedenen Trachten den Abruzzen.

▪ *Musé des traditions populaires*: Von Ostern bis Mitte Dezember geöffnet, Di geschl. Öffnungszeiten von Juli bis Sept. von 10 - 12 Uhr u. von 14.30 bis 18 Uhr. Die übrigen Monate nur nachmittags, mit Ausnahme der Sonn- und Feiertage, dann auch von 10 Uhr 30 bis 12 Uhr.

▪ Im Keller - das Gewölbe stammt aus dem 16. Jhdt. - lädt der steinerne römische Bacchus über dem Eingang zum Probieren der *Beaujolais-Villages* und *Crus Régniés*.

## *Hospices de Beaujeu*

*Bereits die Sires de Beaujeu sollen ein erstes Kranken- und Armenhaus gegründet haben. Schwarz auf weiß ist das Hospital 1240 bezeugt, als ein Chorbruder des Kapitels von Beaujeu ein Bett stiftete. 1380 wurde dem Krankenhaus zum ersten Mal ein Weinberg vermacht. Bis Ende des 17. Jhdts handelte es sich um eine bescheidene Einrichtung, dann wurde es in 20jähriger Bauzeit erneuert und vergrößert. Danach häuften sich Schenkungen, darunter auch immer wieder von Vignen, insbesondere eine bedeutende Domäne in Chiroubles. 1735 erhielt das Hospital von Ludwig XV den königlichen Patentbrief. Verschiedene Renovierungen und Anbauten haben die Hospices de Beaujeu bis zum heutigen Tag modern und funktionsfähig gehalten. Erst 1976 wurde ein Altersheim eröffnet und 1985 Neubauten für medizinische und soziale Zwecke.*

*Am 26. März 1787 fand die erste Weinversteigerung der Hospizien statt, die damit den vom Vorjahr übriggebliebenen Wein verscherbelten. Seither wurde nicht ein einziges Jahr ausgelassen. Nur setzte man später den Tag der Versteigerung auf den zweiten Sonntag im Dezember fest. Offiziell ist dies der letzte Verkaufstermin der Saison. Die wichtigste Schenkung wurde den Hospizien 1806 von Suzanne und Anne de Millière überschrieben, nämlich die Grange-Charton auf dem Gebiet der Gemeinde von Régnié, ein großer im Viereck angelegter Hof, mit Kellergebäude und verschiedenen Wohnungen für Winzer.*

*Insgesamt gehören heute zur Domaine des Hospices 65 Hektar Weinberge, die von zwölf Vignerons bearbeitet werden. Dies geschieht nach dem System der métayages, wobei der Besitz alle Mittel, der Winzer die Arbeit stellt und die Lese geteilt wird, jedem eine Hälfte. Die Vignen verteilen sich auf die Gemeinden von* Marchampt, Lantignié, Régnié-Durette, Cercié *und* Villié-Morgon, *wo den Hospizien 1987 von Judith Jonchier ein Weinberg und ein Haus überschrieben wurden.*

*Die Weine der Hospices de Beaujeu sind für ihre Qualität bekannt. Die Versteigerung beginnt nachmittags um halb vier. Es ist eine* 'vente aux bougies', *bei der geboten werden kann, bis die Flamme der zweiten kleinen Kerze erloschen ist. Die Weine werden pro Cuvée angeboten, d.h. nach Anzahl der 215 Liter fassenden beaujolaiser Fässer, der* pièces, *auf einen Tank. Die kleinste Menge sind 5* pièces, *aber gerade bei der* Grange-Charton *handelt es sich oft um 25 Stück. Meist steigern beaujolaiser Négociants, nicht selten für Auftraggeber, z.B. Restaurants. Nur schweizer Weinhändler lassen sich - als älteste ausländische Ankäufer - den Spaß nicht nehmen und bieten selbst. Die Versteigerung ist öffentlich.*

i : Syndicat d'Initiative, Square Grandhan, 69430 Beaujeu, Tel. 74 69 22 88. Von Ostern bis Mitte Dezember tägl. von 10 - 12 h und von 14h30 bis 18 h. Dienstags geschl.

▪ Frühjahrsmarkt: am letzten Sonntag im April mit Kunsthandwerk, Handwerk, Jahrmarktsbuden, Aufführungen und Gastronomie-Ausstellung.

▪ Trödelmarkt: am 2. Sonntag im Juli: *Foire à la brocante et aux vieux papiers*.

▪ Essen und Wohnen:

*Restaurant 'Anne de Beaujeu': Die Dame des Landes hat einem Hotel-Restaurant ihren Namen geliehen, das natürlich an der Hauptstraße liegt, und zwar im oberen, dem westlichen Teil des Städtchens. Sie guckt anmutig vom Kolossalgemälde, auf dem sie mit ihrem Pierre de Boubon tafelt, während Fanfaren erschallen, auf die speisenden Gäste herab. Madame Cancela kümmert sich liebenswürdig zm deren Wohlergehen. Man sitzt gediegen auf Lous-XV-Stühlen und speist recht fürstlich, regional, doch interessant.*

Das Tagesmenü kostet DM 31, für DM 56 wird das Menü mit den dreifachen Gängen serviert. Das Spitzenmenü mit seinen sechs Gängen, darunter Foie gras, kostet inzwischen knapp 100 DM.

Bemerkenswert die Weinkarte, auf der alle Crus mit Erzeugerabfüllungen repräsentiert sind, obwohl natürlich auch Händlerweine nicht fehlen. Der Saint Véran von Louis Tête zum Beispiel ist ein fruchtiger frischer und angenehmer Weißwein.

Obwohl man sich im 'Anne de Beaujeu' wohlfühlt, darf man sich nicht zu genau umsehen. Schade, daß diese schöne Villa vom Ende des letzten Jahrhunderts nicht mit etwas mehr Geschmack und Aufwand renoviert wurde.

Die sieben Zimmer sind geräumig und von alter Klasse (38 bis 61 DM), das Mobiliar ist weniger stilvoll. Dafür rauscht die Ardière direkt hinter dem Haus vorbei, um den hübschen kleinen Park herum.

*Anne de Beaujeu**, 28, Rue de la République, 69430 Beaujeu, Tel. 74048758. Sonntagabend und Mo geschl., außerdem die ersten 10 Tage im August und von Mitte Dezember bis Mitte Januar.*

Suzanne Michon *ist eine zarte Person, aber voll Energie. Seit bald 30 Jahren praktiziert sie Biodynamie, und es gibt in Frankreich kaum einen Landwirt oder Gemüsegärtner, der auf diese Methode umgestellt hat, der nicht wenigstens etwas, wenn nicht alles von ihr gelernt hätte. Sie streitet für eine Landwirtschaft, die gesund ist und den Bauern von der Chemo-Industrie unabhängig macht. "Bis zum Ende des Jahrhunderts wird es in Frankreich 100.000 Bauern weniger geben", sagt sie, "aber eine Gesellschaft kann ohne Landwirte nicht bestehen."*

*Eine neue Generation von Landwirten wächst dank Suzanne Michon und ihrer* Ecole d'Agrobiologie de Beaujeu *heran. Sie befindet sich auf einem Hof, der oberhalb des Ortes liegt. Die ausgeschilderte Zufahrt zweigt von der D 136 (4 km vom Ortsende) ab. Die Schule bietet keine kurzen Kurse an, sondern ein vollwertiges Ausbildungsprogramm. Denn man brauche Zeit, um zu 'schlucken', weil es sich um eine Gesamtsicht handele, auf die man sich umstellen müsse. "Man muß die Landarbeit lieben, sonst geht es nicht", erzählt mir ein schweizer Teilnehmer aus der Vallée bei Zermatt.*

*Die Atmosphäre ist ausgesprochen freundschaftlich und entspannt. Denn die Leute, die hier zusammenkommen, haben einen wichtigen gemeinsamen Nenner. Es wird konzentriert gearbeitet. Als Dozenten kommen die in Frankreich bekanntesten alternativen Landwirtschaftler nach Beaujeu.*

*Zum Beispiel* Claude Bourguignon. *Der Agraringenieur, der Biologie und Biochemie studierte und promovierte, arbeitet am nationalen Institut für agronomische Forschung, speziell an Untersuchungen der Mikrobiologie des Bodens. In seinem 1989 im Verlag* La Manufacture/Sang de la terre, *in der Reihe* 'Les dossiers de l'écologie' *erschienenen Buch* 'Le sol, la terre et les champs' *(Der Boden, die Erde und die Felder) entwirft er auf der Basis der Erfahrungen ökologischer Landwirtschaft und neuester wissenschaftlicher Erkenntnisse über das Bodenleben seine Agrologie, eine Landwirtschaft, die den Boden als ein lebendiges Wesen respektiert.*

*Dabei ist Bourguignon kein Illusionist und kein Fanatiker, der die bisherige Landwirtschaft global verurteilt. "Weil unsere Großeltern und unsere Eltern uns Komfort und Sattheit brachten, können wir weiter als sie gehen. Weil sie ein materielles Imperium bauten, können wir unsere spirituellen Wurzeln und eine harmonische Entwicklung unserer Ökonomie suchen. Weil wir den Bauch voll haben, können wir die Bedeutung der Umwelt für unsere Zukunft wahrnehmen." Aber er läßt keinen Zweifel daran, daß man jetzt umdenken muß: "Nicht indem sie die lebende Welt zerstört, wird die Menschheit überleben, sondern indem sie eine Harmonie zwischen sich und der Erde etabliert." Er betont, daß das Feld keine Fabrik sei, und Pflanzen und Tiere keine Roboter. Er kritisiert den irrationalen Glauben an die Wissenschaft, aber verneint nicht, daß die bisherige Konzentration auf Quantität auch positive Aspekte hatte. Nur braucht man heute eine andere, verständnis- und liebevollere Einstellung zur Erde, um aus der jetzigen Sackgasse der Landwirtschaft herauszukommen.*

*Bourguignon führt zu einem grundlegenden Verständnis des Wechselverhältnisses zwischen Boden, Pflanzen und Tieren. Er untersucht zunächst den Boden und die in ihm lebenden Organismen, um dann praktische Vorschläge zu machen, wie man die Gesundheit dieses Zusammenspiels wiederherstellt und erhält. Dann ergründet er die Herkunft von Pflanzen, erforscht ihre Ansprüche und die Art und Weise, woher und wie sie das aufnehmen, was sie brauchen. Das leitet zum wichtigen Thema der Düngung über, für das er eine neue Konzeption darlegt. Sie basiert auf der Erkenntnis der Zyklen der verschiedenen notwendigen Elemente, von denen der eine in der Atmosphäre, der andere im Boden stattfindet. Ihr Ziel ist eine natürliche Regeneration des Bodens, die das bisherige einseitige System der Zufuhr chemischer Stoffe überschreitet und deshalb zwangsläufig komplexer und komplizierter sein muß.*

*Auch bei der Tierhaltung geht Bourguignon zuerst den Weg des Verständnisses, der mit der Herkunft beginnt, sich dann fragt, welches Tier was an Umgebung, Nahrung und sozialem Umfeld braucht. Er verfolgt die Fährte des Tiers in der Geschichte der Menschheit vom einst göttlichen und angebeteten Wesen bis zur industrialisierten Fleischquelle. "Etwas ist in unserer Beziehung zur Tierwelt zerbrochen: die Tiere sind nicht länger die Träger unserer Träume und unserer Hoffnungen. Sie sind nichts weiter als das Mastfutter unserer Bäuche und die Zuflucht unserer Frustrationen."*

*Im Schlußkapitel seines ebenso praktischen wie mahnenden Buchs, das auf Vorträgen und Kursen basiert, vergleicht Bourguignon die heutige Auffassung der Landwirtschaft mit der geistigen Haltung eines*

*Jünglings, in der sich der Hang nach Unabhängigkeit, ebenso wie Aggressivität ausdrücken. Optimistisch sieht er jetzt den Beginn einer neuen Epoche, in der das Erwachsenenalter erreicht wird, und der Mensch genügend Weisheit erlangt, um mit Verantwortungsbewußtsein und Respekt mit der Natur umzugeben. Uneinsichtigen sollte man die zwei Seiten lange "Chemische Geschichte einer Kirschtorte aus einem Supermarkt" unter die Nase halten.*

*Wer wirklich eine natur- und menschenfreundliche Landwirtschaft eingehend studieren möchte, um sie später praktisch auszuüben, sollte die 1983 gegründete Ecole d'Agrobiologie in Erwägung ziehen, die man mit einem anerkannten Examen abschließt.*

*In den letzten Jahren hat sich auch die praktische Arbeit auf der* Domaine de Malleval *weiter entwickelt. Ziegenkäse und Eier werden auf dem Hof verkauft. Nur beim Wein hat man höchstens nach rechtzeitiger schriftlicher Anfrage Chance, ein paar Flaschen zu ergattern. Zu viele Freunde sind scharf darauf. Aber die Erzeugung wächst, seit sich Pierre, der stille vollbärtige Provençale, darum kümmert und die Weinberge mit seinem Rappen pflügt.*

▪ *Ecole d'Agrobiologie de Beaujeu*, Suzanne Michon, SCEA du Domaine de Malleval, 69430 Beaujeu.

## Der Weinhändler Louis Tête

*Zwei Kilometer oberhalb von Beaujeu gibt es eine Ansammlung von Häusern, die* 'Les Dépôts' *genannt wird. Früher, als die Burgunder mit empfindlichen Zöllen verhindern wollten, daß konkurrierende Weine den bequemen Weg durch ihr Ländchen zur Hauptstadt nahmen, blieb den Beaujolais und den Côtes du Rhône nur die Strecke durch das Tal des Ardières.*

*Winzer und Händler brachten die pièces nach 'Les Depôts', wo es Faßmacher gab, die eventuelle Reparaturen ausführen konnten. Dann wurden die Fässer auf Ochsenkarren umgeladen und zuckelten über die Berge bis* Pouilly-sur-Charlelieu *an die Loire. Dort wurden sie verschifft und erreichten über den Kanal von Briare Paris. Bis Ende des 18. Jhdts war dieses die ökonomische Nabelschnur des Beaujolais.*

*Deshalb wurden an dem Ort große Kellergebäude geschaffen, wo man den Wein vorübergehend deponieren konnte.*

*Aus dieser Zeit stammt das große Kellergewölbe, in dem man bei Louis Tête probiert und feiert. Er ist einer der bekanntesten und populärsten beaujolaiser Weinhändler, humorvoll, von beachtlicher Statur und mit der feinen Nase für eine eigene Wein-Selektion. Den hat er an seinen Sohn Jean weitergegeben, der inzwischen das 1888 gegründete Familienunternehmen führt.*

*In erster Linie sehen sich die Tête als Erzeuger an, denn sie besitzen in verschiedenen Lagen eigene Weingüter, deren Kreszenzen sie meist an Ort und Stelle abfüllen. Aushängeschild ist der Moulin-à-Vent 'En Morier', ein voller kräftiger, komplexer Wein, der etwas Zeit braucht, um sich zu entwickeln. Im Charakter ganz anders, aber sehr intensiv nach kleinen roten Früchten duftend und im Geschmack frisch, fruchtig und angenehm, ist der hauseigene Régnié.*

*Hauptmarkt von Louis Tête sind die lyoner Restaurants, zwar wird auch exportiert, aber nur wenig nach Deutschland.*

# Das Rebland im Norden

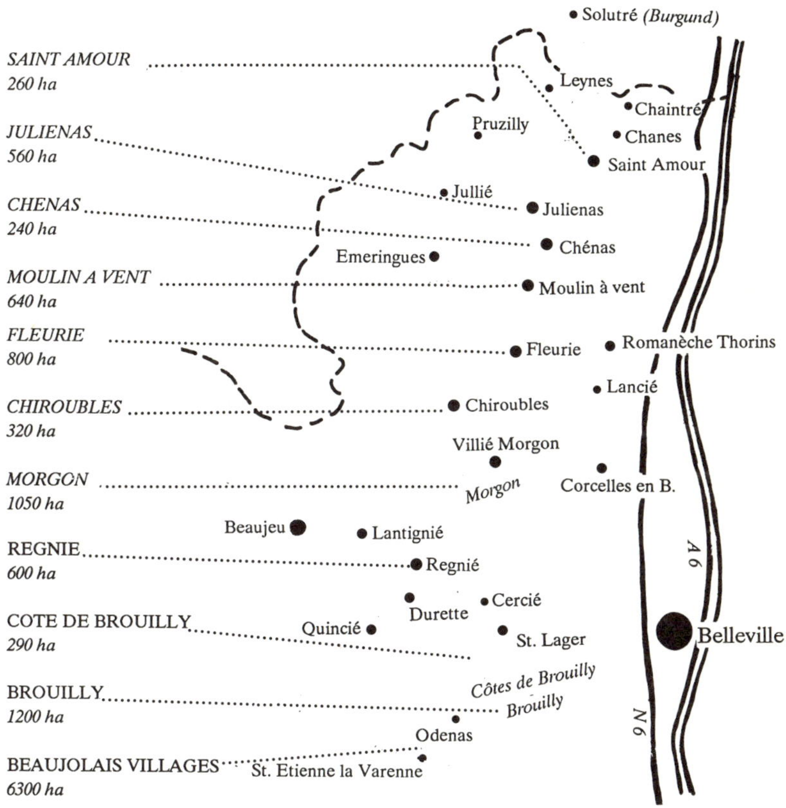

# Lantignié

ist ein uninteressantes Dorf. Vielleicht hat man sich deshalb nicht geniert und billige Neukonstruktionen erlaubt. Im *Pays des Pierres Dorées* versuchen Bürgerinitiativen und einzelne Bürgermeister, Baulustige davon zu überzeugen, den Landesstil zu respektieren. Im Bereich der *Crus* ist man in dieser Hinsicht sorgloser. Die nicht schlecht verdienenden Vignerons lassen sich weder vom Bürgermeister noch von der Baubehörde daran hindern, an den Rand alter Winzerdörfer oder mitten in ihre Weinberge häßliche Neubauten zu setzen.

## *Gute Adressen*

▪ **Weingut mit Zimmer**: Die schönsten Gästezimmer der Region finden Sie oberhalb des Dorfes im Weiler *Les Vergers*: in der *'Domaine des Quarante Ecus'*, einem typischen Weingut. In dem großen alten Keller keltert Bernard Nesme seine fruchtigen Villages und eine kräftigere Cuvée, die er im Eichenfaß ausbaut. Vor allem bieten aber er und seine Frau Marie-Claude vier Gästezimmer im 2. Stock ihres Hauses an, die zu den schönsten der Region gehören. Einerseits liegt das an den sympathischen jungen Gastgebern. Andererseits daran, daß die Räume persönlich - jeder anders - und mit viel Geschmack eingerichtet sind. Zwei Zimmer haben eine extra Dusche, bzw. Badezimmer u. separate Toilette, die anderen zwei teilen sich Dusche u. WC. Das kleinste kostet DM 42, die beiden mittelgroßen DM 48 und das größte mit Kinderbett DM 58. Sie haben Zentralheizung und werden das ganze Jahr über vermietet. *Adresse: Bernard Nesme, Les Vergers, 69430 Lantignié, Tel. 74 04 85 80.*

▪ Bioweine: Um das *Château de Thulon*, ein gewaltiges Gebäude, das auf das 15. Jhdt zurückgeht, ziehen sich verschiedene Winzerhöfe. In dem ersten, wenn man vom Dorf heraufkommt, lebt Christian Ducroux, ein netter, schlaksiger Vollbartträger und ein entschiedener Biowinzer. Vor zehn Jahren pflanzte er die Weinberge neu. Seine Weine sind von *'nature & progrès'* anerkannt. Christian, der 5 Hektar biologisch und 2 weitere für die *Hospices de Beaujeu* bearbeitet, erzeugt etwas *Primeur*, aber auch *Régnié*. Inzwischen verkauft er seine gesamte Lese in Flaschen. Wie viele seiner Kollegen macht er zwei Abfüllungen. Die erste im März oder April ist die fruchtigere, im Charakter leichtere. Die zweite *'mise'* des Régnié aus dem Sommer leuchtet granatrot. Ihre intensiven Aromen erinnern an Schwarze und Rote Johannisbeeren. Sie besitzt eine gute Struktur und Fruchtigkeit, aber im Alter von einem Jahr sind ihre Tannine noch etwas hart. Man kann Wein direkt von Christian kaufen, doch nur nach telefonischer Anmeldung, da er zu viel Arbeit hat, um in seinem Keller zu sitzen und auf Kunden zu warten. *Chr. Ducroux, Thulon, 69430 Lantignié, Tel.74 69 20 47.*

Die Straße macht einen Bogen um *Thulon* herum und führt dann von der Kuppe hinab auf *Régnié-Durette* zu. Nach knapp zwei Kilometern liegt rechts der Hof von *André Rampon,* einem anderen von *'nature & progrès'* anerkannten Winzer. Bei ihm erhält man ebenfalls einen überzeugenden *Régnié.* Seinen Bio-Quark gibt er nur in größeren Mengen ab. *Adresse: A. Rampon, 69430 Régnié-Durette.*

# Régnié-Durette - der zehnte Cru

Wahrzeichen des Dorfes ist seine pompöse Kirche aus dem letzten Jahrhundert, deren zwei Glockentürme weithin sichtbar sind. Am Kirchplatz haben die Winzer einen Probierkeller *'Le Caveau des Deux Clochers'* eingerichtet, in dem man eine Auswahl von *Cuvées* probieren kann.

Obwohl Régniés Weine einen guten Ruf besaßen, was bereits im 18. Jhdt pariser Genießer wie der Heeres-Intendant *d'Herbigny* oder der Advokat *Brac* unterstrichen, übersah man dieses Faktum 1936 bei der Zuteilung der *Appellation d'Origine Controlée* an die verschiedenen Crus. *Régnié,* das zwischen dem *Cru Morgon* auf der einen, *Côte de Brouilly* und *Brouilly* auf der anderen Seite liegt, begnügte sich damit, zu den Beaujolais Villages zu gehören und bald als der charaktervollste von ihnen zu gelten. 1973 fusionierte man mit der Nachbargemeinde Durette. 1979 kam eine Gruppe von jungen Winzern die Idee, einen neuen Anlauf zu wagen, um doch noch zum Cru aufzusteigen. "Unser Ziel, als der Antrag lanciert wurde, war, uns von den *Villages* abzusetzen und als *Régnié* zu verkaufen", erzählt Winzerpräsident Jean-Paul Rampon. "Manche Händler meinten, es sei für uns besser, der beste Villages zu sein als der letzte unter den Crus. Das ließ mich jedes Mal aufschreien. Denn erster zu sein, brachte uns überhaupt nichts, aber nichts beweist, daß wir der letzte unter den Crus bleiben werden, nur weil wir der zuletztgekommene sind."

Schließlich war den Vignerons der 800 Einwohner zählenden und 600 Hektar Weinberge besitzenden Gemeinde auf den Hängen über dem Tal des Ardières das Glück hold. Gleich doppelt: erstens erhielten sie die gewünschte Aufwertung zum Cru du Beaujolais am

20.12. 1988; zweitens begannen sie das neue Kapitel ihrer Weingeschichte mit dem 1988er Jahrgang, der aufgrund des heißen Sommers genau die Struktur und die Tannine brachte, die man von der Haute Volée unter den Beaujolaisweinen erwartet.

Der Cru Régnié faßt 120 Winzer zusammen, die durchschnittlich nicht mehr als 5 ha Weinberge besitzen oder gepachtet haben. Die größte Domaine ist mit 45 ha Fläche *La Grange-Charton* (s.o. unter Beaujeu), Besitz der *Hospices de Beaujeu*. Die Rebflächen sind unter 9 *métayers*, wie die Erbpächter heißen, aufgeteilt.

## *Gute Adressen*

■ Weingüter

Einer der 9 Erbpächter der *Hospices de Beaujeu* ist *Pierre Desmules*, dessen Familie schon seit Generationen für die Hospices arbeitet. Er hat 6,5 ha in Erbpacht und 2 weitere, die ihm gehören. Die meisten Stöcke sind zwischen 35 und 50 Jahre alt. Wie üblich wird die Ernte halbe-halbe geteilt. Während der leutselige Pierre Desmules den meisten Wein an Händler verkauft, füllt er im eigenen Namen jährlich an die 10000 Flaschen ab, denn er mag den Kontakt mit seinen Kunden. Sein Régnié hat in den ersten zwei Jahren immer eine charakteristische Note von Roten Johannisbeeren und eine gute Struktur, denn er läßt ihn acht bis neun Tage mazerieren, bevor er preßt. Gute Jahrgänge entwickeln sich prächtig, um mit vier Jahren ihren Höhepunkt zu erreichen. (Sein Haus steht am nord-westlichen Dorfrand.)

*Adresse: Pierre Desmules, La Place 69430 Régnié-Durette, Tel. 74 04 34 87.*

Überzeugende Weine findet man auch bei *René Desplaces*, der sich mit seinem Bruder 6,6 ha teilt. Ihre *Domaine du Crêt des Bruyères* liegt östlich des Dorfes an einem der Sonne zugewandten Hang. René ist ein engagierter Vigneron, dabei unbeaujolaisig zurückhaltend. Doch wenn er von seinen besonderen Vinifikationsmethoden und seinen Weinen spricht, wird er fast beredt. Bei dem einfachen Haus stehen Rebstöcke, die gleich nach der Reblausplage gepflanzt wurden und nicht selten noch 50 hl/ha Traubennektar geben. Seine Weine zeichnen sich oft durch sehr ausgeprägte und delikate Beerenaromen aus.

*Adresse: René Desplaces, 'Aux Bruyères', 69430 Régnié-Durette, Tel. 74 04 30 21.*

Ein netter Empfang ist einem bei *Jean Durand* sicher. Seine *Domaine de Ponchon* liegt vor dem gleichnamigen Château, ein Stück abseits der D 135, die von Régnié nach Cercié führt. Während in seinem Keller zünftige Atmosphäre herrscht, hat Sohn Yves schräg gegenüber einen neuen Vinifikationskeller gebaut. Bei den Durands hält man nichts davon, den Wein in Holz reifen zu lassen, denn man setzt ganz auf den fruchtig aromatischen und frischen

Charakter. *Adresse: Yves et Jean Durand, Domaine de Ponchon, 69430 Régnié-Durette, Tel. 74 04 30 97.*
Wie viele andere haben auch *Jean-Paul Rampon* und sein Bruder den Löwenanteil ihrer 14 ha Vignen auf Erbpacht. Sie sind die sechste Generation. "Das Statut der *métayage* ist, obwohl es überholt sein mag, eine Formel, die nicht schlecht läuft", sagt er, während er mir den mit klassischen Betontanks ausgerüsteten Keller zeigt, der dem Besitzer gehört, wo aber er den Wein macht. Zum Probieren kehren wir in das neue Wohnhaus am südwestlichen Dorfrand zurück, wo die Flaschen lagern. Um zu beweisen, daß ihr Cru standhält, öffnet der Präsident der Régnié-Winzer zwei alte Flaschen, eine fünf, die andere acht Jahre alt. Die erste hat ihren Höhepunkt erreicht, zeigt ein intensives Bukett, in dem sich überreife Früchte und animalische Noten verbinden. Am Gaumen ist sie rund, ausgewogen, komplex. Die ältere leuchtet backsteinfarben, duftet nach Leder und Unterholz, schmeckt würzig, weich, noch gut, aber doch bereits etwas gezehrt. Dennoch erstaunlich!

*Adresse: La Tour Bourdon, Jean-Paul und Michel Rampon, 69430 Régnié-Durette, Tel. 74 04 32 15.*

▪ Essen: Im Gebäude des Probierkellers befindet sich die *Auberge Paysanne 'La Vigneronne'*, eine einfache Gaststätte mit Holztischen und Bänken, die an Wochenenden und Ferientagen und für Gruppen auch in der Woche auf Vorbestellung geöffnet hat, werden für DM 20 bis 25 zwei ländliche Menüs serviert, die Vorspeise, *Andouillette, Coq au Vin*, Kaninchen à la crème oder *Boeuf Bourguignon*, dann Quark oder Ziegenkäse, Tarte oder Eis bieten. *Adresse: Auberge Paysanne 'La Vigneronne', 69430 Régnié Durette, Tel. 74 04 35 95.*

▪ Ferienhäuser: *Francis Plasse, Les Forchets, 69430 Régnié-Durette.* 500 m nördl. des Dorfes zwei Unterkünfte in einem freistehenden Haus. Im Vorderteil bis zu 8 Personen in 3 Schlafräumen, Wohnzimmer, Kochnische, Bad. Während der Ferienzeiten um die DM 300 pro Woche, im Juni u. Sept. DM 265, sonst DM 220, Wochenende DM 160.

Auf der Rückseite im Parterre ein zweites kleineres Gîte mit Wohnraum, Küche, 1 Schlafzimmer. Um DM 50 bis 100 billiger je nach Saison.

*Pierre Labrosse, 69430 Régnié-Durette, Tel. 74 04 35 38.* Dorfhaus mit Balkon u. geschl. Hof für 6-7 Pers., 2 Schlafzimmer, Bad. Juli u. Aug. pro Woche 265 DM, sonst 200, Wochenende DM 125.

# Wo es morgonnt

Mit gut 1100 Hektar ist der *Morgon* flächenmäßig nach dem *Brouilly* der größte *Cru*. Jeder *Cru* hat seine Besonderheit, die sich in anderen Aromen ausdrückt, in einem etwas anderen Charakter. Da jedes Gebiet aber ein Herzstück und Peripherien hat, findet man innerhalb jeden *Crus* verschiedene Variationen. Dennoch hat sich jeweils ein Bild festgesetzt, das als typisch angesehen wird. Was aber den *Morgon* charakterisiert, ist ein so eigenständiger und eigenartiger Geschmack, daß man ihn schwer beschreiben kann. Um sich aus der Affaire zu ziehen, spricht man einfach davon, daß er "morgonnt".

Diese besondere Note erhält der Wein durch den Boden. Auf dem Gebiet von *Morgon*, in dessen geographischer Mitte der Ort *Villié-Morgon* liegt, besteht er aus einem blaugrünen Schiefergestein, das in einen Zustand der Zersetzung übergegangen ist. Die Winzer sprechen vom "verrotteten Fels". Dadurch werden Mineralien wie Eisen und Mangan an den sonst sandigen und mageren Boden abgegeben, so daß die Rebstöcke sie aufnehmen können. Jung bestimmen oft die Aromen von reifen Kirschen, Kirschkernen oder Kirschwasser den *Morgon*. Sein charakteristisches 'Morgonnen' gibt er erst preis, wenn er einige Jahre gealtert ist, was er bemerkenswert gut tut. Im Vergleich zu den anderen Crus handelt es sich bei einem guten *Morgon* immer um einen vollen und kräftigen Wein.

## *Gute Adressen*

▪ Wein: Auch *Dominique Piron* hält den Morgon für den Cru, der am besten altert. Dennoch empfiehlt er, ihn innerhalb von fünf Jahren zu trinken. Piron zählt zu den jungen beaujolaiser Winzern, die ganz auf Qualität setzen. Dementsprechend hat er investiert, sich eine neue Cave gebaut und sie modern ausgerüstet. Von seinen 13 ha sind 12 als Morgon klassiert, aber er vinifiziert insgesamt 22 ha, darunter gemeinsam mit Freunden auch *Brouilly*. Sein *Morgon* besitzt, wenn er jung ist, intensive Aromen kleiner roter Früchte oft mit einem charakteristischen Akzent von Kirschwasser. Der fruchtige, volle Wein verfügt meist über gute Tannine, die ihm genug Lebenserwartung geben, um morgonnen zu können. *Adresse:* Domaine de la Chanaise, Dominique Piron, 69910 Morgon, Tel. 74 69 10 20. Im Weiler Morgon direkt an der D 68, die nach Villié-Morgon führt. Mo-morgens und Sa-nachmittags, am besten telefonisch anmelden.

Einen guten fruchtigen Morgon macht *André Bodillard*, ein junger Winzer, der in seiner Cave an der D 18 noch mit einer alten Holzkelter arbeitet. Wer Geschmack an folkloristischer Winzererotik findet, sollte sich die Wandmalerei in Andrés Keller anschauen. Besuche nach Verabredung (Tel. 74 04 10 85).

▪ Biologischen *Morgon* bekommt man bei: Jean-Pierre Nesme im Weiler Morgon, Tel. 74 04 21 28, oder bei Gérard Belaid La Roche du Py 69610 Villié-Morgon, Tel. 74 69 13 36. Tägl. Direktverkauf. Beide Winzer sind von *nature et progrès* anerkannt.

▪ Essen: *Café-Restaurant Le Morgon* (P. Désigaux, 69910 Morgon, Tel. 74 04 24 56, Di geschl.). Endlich mal ein Restaurant, das nicht renoviert wurde! Jedenfalls nicht während der letzten zwanzig oder dreißig Jahre. So ist der Fußboden noch im Schachbrettmuster gekachelt und alles in Texasbraun gestrichen. Drei große Fenstertüren gehen auf die kleine Terrasse hinaus, wo man im Sommer angenehm schattig sitzt. In der abgeteilten, von Neon zart beleuchteten Eßecke, wo Decken über die Tische gebreitet sind, dominiert ein Büffet. Der vordere Teil ist dem Dorfbistro vorbehalten. Achtung: nicht erschrecken, wenn das Telefon klingelt! Die Wirtin paßt prächtig in ihr Restaurant, denn sie ist genauso echt und natürlich. Während der Weinlese gibt es nur ein Tagesmenu und auch davon nur begrenzten Vorrat. Dann müssen sogar Gäste abgewiesen werden. Denn die Familie besitzt eigene Weinberge in Marchampt. Der eigene Tropfen wird als offener Wein ausgeschenkt. Er gefällt den meisten Gästen, denn er hat Fülle und Frucht. Der Morgon *'Clos d'Antonin'* ist dagegen weniger empfehlenswert. Es ist ein typischer Dorfwein. Zwar hat er eine schöne Granatfarbe und eine durchaus typische Fruchtigkeit, aber in die Nase steigt eine oxydierte, nicht ganz saubere Note, die Weine bekommen, die zu lange in zu alten Fässern verbrachten.

Üblicherweise hat man die Wahl zwischen fünf Menüs, die zwischen DM 14 und 32 kosten. Das einfachste bietet ein Omelette, das teuerste *Faux Filet*. Gut ißt man *Andouillette*, die berühmte Innereienwurst. Überspringen Sie getrost einmal die Hemmschwelle. Sie schmeckt ganz anders, als Sie sich vielleicht vorstellen. Das Gemüse wird, wie es sich in Frankreich eigentlich gehört, nach dem Fleischgang serviert. Zu dem kann man ja schließlich Brot essen, hier sogar für die Gegend gutes Landbrot. Und beim Kaffee wird auch nicht gegeizt.

▪ Wohnen: Edel und ruhig wohnen - die luxuriöseste und komfortabelste Unterkunft, die man im Beaujolais finden kann, noch dazu eine mit Familienanschluß. Am östlichen Rand des Weilers *Morgon*, mit freiem Blick über die Sâone-Ebene: Das Gutshaus *La Javenière*, Monsieur und Madame Roux ließen sich vor fünfzehn Jahren in dem aus dem 18. Jhdt stammenden Gemäuer nieder, weil sie in der Gegend viele Freunde hatten und um das Beaujolais zu genießen. Sie renovierten das alte Gut mit Stil und Geschmack, legten einen kleinen Garten und viel Rasen zum Draußensitzen an. Zwar gefiel ihnen die ruhige Lage, aber auf angenehme Gesellschaft mochten sie nicht verzichten. So richteten sie in den völlig renovierten Gebäu den acht Zimmer ein, statteten jedes individuell mit Antiquitäten aus, die meist ebenfalls aus dem 18. Jhdt stammen. Jedes Zimmer erhielt mindestens ein separates WC, das kleine Appartement sogar zwei Bäder.

Den Gästen stehen im Erdgeschoß ein Frühstückszimmer und zwei Salons zur Verfügung. In einem hängt ein prächtiger Spiegel, den der Großvater von Madame Roux von Napoléon III geschenkt bekam. Die Atmosphäre ist ebenso gediegen wie persönlich, wozu der freundliche Empfang des Ehepaares seinen Teil beiträgt.

*Adresse*: Monsieur et Madame Roux, La Javenière, 69910 Morgon, Tel. 74 04 22 71. Dez., Jan. geschl. mit Ausnahme von Gruppen, die für mind. 3 Tage mindestens 6 Zimmer mieten. DZ inklusive Frühstück für 2 Personen um DM 160.

# Villié-Morgon

Der Bürgermeister des stattlichen Winzerdorfes (1500 Ew.) residiert hochherrschaftlich im *Château de Fontcrenne*, einem Bau aus dem 17. Jhdt, das vor der Revolution *Mignot de Bussy* gehörte. 1921 kaufte die Gemeinde Schloß und Park, im dem heute Pfauen umherstolzieren, einige andere Exemplare von Federvieh dösen im kleinen Gehege.

In den gewölbten Kellern des Schlosses wurde die allererste *Cave de Dégustation* der Region eingerichtet - noch immer eine der schönsten.

▪ Donnerstagsvormittag findet auf dem Platz vor der neo-gotischen Kirche der Wochenmarkt statt.

**Der Kalvarienberg Saint-Joseph**: Unbedingt lohnend ist ein Abstecher zum nahen *Saint-Joseph* (an der D 26, 100 m vom Dorfende Richtung Beaujeu). Weite Sicht vom Kalvarienberg inmitten schöner Weinbergslandschaft.

## *Gute Adressen*

▪ Wohnen und Essen:

*Hotel du Parc**, ein kleines Haus direkt neben dem Park. Kleine saubere Zimmer mit Dusche. Unten im Haus das beliebte Bistro (kein Restaurant), wo man das Frühstück einnimmt und auf diese Weise Einblick ins Dorfleben erhält. Da kommen schon früh die Leute herein, um ihren Kaffee zu schlürfen und ein Croissant einzustippen. Manche beginnen den Tag auch bereits mit einem pot. Es geht munter zu bis abends um acht, dann wird geschlossen. Mi Ruhetag. DZ von 36 bis 47 DM. *Hotel du Parc*, 69910 Villié-Morgon, Tel. 74 04 22 54.*

*Hotel Le Villon***, ein modernes Hotel, das hinter dem alten Park etwas fehl am Platze wirkt. Sein Vorteil besteht in den modern, praktisch und recht geschmackvoll eingerichteten Zimmern, die schöneren mit Terrasse zum Park, gute Betten und gutes Bad. Farb-TV. Freundlicher Empfang. Modernes Restaurant mit Menüs von DM 32 bis 50 (So-abend und Mo geschlossen). Swimmingpool und Tennisplatz. Zimmer für 1 Person DM 70, für 2 Personen DM 100. Von Mitte Dezember bis Ende Januar geschlossen. *Adresse: Hotel le Villon**, 69910 Villié-Morgon, Tel. 74 69 16 16.*

*Hotel du Col du Truges*, an der D 18 Richtung Avenas, oberhalb den Weinbergen von Morgon und Chiroubles. Ein angenehmes Restaurant mit guter Küche, fünf einfache Zimmer. DZ um DM

35. Di-abends und Mi geschl. *Adresse: Hotel du Col du Truges, Jean-Jacques und Michèle Soudeil, 69910 Villié-Morgon, Tel. 74 04 22 54.*

Ein nettes, rustikal möbliertes Restaurant: *Le Relais des Caveaux* (Tel. 74 04 21 77), an der Hauptstraße des Ortes, schräg gegenüber vom Park. Typische beauj. Gerichte wie Wurst in Wein, Hechtröllchen, Coq au Vin. Hinter dem Haus ein schöner Garten, wo bei schönem Wetter serviert wird. Menüs für DM 24, 30, 42 u. 53. Mo-abends und Di geschlossen.

*Le Cellier d'Anclachais*, an der D 9, gegenüber der Domaine Protheau Kohler, die hier ihren Wein verkaufen. Ein rustikales und einfaches Restaurant in einem hergerichteten Kellergebäude, ordentliche beaujolaiser Küche. An kalten Tagen weniger empfehlenswert oder dicke Socken und Pullover anziehen. *Le Cellier d'Anclacgais, Le Clachet 69910, Villié-Morgon, Tel. 74 69 11 84.*

## Château de Corcelles-en-Beaujolais

*Wie im Märchen tauchen die fünf Turmspitzen der Burg von Corcelles zwischen Weinfeldern, Wiesen und Bäumen auf. Und im Park unter den schönen großen alten Bäumen laden Bänke zum Weiterträumen ein - während sich der Pfau vor seiner Dame radschlagend produziert und in der Volière die Tauben gurren ...*

*So romantisch war die Geschichte der Burg keineswegs. Denn sie steht an der Grenze zum Burgund. Tatsächlich gehörte* Lancié, *das auf der anderen Seite des Baches* Douby, *keine zwei Kilometer Luftlinie entfernt liegt, zur Diozöse von* Mâcon. *An dieser Stelle war das Reich der* Sire de Beaujeu *am leichtesten zu verletzen. Die unter ihnen errichtete Festung trotzte bis Anfang des 15. Jhdts verschiedensten Gegnern, aber am Ende des Hundertjährigen Krieges schlug ihre Stunde und sie wurde geschleift.*

*Noch immer hatte der Ort strategische Bedeutung, und sein Besitzer Jean de Laye unternahm nach 1469 den Wiederaufbau. Wassergraben, Zugbrücke, Pechnasen sicherten die Burg, die man durch das Tor im rechteckigen Burgfried betritt. Im 16. Jhdt kam sie in den Besitz der Familie* Madeleine de Ragny, *die mit* Girard de la Madeleine *einen königlichen Knappen und Ratgeber stellte. Inzwischen unterstand das Beaujolais der französischen Krone und erlebte eine friedlichere Zeit, in der die Wirtschaft florierte, was sich auch in starker Bauaktivität ausdrückte. Der Epoche der Renaissance gemäß verwandelten die de la Madeleines die Festung in ein charmantes Schloß. Wo früher der wich-*

tigste Waffenraum war, nämlich im Donjon direkt über dem Tor, richtete man die Hauskapelle ein. Ihr Wappen ziert den Kapelleneingang ebenso wie das Haupttor.

Besonderen Charme verleihen dem Château die hölzernen Galerien des Innenhofs. Ihm erlag schon Utrillo, der den Blick auf die westliche Galerie und das eigentliche Schloßgebäude als Motiv für ein Gemälde wählte. Er verbrachte einige Zeit mit seiner Mutter Suzanne Valadon im Château Saint-Bernard, nur wenige Kilometer von Villefranche auf dem östlichen Ufer der Saône, und kam wiederholt zum Malen und Zeichnen nach Corcelles.

In der Küche beeindruckt der gewaltige Kamin und die alte Holzdecke. Die beiden Stockwerke und den enormen Dachstuhl erreicht man über einen sechseckigen Treppenturm. Die dortigen Räume sind üblicherweise nicht zu besichtigen. Auffällig sind die vielen Skulpturen, die als Verzierungen angebracht wurden. So sind die Dachgaupen mit Chimèren versehen und ihre Fenster mit Blumenmotiven umkränzt. Im Frühjahr 1592 erwarb Hauptmann Lazare Tircuy de la Barre das Schloß zum Preis von 40000 Talern. Seither rätselt man, wie der Soldat zu dieser bedeutenden Summe kam. Man nimmt an, daß es sich dabei um ein Lösegeld handelte, das für einen wichtigen Führer in den Religionskriegen bezahlt wurde. Nur ist man sich nicht einig für wen. Turcuy legte sich den Beinamen "de Corcelles" zu und kaufte sich vom Herzog de Montpensier die Gerichtsbarkeit der Gemeinde.

Zwar blieb das Château bis vor knapp 30 Jahren im Besitz der direkten Nachkommen des Hauptmanns, aber es befand sich in baufälligem Zustand und der einst bedeutende Grundbesitz war arg zusammengeschmolzen, als es von der Familie Crémieux-Cassin übernommen wurde. Die neuen Besitzer restaurierten Schloß und Nebengebäude in den Jahren von 1962 bis 1970 beispielhaft.

Das Gut umfaßt heute 90 Hektar Weinberge, vorwiegend Beaujolais und Beaujolais-Villages. Einige liegen jedoch in den Gebieten des Brouilly und Saint-Amour. Die gesamte Lese wird nach Corcelles gebracht und dort vinifiziert. Während für die Weinbereitung modernes Material zur Verfügung steht, findet die Entwicklung der Weine in einem großartigen, 80 Meter langen und 16 Meter breiten Kellereigebäude aus dem 17. Jhdt statt. In dem ebenerdigen Saal mit seinem alten Dachgebälk liegen 23 gepflegte Eichenfuder, die jeweils 230 Hektoliter fassen. In dem Gewölbe darunter reifen die Weine in kleineren

*Gebinden, bis sie in die originellen keulenförmigen Flaschen gefüllt werden. Probieren: im kleinen Verkostungsraum, den man vom Innenhof des Schlosses betritt.*

▪ *Château de Corcelles*, 69220 Corcelles en Beaujolais, Tel. 74 66 00 24. Täglich von 10 bis 12h und von 14h30 bis 18h30. Sonn- und feiertags geschlossen.

▪ Hotel-Rest. *Gailleton*** (69220 Corcelles-en-Beauj., Tel. 74 66 41 06), im Dorf, gegenüber der Kirche. Ein recht beliebtes Restaurant, nach hinten kleine Terrasse, regionale Küche, große Portionen. Sieben Menüs zwischen 18 u. 70 Mark. Ziemlich kleiner schmuckloser Eßsaal, wenn man von der glitzernden Stirnwand absieht, was man besser tut. (2 weitere Räume stehen bei größerem Andrang offen.) Es gibt ein Vorspeisenbüffet mit reichlicher Auswahl. Zum Fleischgang wird mit Beilagen nicht gespart, beim Käse nicht gegeizt, nur sind die Farmkäse unterrepräsentiert. Natürlich trinkt man das Château. DZ ab DM 39, mit Dusche o. Bad DM 60.

# Chiroubles

Das schönste Dorf (400 Ew.) unter den *Crus*. 3,5 km nordwestl. von Villié-Morgon, nur auf kleinen Straßen zu erreichen. Es liegt es auf 450 m Höhe, inmitten seiner 340 ha Weinberge, die bis auf 500 Meter ansteigen.

*Chiroubles* ist eine der kleinsten Lagen unter den großen Weinen des Beaujolais, aber eine der gefragtesten. Der Granitboden gibt dem Wein viel Finesse und einen eleganten floralen Charakter. Oft duftet er nach Veilchen oder Pfingstrosen. Er erscheint als erster auf dem Markt und sollte jung getrunken werden. Allerdings kann er in guten Jahrgängen auch mehrere Jahre altern.

Die Weinberge von Chiroubles sind unter viele kleine Winzer aufgeteilt, von denen sich die meisten in der 1929 gegründeten Coopérative zusammenschlossen. In ihrer mit Wandmalereien dekorierten *Maison des Vignerons* kann man probieren. Oder im *Restaurant Lallement*, wo man gleichzeitig gut und preiswert ißt. (Mi geschlossen, Tel. 74 04 24 87.)

*Victor Pulliat*

Über den Zwiebelturm der schmucken Kirche hat sich schon mancher mokiert, davor auf dem kleinen Platz erinnert eine Büste an *Victor Pulliat* (1827 - 1896): Auf seiner *Domäne de Tempéré* in Chiroubles pflanzte er 2000 verschiedene Rebsorten, deren Verhalten er genau untersuchte, um eine Tabelle über die Frühzeitigkeit aufstellen zu können. Bedeutend war auch sein Beitrag zur Bekämpfung der Reblausplage, die die Weinberge des Beaujolais in den Jahren nach 1875 vernichtete. Gleichzeitig mit anderen stieß Pulliat auf die einzig wirksame Lösung: das Aufpropfen der lokalen Sorte auf resistente amerikanische Stöcke. Er überzeugte die Winzer, dieser kostspieligen Methode zu folgen. Ab 1880 begann man neu zu pflanzen, aber es brauchte zwei Jahrzehnte, bis alle Weinberge rekonstituiert waren.

## Gute Weingüter

▪ *Domaine du Clos Verdy* von Georges Boulon. Direkt am Kirchplatz ist die Domaine vom pfeiferauchenden Gentleman-Winzer (und Weinhändler) *Georges Boulon*. Er hält auf Qualität und Stil, in allen Aspekten. In der Vigne werden nur organische Dünger verwandt, in der Cave steht eine sanfte pneumatische Presse, der Probierkeller ist gepflegt und die Weine haben Charakter. Außer dem blumig femininen Chiroubles stammen *Fleurie, Morgon, Beaujolais-Villages* und *Beaujolais* von eigenen Weinbergen. *(Adresse: Georges Boulon*, Place Victor Pulliat, 69115 Chiroubles, Tel. 74 04 20 12. Tägl. 14 bis 19h. So auf Verabredung.)

▪ *Château de Raousset*: Steil geht es vom Dorf zum *Château de Raousset* hinab. Leider fällt das Schloß in die Gruppe der heruntergekommenen und weiterem langsamen Verfall ausgesetzten Gutsgebäude. Schade. Zu der Domäne - sie ist im Besitz einer Erbengemeinschaft - gehören immerhin 43 ha Weinberge: 18 ha *Chiroubles*, 15 ha *Morgon* und 10 ha *Fleurie*. Die Rebflächen werden von sieben Erbpächtern bewirtschaftet, die jeder an die 5 ha haben, der Rest in Eigenregie.

*René Passot*, der im Schloß geboren wurde und seit 1953 Wein macht, ist für das Gut und seine Crus verantwortlich. Der oberirdische *Chai* mit den Betontanks ist ebenso typisch für viele beaujolaiser Vinifikationskeller wie das unterirdische Gewölbe, in dessen großen Holzfässern die Weine reifen.

Die Weine überzeugen. Der Chirouble hat ein intensives Kirscharoma, ist würzig, rund, angenehm und jung zu trinken. Der elegante Fleurie duftet nach Blumen, während der kräftige Morgon sehr typische Aromen und feine Tannine besitzt. *(Adresse:* Château de Raousset, Les Près, 69115 Chiroubles, Tel. 74 04 24 71, Besuch nach Anmeldung.)

**Aussicht mit Sahne!**

Oberhalb von Chiroubles und unterhalb des *Col du Fût d'Avenas*, an der D 18E: *La Terrasse du Beaujolais*, einer der bekanntesten und beliebtesten Aussichtspunkte über das Beaujolais und bei klarem Wetter weit darüber hinaus bis zu den Alpen. (Im Sommer ist der Probierstand der Coopérative des Dorfes sonntags geöffnet.)

Wer nicht nur die Aussicht genießen möchte, kehrt im Restaurant von *Marc Rongeat* ein oder in seinem *Salon de Thé*, der alle, die nachmittags von Kaffee und Kuchen träumen, auf ihre Kosten kommen läßt.

# Avenas

Jenseits des 740 m hohen Passes liegt das verträumte, von bewaldeten Höhen umrahmte Bergdorf (90 Ew.). Die kleine stämmige Kirche stammt aus dem 12. Jhdt und birgt den - meiner Meinung nach - bedeutendsten Kunstschatz des Beaujolais: ihren romanischen Altar. Er steht in der schönen, aus grobgehauenem Naturstein erbauten Apsis, die von schlichten romanischen Säulen getragen wird. In der Mitte seiner Vorderfront thront Jesus in einer mandelförmigen Glorie, die rechte Hand segnend erhoben, umgeben von den Bibeln haltenden Aposteln. Auf der linken Seite erkennt man vier Szenen aus dem Leben Marias, auf der rechten opfert König Ludwig, vermutlich der siebte, die Kirche von Avenas dem heiligen Vincent, Schutzpatron der Diozöse von Mâcon - und der Winzer. Die Figuren des aus weißem Kalkstein gehauenen Altars vermitteln viel von der Weltsicht ihres Schöpfers.

Hinreißend ist der alte Krämerladen ein paar Schritte weiter, wo man *casse croute* bekommt. Durch den Laden hindurch in den Gastraum. Keine Frage: man trinkt einen *pot*. Hier treffen sich Landfreaks und Bauern aus der Umgebung zum Apéritif.

▪ **Für Wanderer interessant:** *Avenas liegt auf dem Großen Wanderweg* GR 76. *Bei der Kirche gibt es in einem alten Dorfhaus Unterkunft* *für insgesamt 20 Wanderer im Schlafsaal. Madame Callot, die nebenan ihren Blumengarten pflegt, verwaltet es:* Gîte d'etape M. Callot, Le Bourg, 69340 Avenas, Tel. 74 04 20 82.

# Fleurie

Ein stolzes Winzerdorf (1250 Ew.) mit einigen stattlichen Häusern, insbesondere Richtung Villié-Morgon (5 km westlich von der N 6, Abzweigung von Norden kommend hinter 'la Maison Blanche'). Ansonsten bietet Fleurie, das von der weithin sichtbaren Kirche aus dem 19. Jhdt überragt wird, keine Sehenswürdigkeiten.

Samstagsmorgens ist auf dem Kirchplatz ein kleiner Wochenmarkt, den man je nach Jahreszeit vor oder in der Bar *'de la Bascule'* mit einem Plausch beschließt. Dennoch herrscht ein reger Strom von Fremden, darunter vielen Deutschen und vielen Schweizern, nach Fleurie - wegen des 'Cep':

## *Auberge du Cep*

Vor zwanzig Jahren war der 'Rebstock' nichts weiter als ein ganz gewöhnliches Dorfbistro. Doch dann übernahmen es die jungverheirateten Gérard und Chantal Cortembert. Er, 1948 in Villefranche geboren, hatte "eine ganz normale Lehre" gemacht, dann bei Alain Chapel gearbeitet und eine Tour de France angeschlossen, zu der ein Abstecher in die Schweiz und natürlich Paris gehörten. "Ich kam nach Fleurie, weil dies das Herz des Beaujolais ist", erzählte er mir. "Zu Beginn war es ein wenig schwierig, sich einzupflanzen und bekanntzumachen. Dann fing die lokale Kundschaft an, von uns zu sprechen."

Zuerst gab es ganz kleine billige Menüs. Und regionale Gerichte. Denen blieb Gérard Cortembert immer treu, aber auch sie verwandelten sich mit seinen Fortschritten auf dem Weg zum eigenen Kochstil. Gleichzeitig entwickelte er das, was er seine persönliche Karte nannte, auf die er viel Fisch und Hummer setzte. "Hier hatte ich die Chance, mich ausdrücken und die Produkte, die ich brauchte, selbst einkaufen zu können. Deshalb meine Sorge, sie entsprechend zu behandeln und meine Karte im Einklang mit der Saison zu machen", sagte er. Er selbst fuhr, obwohl es nachts nicht selten spät wurde, in aller Frühe nach Lyon auf den Markt. In der Hochburg der französischen Gastronomie ist alles zu haben, was sich ein Koch erträumt. Überdies schätzte er die besondere Situation des beaujolaiser Terroirs, das von der Bresse mit ihrem weltbekannten

Geflügel, dem Charollais mit seinem guten Rindfleisch und der Saône mit Zander und Flußkrebsen umgeben ist, Zutaten, von denen er viel Gebrauch machte. Welche Rolle jedoch der Markt mit seinen frischen Waren, mit Fischen, Krustentieren, Gemüsen, Kräutern, Pilzen und Früchten für ihn spielte, zeigt seine Speisekarte, auf der er *'Le Marché à la carte'* vorschlug.

Auch das einstige Dorfbistro wandelte das Gesicht. Dezente Blumentapete, zitronengelbe Vorhänge, helles, doch angenehmes Licht, geschmackvoll gedeckte Tische. Das eigentlich Besondere kam mit dem Publikum, das in den Cep pilgerte. Deutsche Feinschmecker okkupierten nicht selten die Hälfte der Tische. Dank Wolfram Siebeck, dem Gérard Cortemberts Kochkünste schmeckten, was er nicht verheimlicht hatte, und der oft auf dem Weg nach Süden im Cep einkehrte. Die oft internationale Mischung von Gourmets, die von Chantal Cortembert und ihrer Mannschaft aufmerksam und liebenswürdig versorgt wird, gibt das gewisse Flair, in dem es sich noch besser genießen läßt. Im Sommer in dem wunderschönen Hof hinter der Auberge. Das Angebot an Weinen ist großartig. Man findet sogar - und das ist eine Seltenheit - alte Jahrgänge von den Crus des Beaujolais.

Für Fleurie ist der Cep die beste Botschaft. "Zu mir kommen die Leute, um einen guten Fleurie zu trinken", sagte der Maître Cuisinier und empfahl zum Entrée einen leichten fruchtigen, zum Fisch einen feinen blumigen und einen kräftigen zum Fleisch. Bei Gérard Cortembert war alles selbstverständlich auf den Punkt genau gegart. Jedes Gericht war eine gelungene Komposition aus dem Eigengeschmack der Zutaten, die optisch auf effektvolle Weise dargeboten wurden. Auf mich wirkte er wie ein vor Vitalität strotzender Künstler, der sich des Erreichten bewußt war, aber dennoch unabläßig daran arbeitete, seinen Stil zu verfeinern, neue Elemente miteinander zu verbinden, um ihren eigentlichen Charakter herauszustellen. Völlig unerwartet starb er im Juni 1990. Mit ihrer erfahrenen Equipe führt seine Frau den Cep weiter. Hoffentlich wird man noch lange seine exquisite Küche und seinen Charme genießen können!

*Adresse:* Auberge du Cep, Place de l'Eglise 69820 Fleurie, Tel. 74 04 10 77. Vom 10.12. - 4.1., im Februar während der französischen Schulferien und die erste Augustwoche geschl. Ruhetage So-abends, Mo, Di-mittags. Unbedingt vorbestellen. Vier Menüs von DM 70 bis 150.

## *Fleurie-Weine*

*Die Königin der Beaujolaisweine hat sich preislich ein ordentliches Stück vor den lange unangefochtenen König, den* Moulin-à-Vent *gesetzt. "Die Königin ist eben delikater, angenehmer und leichter als der König, das ist doch sicher", amüsiert sich Jean Dutraive, Präsident des Weinbauverbandes. Feststeht, daß Fleurie nicht nur einen schmeichel-*

*haften Namen besitzt, sondern daß auf den 800 ha des Crus feine, oft florale, nach Iris oder Veilchen duftende Weine von elegantem Charakter erzeugt werden. Allerdings gibt es, was Bodenbeschaffenheit und folglich Aromen und Struktur der Weine betrifft, doch Unterschiede. Der wirklich typische, sehr florale Fleurie gedeiht dort, wo der Granit des gleichnamigen Massivs, das die Weinberge nach Nordwesten hin schützt, möglichst rein ist. Das ist auf den Hängen über dem Dorf der Fall, wo die Kapelle der Heiligen Jungfrau über die Rebflächen wacht. Wie gut es den Fleurie-Winzern geht, sieht man gerade auf dieser Seite des Dorfes, auf der viele sich neue Häuser am Rande ihrer Vignen gebaut haben, leider mit wenig Sinn für Landschaft und traditionellen Baustil.*

*Ursache für den Boom ist vor allem die Nachfrage der Schweizer. Sie importieren etwa die Hälfte der gesamten jährlichen Produktion von 45000 hl. Keine Weinkarte, auf der Fleurie fehlen dürfte. Da andere Länder wie England, Belgien, die USA und neuerdings Japan auf die Blume des Beaujolais nicht verzichten möchten, übersteigt die Nachfrage deutlich das Angebot. Folge: den Franzosen, bis auf wenige Ausnahmen, ist der Fleurie zu teuer.*

*Die Weinberge von Jean Dutraives 'Domaine de la Grand Cour' liegen im Süden des Fleuriegebiets, an das sich Morgon anschließt. "Wir machen Weine auf einem Boden, der außerordentlich graniten ist, mit einem Unterboden, der ein wenig Mangan aufweist und unserem Wein eine etwas andere Charakteristik gibt, obwohl sie natürlich immer noch Fleurie bleibt." Sein Fleurie öffnet sich schnell und präsentiert eine ausgeprägte, reizvolle 'note de terroir', die an Unterholz und Pilze erinnert und sich neben den Aromen von Blüten und kleinen roten Früchten behauptet.*

*Mehr nach Osten hin, wo sich die durch Regen von den Hängen fortgespülte Erde sammelt, sind die Böden tiefer und nahrhafter und ergeben etwas robustere Tropfen, denen man besser etwas Zeit gönnt, um ihren fleurie-artigen Charakter zu offenbaren.*

*Die* Cave Coopérative *von Fleurie wurde 1927 als erste Winzergenossenschaft im Beaujolais gegründet. Allerdings brauchten die Vignerons vier Jahre, bis sie einen ersten bescheidenen Vinifikationskeller konstruiert hatten, der gerade 3000 hl faßte. Heute hat die Kellerei eine Gesamtkapaztität von knapp 50000 hl. Ihr gehören 305 Winzer an, die 373 ha Wein bearbeiten.*

*Angeregt und viele Jahre geführt wurde sie von Schlachtermeister Chabert, der für seine Andouillette weithin bekannt war. Ihm folgte seine Tochter Marguerite als Präsidentin nach. Während die ebenso energische wie charmante Dame zuhause für Qualität stritt, trat sie nach außen mit einer unerschütterlichen Vehemenz für den Fleurie ein, der für sie immer schon mit Abstand der allerbeste Cru war. Noch in hohem Alter ließ sie es sich nicht nehmen, jede einzelne Cuvée mitzuverkosten, wenn sich die Weinhändler zum Kauf einstellten. Die der früheren Präsidentin gewidmete Cuvée ist besonders zu empfehlen.*

*Zum Caveau der Genossenschaft steigt man tief hinab, ein nüchterner Raum, die Theke aus alten Fudern, ein Anflug von Bierhalle. Eine nettere Atmosphäre herrscht in dem Caveau um die Ecke an der D 32.*

## Gute Adressen in Fleurie

▪ W e i n : *Cave Coop. des Grands Vins de Fleurie,* Tel. 74 04 11 70. Tägl. geöffnet.

*Domaine de la Grand Cour,* Jean Dutraive.

*Domaine René Berrod,* Jean Brugne, Les Rochers du Vivier, Tel. 74 04 13 63. (D 32 zum Weiler Le Vivier). Ausgezeichneter Fleurie, auch Moulin-à-Vent und Beaujolais Villages.

▪ W o h n e n : *Hotel des Grands Vins**** am südöstlichen Dorfrand von Fleurie, ein Neubau zwischen Rebflächen, kein Restaurant, winziger Swimmingpool. Verhältnismäßig kleine Zimmer. Der Spitzenüberwurf auf dem Bett symbolisiert den Stil der Einrichtung. Trotz sauberer Zimmer, freundlichem Empfang und nett serviertem Frühstück (fürchterlicher O-'Saft') ist der dritte Stern unverdient. Zimmerpreise von 90 bis 106 DM. *(Adresse: Hotel des Grands Vins***, 69820 Fleurie, Tel. 74 69 81 43. Dez. bis Mitte Januar u. die ersten zehn Tage im August geschl.)*

▪ C a m p i n g La Lie***, 69820 Fleurie, Tel. 74 69 80 07. Geöffnet vom 23.4. bis 15.10 (an derselben Straße wie das Hotel, gut ausgeschildert). Sehr gepflegt, 51 Stellplätze, Tennis u.a. Sportarten.

▪ *Boucherie Ducruix-Chabert* an der Hauptstraße: Andouillettes, aber auch sonst ausgezeichnete beaujolaiser cochonailles (Schlacht- u. Wurstwaren vom Schwein).

## Moulin-à-Vent

Moulin-à-Vent *ist kein Dorf, sondern eine einfache alte Windmühle. Schon vor langer Zeit, um die Mitte des letzten Jahrhunderts, verlor sie ihre Flügel. Natürlich ist sie ein Relikt aus den Zeiten, als man auf diesen sanften Hängen über dem Tal der Saône noch Weizen anbaute. Aber daran denkt fast niemand, der sie über den wogenden Reben sieht. Dabei zählt sie gewiß zu den berühmtesten Mühlen der Welt. Von denen ist sie vermutlich diejenige, von der die wenigsten wissen, wo sie steht. Allein der poetische Klang von* Moulin-à-Vent *brachte Weinfreunde zum sinnlichen Sinnieren: rubinrotes Leuchten, schwerer Samt hinreißender Rosenduft, delikates Himbeeraroma. Und Burgund. Auf Weinkarten rangiert er noch immer oft darunter. Nicht ganz abwegig: denn erstens befinden sich die Windmühle und ein Teil von dem 700 ha großen Cru-Gebiet auf burgunder Grund und zweitens nimmt der* Moulin-à-Vent *mit dem Älterwerden einen großen Burgundern zum Verwechseln ähnlichen Charakter an. Vor allem natürlich dann, wenn die Winzer statt der mehr für junge Weine geeigneten beaujolaiser Vinifikation zur Burgunder-Methode greifen (siehe unter Weinwissen).*

Moulin-à-Vent *war überhaupt der erste offiziell anerkannte* Cru, *denn sein Gebiet wurde durch eine Gerichtsentscheidung bereits im Jahre 1924 genau festgelegt, zwölf Jahre vor der Einführung der* Appellation d'Origine Controlée. *Die Vignerons aus den Gemeinden* Chénas *und* Romanèche-Thorins *hatten sich vereint dafür eingesetzt. Was unterstreicht, daß die Identität des Beaujolais stärker ist als die geschichtlichen, bzw. die Departementsgrenzen. Bis 1986 blieb er der berühmteste und der teuerste Wein des Beaujolais, ehe* Fleurie *ihn überflügelte und von Jahr zu Jahr den Abstand vergrößert. Inzwischen - mit der Mode der leichten Weine - hat ihn auch* Saint-Amour *preislich überholt, und* Chiroubles *ist dabei, es zu tun. Das ändert nichts daran, daß der auf rosarotem, zersetztem, manganhaltigem Granit wachsende* Moulin-à-Vent *weiterhin zurecht als der König der* Crus *gilt.*

# Les Thorins

Das Zentrum des *Crus*, unterhalb der Straße, die von Fleurie nach Chénas führt: prächtige Châteaux und großzügige Winzerhäuser. Der Name des Weilers geht auf die Familie *Thorin* zurück, deren Ahnen sich dort bereits im 5. Jhdt behaupteten. Inzwischen ist aus ihr eine Dynastie von Weinhändlern geworden, denen das berühmte *Château des Jacques* in Romanèche-Thorins mit seinen 40 ha *Moulin-à-Vent* und 6 ha *Chardonnay* für den *Beaujolais blanc* gehört.

▪ *Château des Jacques*, 71570 Romanèche-Thorins, Tel. 85 35 51 64. Jean-Paul Thorin, verantwortlich für Schloß und Weinberge, läßt sich durch die modische Nachfrage nach leichten Weinen nicht irritieren. Seinem *Moulin-à-Vent* gibt er mit burgundischer Vinifikation und Entwicklung in Eichenfässern die Struktur und Kraft, die er braucht, um mit den Jahren seine ganze Größe zu entfalten.

▪ *Château Portier*, Michel Gaidon, 71570 Romanèche-Thorins, Tel. 85 35 51 57. Beim Château lädt ein großes Schild zur Weinprobe und zum Besuch der Keller und Domänen ein. Als ich durch das Haupttor trat und auf dem schmalen Pfad in den Hof des Gutes gelangte, bestand der Empfang aus einem knurrenden Hund. Ein paar Kellereiarbeiter frühstückten gerade, ließen sich aber nicht weiter bei ihrem *mâchon* stören. So betrachtete ich das schmucke Gartenhäuschen mit seinem dekorativen Dach im burgundischen Stil, genoß den Blick und die Erinnerung an den bei Gérard Cortembert am Vorabend zelebrierten *1985 Château Portier 'vieille vigne'*, dessen Rubinrot von einem hellen Backsteinrand umgeben war. Das Bukett war entwickelt und vielfältig mit Noten von Unterholz, Zimt und Nelken. Ein charaktervoller Wein, der seinen Höhepunkt erreicht hatte, überraschend früh.

▪ *Alfred Gino Bertolla*, La Rochelle, 69840 Chénas, Tel. 74 04 48 40. Bereits zum Dorf C h é n a s gehören die Wohnhäuser und Winzerkeller von *La Rochelle* (an der D 266 oberhalb von Les Thorins), wo alles etwas gedrängt zugeht und nichts herausgeputzt ist.

Wenn Alfred Bertolla in der *Vigne* arbeitet, kümmert sich seie Frau, selbst Winzertochter, um die Kunden und erzählt beredt vom Leben früher und von den heutigen Sorgen und Problemen. Früher habe es bei ihnen nur sonntags eine gute Flasche Wein gegeben, während der Woche nur *piquette*. Man habe von den Kühen gelebt. Die Vigne sei nur ein *plaisir* gewesen, denn der Ertrag so gering. Wer Lust hat zu diskutieren, ist bei den Bertolla an der richtigen Adresse, aber auch wer guten Wein sucht.

▪ Auf dem Weg zur - von Nahem nicht besonders sehenswerten - Windmühle ein kleiner Probierkeller mit einer netten Winzerin (täglich außer Dienstags).

# Romanèche-Thorins

Auf dem schönen Dorfplatz von Romanèche-Thorins steht eine Büste, die *Benoît Raclet* ehrt, der den Weinbau im Beaujolais von einer seiner übelsten Plagen befreite, der 'Pyralislarve'.

*Um 1830 war der Befall der Rebstöcke so drastisch, daß in der Bevölkerung das Elend um sich griff, viele abwanderten, andere entschlossen waren, den Weinbau ganz aufzugeben. Alle bis dahin angewandten Methoden erwiesen sich als unpraktikabel oder ebenso tödlich für den Wein wie für den Schädling. Oder als völlig unwirksam, wie die Gebete an die Heilige Jungfrau von Montmerle, die angeblich für solche Übel zuständig war.*

*Man sollte annehmen, daß die Winzer in ihrer verzweifelten Situation nach jedem Strohhalm gegriffen hätten. Nach Strohhalmen vielleicht. Aber auf den Rat Benoît Raclets wollten sie partout nicht hören. Der Gerichtsschreiber aus Roanne, den die Revolution aus dem Amt gejagt hatte, so daß er sich im Heimatort seiner Frau niederließ und dort ihre Weinberge bearbeitete, war von der Plage genau wie seine Nachbarn betroffen. Auch seine Stöcke verloren Kraft, Blätter und Beeren. Bis auf einen, wie ihm eines Tages auffiel. Der wuchs an der Wand unter dem Küchenfenster, aus dem seine Magd täglich das Abwaschwasser schüttete. Raclet begriff, daß Heißwasser die Eier der Pyralis zerstörte. Während er sich daran machte, jeden einzelnen Stock entsprechend zu behandeln, verspotteten ihn seine Nachbarn. Erst als Jahre später seine Weinberge, die einzig gesunden von Moulin-à-Vent waren, zeigten Behörden und Winzer Einsicht. Von der zeugen noch die blankgeputzten fahrbaren Heizkessel, die heute manchen Keller dekorieren. Für Benoît Raclet kam sie zu spät. Ihm wurde die Anerkennung erst nach seinem Tod zuteil. Die von ihm erfundene Methode der 'echaudage' wurde bis 1945 angewandt.*

▪ Am letzten Sonntag im Oktober großes Dorffest: *la Fête Benoît-Raclet*. Sein Haus kann auf Anfrage besichtigt werden: Tel. 85 35 51 37.

▪ Ein Museum von speziellem Reiz ist das *Musée Guillon*. Meister Guillon leitete eine Zeichenschule für Gesellen, in der vorrangig Schreiner lernten. Ihre ausgetüftelten Meisterstücke und Beweise ihrer technischen Zeichenkunst werden gezeigt. Geöffnet von Ostern bis Allerheiligen sonn- und feiertags von 9h30 bis 11h30 und von 14 bis 17h. Sonst über die Mairie: Tel. 85 35 50 26.

▪ Am Platz die urige Café-Bar *'Chez Paul'*. Bei dem älteren Wirtsehepaar finden sich die Dorfleute zum *pot* ein. Ein Bistro mit der berühmten elfenbeinernen Wandfarbe, die sich durch Gauloises-Rauch so harmonisch tiefer tönt. Weiter durch ein Speisesaal, wo das einfache und gute Tagesmenü serviert wird.

## *Die Nase des Beaujolais*

*Was dem Vigneron im Beaujolais ein vernünftiges Einkommen garantiert, um das ihn Kollegen in vielen anderen Qualitätsweinregionen Frankreichs beneiden, ist sein gutes Verhältnis zu den Weinhändlern. Denn wer Weinberge bearbeitet und Wein keltert, ist nur selten auch ein guter Weinverkäufer, weiß wenig darüber, was Weinfreunde mögen oder wie und zu welchen Gelegenheiten sie im Ausland Wein genießen. Oft könnte er es sich gar nicht leisten, zusätzlich in Abfüllung und Vertrieb zu investieren. Heute hat sich ein gutes Verhältnis entwickelt, das Winzer, Weingroßhändler und Abnehmer (Restaurants, Weinläden, Supermärkte) verbindet. Jeder hat dabei seine spezifischen Aufgaben, aber ist gleichzeitig darüber informiert, was sich bei den Partnern tut. Mit diesem Austausch begann der jetzige Erfolg des Beaujolais - und der Georges Duboeufs. Der Winzersohn aus Chaintré, der gern Sportlehrer geworden wäre, fing 1952 als 19jähriger an, seinem Bruder auf dem Familiengut zu helfen. Sie beschlossen den eigenen Pouilly-Fuissé abzufüllen, was damals alles anderes als selbstverständlich war. Georges nahm die Flaschen unter den Arm und besuchte die Restaurantbesitzer im Umkreis. Als denen der gutgemachte Weißwein gefiel, forderten sie den schmalen jungen Mann auf, sie auch mit anderen Weinen zu versorgen. Einer besonders: Paul Blanc vom Chapon Fin in Thoissey.*

*Die Vignerons, die Duboeuf darauf besuchte, zeigten sich gern bereit, ihren Wein an Restaurants zu verkaufen, aber mit der Abfüllung wollten sie nichts zu tun haben. Er ließ sich nicht abschrecken, überlegte, wie er das Problem lösen könne und rüstete sich mit Lastwagen und nötigen Geräten aus, um an Ort und Stelle abzufüllen. "Ich war der erste in Frankreich, der embouteilleur à facon wurde", sagt er.*

*Sein nächster Schritt bestand darin, daß er die Winzer, mit denen er zusammenarbeitete, überzeugte, einen gemeinnützigen Verein zu gründen. Gebäude in Romanèche-Thorins wurden erworben, eine Abfüllanlage installiert. Jedes Mitglied brachte seinen Wein. Direktor Duboeuf kümmerte sich um alles, Technisches wie Kaufmännisches. Bis Eifersucht und Neid unter den Winzern ihm zuviel wurden. "Ich zog es vor, neu zu beginnen, um meine eigene Sache in eigener Rechnung aufzuziehen. Tatsächlich sind die Erzeuger, die Mitglieder des Vereins waren, meine Lieferanten geworden, und ich auf diese Weise négociant." Das war 1964.*

*Nun kam die Nase ins Spiel. Kategorisch lehnte er nämlich ab, daß der Beaujolais mit Wein aus Algerien verschnitten wurde, wie damals üblich. Ihm sagte ein anderer Stil zu, einer der mehr zu ihm selbst paßte, zu ihm, dem schmächtigen, sportlichen, engagierten, modernen Typ mit den feinen Gesichtszügen: der frische, aromatische, fruchtige, leichte, angenehme und süffige Wein. Der Beaujolais begann neue Vorzüge und Eigenschaften zu offenbaren und ein neues Image zu gewinnen. "Darauf wurde der Beaujolais Nouveau gepfropft, der sehr viel mehr meinem Bild vom Beaujolais entsprach", sagt er. "Dann kam die Generation Paul Bocuse, die alle Küchenchefs nach vorn brachte. Paul Bocuse entdeckte Troisgros, Chapel, Guérard, ... Dank der Freundschaft, die wir gegenseitig für einander empfinden, wurde ich Lieferant der großen Küchenchefs. Und ihr Komplize bei Aktionen in Frankreich und im Ausland."*

*Er wurde auch Komplize der Vignerons, die er für gute Qualität - und andere kauft er nicht - immer gut bezahlt. Als Winzersohn war er sich der Probleme der Vinifikation bewußt und hatte selbst erfahren, wie hilfreich Laboranalysen sein können. Sofort stellte er einen Önologen an, und sie begannen die Erzeuger zu beraten, und "ihnen ein wenig einen Stil Duboeuf aufzuerlegen". Dabei schließt er keine festen Verträge ab. Er verkostet. Während einer Kaufkampagne, die drei Monate dauert, hetzt er von Cave zu Cave und streckt seine Nase bis zu 8500 mal über Gläser mit verschiedenen Cuvées. Ein Marathon, bei dem ihn meist Sohn Franck begleitet. Kein Wunder, daß sie die Nase vorn haben. So sichern sie sich ein Zehntel der gesamten Beaujolaisernte. "Zwar sind die Degustation und die Selektion sehr wichtig, aber die Flaschenabfüllung ist es auch. Man muß aufmerksam sein, den*

*Wein verfolgen und ihn im richtigen Augenblick in die Flasche füllen, nicht, wenn man Zeit hat, sondern dann, wenn es sein muß." Sogar die Mondphase berücksichtigt er. Gewissenhaftigkeit ist Trumpf bei Duboeuf.*

*Georges Duboeufs Genie besteht nicht nur darin, treffsicher die besten Weine auszuwählen, sondern beim Ankauf bereits zu wissen, welche Weine er miteinander assemblieren kann und welche Cuvée welchem seiner internationalen Kunden gefallen wird. Denn ihnen bietet er in jeder Kategorie des Beaujolais - vom Primeur bis zum Fleurie - immer mehrere Weine zur Auswahl, so daß jeder den findet, der ihm gefällt. Die von ihm abgefüllten Domaines und Châteaux sind von besonderer Güte. Berühmt sind u.a. der Morgon von Jean Descombes, der Fleurie Château des Deduits, der Chiroubles Château de Javernand.*

*Für Romantik ist kein Platz in den Hallen der Großkellerei beim Bahnhof von Romanèche-Thorins. Ihre weißen Wände und scharfgezackten Dächern passen schlecht in die Landschaft. Aber hier klirren Abfüllanlagen, sausen Gabelstapler, dröhnen Lastwagen. Der Verkaufsstand hat zu den üblichen Geschäftstunden geöffnet.*

*In der Nachbarschaft befinden sich weitere Négociants: Noël Briday, Chanut Frères, Jacquemont & Fils, und der Savour Club ist ein Stück weiter in Lancié.*

▪ Wohnen und Essen: Mehr Romantik ein paar Schritte weiter um die Ecke bei Guy Fauvin, im *Les Maritonnes**** (71570 Romanèche-Thorins, Tel. 85 35 51 70). Eher kleine, doch sehr gepflegte, gutausgestattete Zimmer, ausgezeichnete Matratzen, was man nicht sehr oft antrifft, gemütlich mit schönen Bädern (Zimmerpreise von DM 118 bis 138). Die Züge der nahen Bahnlinie stören kaum. Der große Eßsaal fällt dagegen ab, sehr bürgerliche Einrichtung, unmögliche Holzdecke, mitgenommener Kachelboden. Von den Zutaten aufwendige Menüs, gut, aber ohne Finesse zubereitet. Vier Menüs zwischen 60 und 110 DM. Gute Weinkarte. Sonst gemütliche Landhausatmosphäre, schöner Garten, Swimmingpool und netter Empfang.

# Chénas

Wenn man nicht aufpaßt, hat man Chénas (400 Ew.) verpaßt: nur ein paar Häuser in den Weinbergen. Die im kleineren Umkreis, darunter manch alleinstehendes ansehnliches Herrenhaus aus dem letzten Jahrhundert und mehrere Weiler, bilden gemeinsam mit ihnen die Gemeinde.

Einem Mosaik gleichen auch die Weinberge von Chénas, die in drei Kategorien aufgeteilt sind: die Crus *Chénas* und *Moulin-à-Vent* und die Appellation *Beaujolais-Villages*. Die Winzer der Gemeinde kämpften in den zwanziger Jahren für den *Moulin-à-Vent*. Konnten und können sie sich über den Erfolg des Königs der Crus freuen, - und fast jeder besitzt Vignen, die zu ihm zählen - gibt es eine Schattenseite. Für den Chénas blieben nur 260 ha übrig, die ihn zum kleinsten Cru werden ließen. Wie beim *Côte de Brouilly* erweist sich das als Nachteil. Der Handel engagiert sich wenig für die Kleinen, bei denen er mengenmäßig schnell an Grenzen stößt. Obwohl der Chénas oft dem Moulin-à-Vent gleicht, hinkt er preislich - meist um 25% - hinterher und ist das Schlußlicht unter der Crus. Mit anderen Worten: ein Wein für Kenner. Denn ein guter Chénas, der kräftigere Tannine hat, würzig und nach Stockrosen riecht, im Alter ein ausgeprägt animalisches Bukett entwickelt, steht, was Qualität und Charakter betrifft, keineswegs hinter seinen Nachbarn zurück.

## *Packtaschen voll Gold*

*Die Weinberge des Chénas erstrecken sich auch auf das Gebiet von La Chapelle de Guinchay im Département Saône-et-Loire. Links von der Mauvaise, einem Bach, liegt an der D 95 der Weiler les Paquelets und an dessen südlichem Rand das Château Bonnet. Im 14. Jhdt war es ein Jagdhaus. Das erinnert daran, daß der Name Chénas vom französischen Wort für Eiche stammt und sich auf die ausgedehnten Eichenwälder bezieht, die wohl bereits ab dem frühen Mittelalter nach und nach gerodet wurden. Im Jahre 1603 kam dann Claude Bonnet, ein Schöffe aus Mâcon. Er pflanzte mehr Wein und gab dem eher kleinen*

*Haupthaus, das in der Zwischenzeit durch zwei Seitenflügel zum Schloß erweitert worden war, seinen Namen.*

*1820 erwarb Oberst Jean-Baptiste Duluat de Saint-Léon den Besitz. Als achtzehnjähriger war er in die Elite-Kavallerie-Garde eingetreten und machte unter Napoleon Karriere, dem er auch nach Rußland folgte. "Beim Überqueren der Berezina brach das Eis und sein Pferd rettete ihm das Leben, indem es schneller rannte als die anderen",erzählt Pierre-Yves Perrachon, sympathischer junger Weinmacher. "Als sie hierher kamen, vergötterte er sein Pferd und pflegte es bis zu dessen Tod. Und alle Leute glaubten, daß es auf der Insel, die sich am Ende der Vignen in dem kleinen See befindet, inmitten der Zypressen mit seinen Packtaschen voll Gold begraben wurde. Ein alter Arbeiter erzählte uns, daß er im Auftrag des Vorbesitzers, der seine eigene Theorie besaß, den ganzen Innenhof auf der Suche nach dem Gold hatte umgraben müssen. Aber tatsächlich war ich es, der das Pferd mit einem Bagger unter einem Vordach fand. Wir wollten ein Kanalisationsloch ausheben, als wir nach einem Augenblick - crack - auf einen Knochen stießen. Das Pferd war nicht auf der Insel, sondern wirklich fast im Innenhof. Der Colonel hatte es unter dem Schutz des Vordachs begraben. Aber Packtaschen voll Gold fanden wir nicht."*

## Gute Weinadressen

▪ *Château Bonnet*, Pierre Perrachon, Les Paquelets, 71570 La Chapelle-de-Guinchay, Tel. 85 36 70 41. 1973 kaufte Pierre Perrachon aus Juliénas, wo seine Familie seit Generationen Winzer war, das Gut, zu dem acht Hektar ausschließlich als Chénas klassierte Weinberge gehörten. Er selbst brachte je zwei Hektar Juliénas und Moulin-à-Vent mit. Drei weitere sind hinzugekommen, darunter etwas Chardonnay für den Beaujolais Villages blanc. Sohn Pierre-Yves, studierter Önologie, kümmert sich vor allem um die Vinifikation. Er benutzt die traditionelle beaujolaiser Methode, aber kontrolliert die Temperatur, so daß 28°C nicht überschritten werden. Während er die Trauben von jungen Rebstöcken relativ schnell preßt, läßt er die Lese der vielles vignes bis zu zwölf Tagen im Gärtank. Bei der Assemblage sorgen die jungen Reben für den 'punch', die alten für Rundheit und Finesse. Er ließ mich einen sechs Jahre alten Chénas verkosten, der in schönem Rubinrot funkelte. Das Bukett war von animalischen Noten und überreifen Beeren geprägt. Im Geschmack Akzente von Holz, Tabak, Lakritz, ein lang anhaltender, beeindruckender Wein. Der zweijährige versprach eine gute Entwicklung, war jedoch noch etwas verschlossen, obwohl am Gaumen fruchtig und angenehm mit feinen Tanninen. Am Platz in Juliénas haben die Perrachons einen Laden, der aber unregelmäßig geöffnet ist.

▪ *Château de Belleverne*, Aimé Bataillard, 71570 La Chapelle-de-Guinchay, Tel. 85 36 71 06. Der *Bressan Aimé Bataillard* erwarb 1969 den völlig heruntergekommenen Besitz von *Château de Belleverne* direkt vor dem Ort an der D 166. Mit Pioniergeist setzte er alles instand, pflanzte neue Weinberge, modernisierte die Kellerei und das Schlößchen. Heute vinifiziert er 22 ha Wein, überwiegend Beaujolais-Villages, aber auch je 3 ha Chénas - dessen Winzerpräsident er ist - und Moulin-à-Vent und 1,5 ha Beaujolais blanc. Außerdem versorgt er mit seinen beiden Söhnen 150 Kühe.

Intensiv nach kleinen roten Früchten duftender, fruchtiger, dabei weicher und gutstrukturierter Chénas. Aromatischer, angenehmer Beaujolais Villages.

▪ *Château des Michauds*: In den Wirtschaftsgebäuden des Schlosses befindet sich die *Cave du Château de Chénas*, die 1934 gegründete Winzergenossenschaft: Bemerkenswert ist ihr aus dem Mittelalter stammender Gewölbekeller, in dem die Weine der 270 Mitglieder unter besten Bedingungen in alten Eichenfässern ausgebaut werden. Im Caveau kann man an allen Werktagen Weine der drei Appellationen verkosten. Der Chénas ist ausgezeichnet. Tel. 74 04 11 91.

▪ Empfehlenswert ist auch der Chénas von *Guy Braillon* im Dorf selbst. Tel. 74 04 12 08.

## *Über den Weinbergen: Restaurant Daniel Robin*

Ich mag einfach diesen Saal mit seiner hohen Decke, den Quer- und Längsbalken und dem Tapetenrot dazwischen, das an das *'paradis'* erinnert, wie im Beaujolais der gärende Rebensaft heißt, der aus der Kelter tropft. Darunter ein alter Parkettboden. An den cremefarbenen Wänden passende Bilder aus dem Beaujolais. Links die Rundbogenfenster, die auf die Terrasse hinausgehen. Sie liegt über den Weinbergen und oberhalb der bekanntesten Windmühle der Weinwelt. Im Sommer ist es ein Traum, der Hektik entronnen, in sicherem Abstand zum unten im breiten Flußtal dahinhastenden Verkehr.

Lieber noch bin ich drinnen in dem langgestreckten Gebäude, das sich direkt aus einer Vigne erhebt. Man geht an der Küche vorbei, bevor man zum Saal aufsteigt. Ganz gleich, wann man in Daniel Robins Arbeitsreich blickt, immer sieht es dort dermaßen blitzblank aus und geht so harmonisch zu, daß man erwartungsvoll an den gediegen gedeckten Tischen auf bequemen Stühlen mit hohen Rückenlehnen Platz nimmt. Die Tochter des Hauses sorgt für liebenswürdigen Empfang. Bei Robin kommen hauptsächlich die guten Dinge aus dem Beaujolais und den angrenzenden Departements auf den Tisch. Auf seiner Karte findet man die ausgezeichneten *Andouillettes* von Schlachtermeister Lapaulus von nebenan. "Das ist eine große Spezialität aus Kalbsgedärm", sagt Daniel Robin und betont, wie sehr Franzosen Innereien lieben, "aber unseren deutschen Kunden scheint sie nicht so zu schmecken." Zur Angelsaison gibt es Hecht, Zander und Flußkrebse. Im Herbst viel Wild. Immer Foie gras und Charollais. Das hervorragende Bresse-Geflügel ist bestens repräsentiert: gegart, gebraten, *à la crème* oder *au Chénas*. Für die Saucen nimmt er immer alten Wein aus guten Jahrgängen. Sie sind hervorragend und so deftig, daß man sich zur *Volaille de Bresse au Chénas* am besten einen *Saint-Emilion Jean Faure* spendieren sollte, denn ein *Cru du Beaujolais* hält da nicht mit.

Und dann sollte man natürlich die *Domaine des Brureaux* wählen. Als Daniel Robin mit 27 alt genug war, das von seinem Vater gegründete Restaurant zu übernehmen, stieg der aus, um Wein auf dem Gut zu machen, das er 1958 erstanden hatte. Das war vor bald 30 Jahren. "Mein Vater ist ein sehr guter vinificateur und ein vieux vigneron", sagt er stolz. Der hauseigene *Chénas* bleibt den Beweis nicht schuldig. Daniel Robin ist einer von den wenigen, die Crus alter Jahrgänge anbieten, sogar auf einer Extrakarte. Und mehrere halbe Flaschen darunter, in denen der Wein wesentlich schneller altert. Kleiner Tip zum Dessert: die Sorbets sind Spitzenklasse.

*Adresse: Restaurant Daniel Robin*, Les Deschamps, 69840 Chénas, Tel. 85 36 72 67. Von Februar bis Mitte März geschl. Achtung: ungewöhnliche Öffnungszeiten: immer mittags geöffnet bis auf Mittwoch, abends immer zu von Di bis Do, immer offen Fr und Sa, auf Anfrage oft auch So und Mo. Drei Menüs für DM 58, 73 und 89 mit einer, 106 mit zwei Entrées.

▪ Ferienhaus: Ein alleinstehendes, einstöckiges altes beaujolaiser Winzerhaus nah am *Bois de Retour* mit Wohnraum, Küche, 3 Schlafzimmern für 6 Personen, Bad, Garten und Grill, zwei Kilometer vom Ortszentrum, Les Seignaux. Vermieter: Maurice Dru 22, Rue J.-Lamber, 75017 Paris, Tel. 1 47 66 58 33. Pro Woche DM 235 oder 270 in Vor- und Hauptsaison, sonst 205 DM.

# Juliénas

Kleiner Winzerort (640 Ew.) an der Grenze zum Weißweingebiet des Mâconnais. Montags ist Markt auf dem kleinen Platz, eine gute Gelegenheit, in den *Cellier de la Vieille Eglise* hineinzuschauen. Das frühere Gotteshaus aus dem 17. Jhdt wurde Bacchus preisgegeben. Wandmalereien beschwören Lebensfreude à la Beaujolais und belegen bunt auf bunt, was dem staunenden Probierer mit Juliénas alles widerfahren kann. Im Dorf laden Schilder an mehreren Häusern und Läden zur Weinprobe ein.

Seine tonkalkigen Böden sind für den Chardonnay ideal. Sein Granitboden ist bereits etwas gehaltvoller. In den Weinen dominieren die Aromen der kleinen roten Früchte, Himbeer und

Kirsche vor allem, manchmal auch etwas Pfirsich.

Das Crugebiet *Juliénas* umfaßt 560 ha, von denen 100 ha zu anderen Gemeinden gehören, der größte Teil zu *Jullié*. Zur Zeit ist der *Juliénas* etwas in der Gunst gesunken. Jahrelang, schon bevor der Erhebung zum AOC 1938, triumphierte er, dank der besonderen Beziehung zu den Journalisten von Frankreichs größter satirischer Zeitschrift *'Le Canard Enchaîné'*. Weinhändler *Victor Peyret*, der später den Caveau von Juliénas ins Leben rief, sorgte dafür, daß sein Freund, der Karikaturist *Henri Monnier* und dessen Redaktionskollegen, sich immer wieder mit Juliénas inspirieren konnten. Auf diese Weise schlich sich so manche Bouteille in so manche Zeichnung, und machte ganz Paris neugierig auf diesen Tropfen, der Federn spitz zu machen schien. Betriebsausflüge des Blatts führten - per Taxi! - stracks in juliénaiser Keller und den *'Coq au vin'* am Platze.

▪ Sehenswert: Das *Maison de la Dîme* erinnert an die Zeit vor der Revolution, als die Diozöse von Mâcon, zu der Juliénas gehörte, hier Steuern eintrieb.

## *Gute Adressen*

▪ Wein

500 m nordwestlich vom Platz steht das *Château de Juliénas*. Während eine erste Burg von den Sire de Beaujeu errichtet wurde, geht die Form der bestehenden Gebäude auf das 16. und 18. Jhdt zurück. Berühmt sind die Keller des Châteaus, in denen einer der besten Juliénas reift. *Chât. de Juliénas, François Condemine, 69840 Juliénas, Tel. 74 04 43 86.*

*Cave Coopérative du Bois de la Salle*: Unterhalb des Dorfes in westlicher Richtung hat die *'Cave Coopérative des Grands Vins de Juliénas'* seit 1960 das Château du Bois de la Salle bezogen, ursprünglich eine Klostergründung des 17. Jhdts. Von fern sieht das Schloß recht beeindruckend aus. Aus der Nähe betrachtet, ist es ziemlich heruntergekommen. Die gutausgerüstete Kellerei vinifiziert in modernen Nebengebäuden, Weinproben finden im Parterre des Châteaus statt, in einem Saal, der jeglicher Grandeur entbehrt. Die mit Baumrindenverkleidung und Aststühlen vorgetäuschte Rustikalität ist grausam.

*Château des Capitans*: Hier erfährt man, daß der Juliénas zu den Crus gehört, die man sich etwas entwickeln lassen sollte.

1968 kaufte die Familie Sarrau, Weinhändler aus Saint-Jean-d'Ardières, den früheren Besitz des frühverstorbenen Victor Peyret. 7 ha Juliénas, 6 ha Fleurie und 2 ha Morgon gehören zu dem Gut. Sie werden nach Burgunder-Methode vinifiziert, die Beeren entrappt. "Wir halten den Tresterhut während der Gärung untergetaucht", erklärt Pierre Sarrau, "um ein Maximum an Farbe und Tanninen zu extrahieren. Und wir machen lange Maischegärungen von 12 bis 16 Tagen. So erhalten wir gut konstituierte kräftige Weine, die lange altern." (Auskünfte über Tel. 74 66 19 43. Direktverkauf vor allem an Wochenenden. Zufahrt: vom Platz an dem Maison de la Dîme vorbei bis zur BP-Tankstelle, dort links, dann immer geradeaus. An der 2. Kreuzung links, dann rechts die Domaine, deren Turmdach im burgundischen Stil gedeckt ist.)

▪ Essen und Wohnen:

*Le Coq au Vin** am Place du Marché (69840 Juliénas, Tel. 74 04 41 98. Di abends u. Mi geschl.). Für den Ruhm Juliénas eine historische Stätte. Natürlich Coq au Vin-Weine u. andere regionale Klassiker. Menüs für 19, 30 u. 42 DM. Sieben einfache ordentliche Zimmer.

Nur ein paar Schritte weiter: *Ma petite Auberge** (Place du Marché, 69840 Juliénas, Tel. 74 04 41 20). Einst Hochburg echt beaujolaiser Küche unter Köchin Rose, die den Kochlöffel erst losließ, als Gevatter Tod ihn ihr aus der Hand nahm. Mit Bernard Alisé ein junger Stil und Ambitonen. Menüs für 30, 42 und 53 DM. Kleines Hotel mit sauberen Zimmern und schönem Innenhof.

*Hotel des Vignes*** (Route de Saint-Amour, 69840 Juliénas, Tel. 74 04 43 70. Vom 1.12. bis 28.2., sonntags Ruhetag). Sehr ruhig gelegen, nette bürgerliche Atmosphäre, einfache Zimmereinrichtung. Ohne Rest., Zimmer 54 bis 78 DM.

## Jullié

Ein schön gelegenes Dorf (400 Ew.) am Rande der *Monts du Beaujolais*, wo die Weinberge merklich steiler werden.

Es lohnt zur *Chapelle de Vâtre* hinaufzufahren: wegen der Aussicht über die Weinberge der Crus hinab bis zum Saônetal und weiter. Leider ist die romanische Kapelle, die im 16. Jhdt erneuert wurde, innen völlig verwüstet. Es ist nicht der Mühe wert, sich den Schlüssel von den Leuten des darunter liegenden Winzerhofs zu holen. Beeindruckend, allein wegen seiner Ausmaße und der jetzt trockengelegten, aber enorm tiefen Burggräben, ist das *Château de la Roche*, westlich des Dorfes. Nicht zu besichtigen.

▪ Wohnen und Essen: Vor der *Bar du Haut Beaujolais* eine kleine Terrasse. Drinnen dicke Balkendecke, Holztische, ein sympathisches Wirtspaar, das dabei ist, die vier Gästezimmer geschmackvoll zu renovieren. Sie sollen an die DM 50 pro Nacht kosten. *Hotel-Bar du Haut Beaujolais, 69840 Jullié, Tel. 74 04 41 50.*

Eine urige Eßkneipe ist *La Vigne gourmande* mit betagter Tapete, schönem alten Kamin, deftigem Essen. Menüs für DM 15, 23, 33. Tel. 74 04 42 92.

▪ Wein: Guten Juliénas und Beaujolais Villages bekommt man bei Thierry Descombes, Aux Vignes, 69840 Jullié, Tel. 74 04 42 03.

### Emeringes

Auch Emeringes (150 Ew.) hat mit dem nördlichsten Zipfel seines Gebiets Anteil am *Cru Juliénas*. Das Dorf liegt aber wesentlich höher, auf 350 Metern, ein schöner Ort mit Château und im 19. Jhdt erneuerter Kirche.

▪ Essen: *Auberge des Vignerons*. Der Neubau fällt unangenehm aus dem Rahmen. Dabei ißt man dort nicht schlecht, entweder ein Menü für DM 20, sonst preiswert die typischen Gerichte.

▪ Ferienhaus: Pierre Boin, Le Complet, 69840 Emeringes, Tel. 74 04 51 56. Freistehendes Haus am Rande einer Vigne. Kellergeschoß und zwei Etagen. Wohnraum mit Kochnische, 2 Schlafzimmer für maximal 7 Leute, Garten und Rasen, gut ausgestattetes Haus. Im Juli und Aug. wöchentl. DM 300, Vorsaison und Schulferien DM 240, sonst 205, am Wochenende 125.

## Saint-Amour-Bellevue

*Bereits zum Burgund zählendes Dorf (450 Ew.), aber berühmter Cru du Beaujolais*

Trotz seiner nur 300 ha Weinberge, die bei anderen Crus zum Desinteresse der Weinhändler führten, braucht man sich in Saint-Amour keine Sorgen zu machen. Nicht mehr. Denn inzwischen haben sich genügend Beaujolaisfreunde in den Namen verliebt - und in den Wein. Die Winzer haben mit seltenen Ausnahmen dabei Hilfestellung geleistet. Obwohl die Weine eigentlich aufgrund des aus Granit, Schiefer und Tonkieseln zusammengesetzten Bodens eher etwas schwerere, alterungsfähige Weine erzeugen müßten, haben sie - wie auch sonst meist im Beaujolais - auf eine kurze Vinifikation gesetzt, die fruchtigere, leichtere und ihrem Namen entsprechend charmantere Weine ergibt, die schon im Dezember nach der Lese schmecken.

Saint-Amour gehört schon ganz und gar zum *Mâconnais*, und Mâcon ist nur 12 Kilometer entfernt. Während seine nördlichen Nachbargemeinden, insbesondere *Pouilly-Fuissé* und *Chasselas*, bekannt für ihre Weißweine sind, hatte sich in Saint-Amour der Gamay behauptet. Dank des Einsatzes des früheren Bürgermeisters Louis Dailly wurde das Gebiet 1946 in die Familie der Crus aufgenommen.

An der Ecke des Festsaals ehrt eine Statue *Saint Amator*, einen römischen Legionär, der sich zum Christentum bekehrte und in Gallien Zuflucht suchte, wo er als Missionar wirkte und nicht weit von der römischen Route ein kleines Kloster gründete. Ihm verdankt der Ort seinen Namen. Funde von Trinkvasen aus gallo-romanischer Zeit und karolingische Gärkammern unterstreichen die Bedeutung des Weinbaus schon in früheren Epochen. Die Winzer richteten bereits 1965 eine schlichte, angenehme Probierstube ein, in der ein animierendes Wandbild, das Thema Weinlese und Amour variiert. (Täglich geöffnet)

## *Gute Adressen*

- Wein:

*Georges Trichard* empfängt seine Kunden in einem einladenden Probierkeller, den man in dem Neubau gar nicht erwartet. Er trägt beiden Aspekten des *Saint-Amour* Rechnung, in dem er im Jahr drei unterschiedliche Abfüllungen macht. Die erste ist die fruchtigste, mit intensiven Aromen roter Beeren. Sie kommt pünktlich für die Weinwettbewerbe. Wie erfolgreich sie ist, zeigen die mit Diplomen bepflasterten Wände der Cave. Bei der zweiten vom Mai haben die Früchte einen reiferen Charakter und eine florale Note kommt hinzu. Die dritte von Ende Juli ist schon in der Farbe kräftiger. Ein Eindruck den Nase und Gaumen bestätigen, ausgeprägtere Frucht, mehr Struktur und Tannine, geeigneter zum Altern. Seit 1966 experimentiert Georges Trichard mit dem Ausbau im neuen Eichenfaß, der seinem *Saint-Amour* einen angenehmen Vanilleakzent gibt. Auch beim Altern behalten die Weine ihren Charme und ihre Eleganz, doch wirken sie etwas kurz. Aber schließlich gewährt Amour ja auch nicht immer lange währendes Vergnügen. (*Georges Trichard, Route de Juliénas, 71570 La Chapelle de Guinchay, Tel. 85 36 70 70*)

Einen verführerischen, fruchtig eleganten *Saint-Amour* bekommt man südwestlich vom Ortskern, bei *Jean-G.Révillon, Les Poulets, 71570 St-Amour-Bellevue.*

Wer Saint-Amour von seiner etwas robusteren Seite kennenlernen möchte, die ihm beim Altern ein ausgeprägteres animalisches Bukett verleiht, wende sich an *Georges Spay, Les Ravinets, 71570 Saint-Amour-Bellevue, Tel. 85 37 14 58.*

▪ Essen: Im Zentrum des Dorfes am breiten Platz hat jede Seite ihr Restaurant: Auf der einen die sehr bürgerliche *Auberge du Paradis* (Menüs für DM 20, 27, 30 und 51), auf der anderen *Chez Jean-Pierre* regionale Küche mit Pfiff (Menüs DM 25, 43, 59 und 68). Einig sind sich die beiden nur im Ruhetag: Donnerstag. Jean-Pierre hat auch Mi-abends geschlossen.

▪ Ferienhaus: Im Dorf gelegen, ein schönes, großes, sehr gepflegtes Natursteinhaus mit geschmackvoller Einrichtung, Kamin, Bad, 3 Schlafzimmern, Zentralheizung. *Adresse: Mme Laquaz, 279, Chemin des Loups, 71700 Tournus, Tel. 85 32 14 38. Es kostet je nach Saison zwischen DM 500 und 560.*

# Abstecher ins Burgund:

## Nach Solutré

Wer daran zweifelt, daß das Beaujolais eine vom Burgund unabhängige Identität hat, sollte unbedingt diesen Abstecher machen. Plötzlich ist die Atmosphäre völlig anders. Die Dörfer mit ihren grauen Steinhäusern scheinen zu einem anderen Land zu gehören. Nicht einmal die Weinberge gleichen sich. Denn der *Chardonnay* wird als Hochstock in Drahtrahmenerziehung kultiviert, während bei den *Crus* des Beaujolais der niedrige Trinkbecherschnitt vorgeschrieben ist.

▪ Erst mal eine Pause: in der *Auberge du Saint-Véran** an der D 31 im Weiler La Roche (71570 Saint-Vérand, Tel. 85 37 16 50, Restaurant Mo geschlossen). Im vorbeifließenden Arlois werden Forellen gezüchtet. Eingang vom Parkplatz hinter dem Haus. Nette, dörfliche Gaststube, freundliche Leute. Einfache Holztische und Stühle, freigelegte Natursteinmauern. Einziger Schock: das Riesenfoto hinter der Bar, eine Alpenlandschaft. Draußen überdachte Terrasse. Spezialitäten sind Andouillette und Forelle, die in Butter gebraten wird. Zu beidem paßt ein Saint-Véran. Menüs für DM 21, 24 und 29. Ordentliche preiswerte Zimmer.

Der *Saint-Véran* ist der südlichste Weißwein des Burgunds. Nach Süden hin rahmt er die berühmte *Appellation Pouilly* ein. Nördlich von ihr erstrecken sich seine Weinberge um die Dörfer *Davayé* und *Prissé*. Wie der Pouilly wird er aus Chardonnay gekeltert und wächst auf tonkalkigen Hängen aus der Zeit der Juraformation. Er erreicht nicht ganz die Finesse eines *Pouilly-Fuissé*, hat aber den Vorteil, dafür erheblich billiger zu sein. Benannt wurde er nach der alten Kirche von *Saint-Vérand* bei *Saint-Amour*. Vorsicht: nicht mit Saint-Vérand im Südbeaujolais verwechseln.

■ In Fuissé steht das berühmteste Gut der Region, das *Château Fuissé*, das von Jean-Jacques Vincent geleitet wird (71960 Fuissé, Tel. 85 35 61 44). Es erzeugt nicht nur einen superben *Pouilly-Fuissé*, sondern auch ausgezeichneten Saint-Véran. *Adresse: Château Fuissé,*

# Der Felsen von Solutré

Der Felsen von Solutré, der majestätisch über Vignen und Hängen aufsteigt, hat etwas Magisches. Vielleicht nicht gerade an Wochenenden oder während der Großen Ferien, wenn täglich 30 bis 40 Kletterer in der Steilwand hängen. Eher im Herbst, wenn die Abendsonne ihn zu geheimnisvollem Leuchten bringt, oder an irgendeinem Regentag im Frühjahr, wenn er sich geheimnisvoll in graue Schleier hüllt. Ein bequemer Fußweg führt über den Bergrücken auf den Gipfel hinauf.

Schwer vorzustellen, daß dieser Berg nicht schon in Urzeiten Menschen anzog. So dachten wohl auch der Geologe *Adrien Arcelin* und der Privatgelehrte *Henry de Ferry*, die 1866 auf dem Feld *Crot du Charnier* eine Ausgrabung begannen, wo man auf seltsame Pferdeknochen gestoßen war. Nicht weit davon entdeckte Henry de Ferry Wohnstätten, wo es von Werkzeugen aus Feuerstein nur so wimmelte. Wie sich später ergab, sind es die vollkommensten, die jemals gefunden wurden. Von 'Rentieralter' sprachen die beiden, denn das Ren war am meisten unter den Funden vertreten, die außerdem die Existenz von Wölfen, Füchsen, Tigern, Elefanten, Pferden und anderen Tieren bewiesen.

Von Anfang an machten sie ihre Entdeckung bekannt und zogen andere Forscher, Prähistoriker und Gelehrte hinzu. Auf einem Kongreß 1872 prägte der Anthropologe *Gabriel de Mortillet* den Begriff Solutréen für die durch die Feuersteintechnik repräsentierte Entwicklungsstufe des Jungpaläolithikums.

Aber *Arcelin* und *de Ferry* - und *Abbé Antoine Ducrost*, der ab 1868 ebenfalls Ausgrabungen unternahm - hatten auch Gräber entdeckt und insgesamt an die sechzig, mehr oder weniger vollständige Skelette. Im Zusammenhang mit den Pfeilspitzen, Klingen, Schabern aus Feuerstein und den Überbleibseln von prähistorischen Tieren schlossen sie zunächst, daß auch ihre Menschenfunde aus dieser Zeit stammen würden. Ein Irrtum, dem schnell wiedersprochen wurde. Doch Adrien Arcelin verfaßte sogar einen Roman mit dem Titel *'Solutré oder Die Jäger der Rentiere'*, um seine Zeitgenossen von seiner Auffassung zu überzeugen und sie für das Thema Prähistorie zu interessieren. Erst in unseren Tagen wurde mit Hilfe der Carbon-14-Methode sein Irrtum endgültig aufgeklärt: Die Menschen, deren Gräber man am Fuße des Felsens von Solutré fand, lebten im 4. Jhdt unserer Zeitrechnung.

Eine andere Legende setzte Arcelin in die Welt, als er in seinem Roman beschrieb, wie die vorgeschichtlichen Menschen Wildpferde den Bergrücken hinaufgejagt hätten, um sie über den Rand der Klippe zu treiben, so daß sie in die Tiefe stürzten. Nur fanden sich die Schichten mit Pferdeknochen viel zu weit von der Felswand entfernt. Für die Menschen des Solutréen, die vor zehn bis zwanzig Jahrtausenden lebten und von denen man in Solutré nicht einen fand, waren Pferde ihr liebstes Jagdwild.

▪ Unten am Berg von Solutré das interessante moderne *Musée Départementale de Préhistoire de Solutré*: Es sind Funde ausgestellt, die Arcelin, de Ferry, Ducrost und spätere Archäologen machten. Erklärungen des Zusammenhang zu anderen Zeugnissen der Entwicklung des Menschen werden auf Tafeln und Bildschirm gezeigt. Außerdem: zwei interessante Spielzeuglandschaften zum Thema 'Pferdejagd'.
Täglich geöffnet von 10 bis 13h und von 14 bis 19h. Dienstags geschlossen. Eintritt: Erwachsene DM 6, Kinder DM 2,50. Interessanter Ausstellungskatalog DM 16.

▪ Für Kletterer: Es gibt einen genauen Führer der verschiedenen Routen.

Der Felsen von Solutré hat einen Bruder: den von *Vergisson*, den man auf einem schönen Wanderweg erreicht, der Solutré in nordöstlicher Richtung verläßt. Die Weinberge von Vergisson liegen tiefer, darüber oder in den Senken dehnen sich Wiesen, Gebüsche, vielfältiger Laubwald.

Der Ort Solutré (360 Ew.) macht einen gediegenen Eindruck. Schließlich ist dies die Hochburg nicht nur der Prähistorie, sondern auch des *Pouilly-Fuissé*. Vornehmer Verkostungsladen 'Le Caveaux' und Boutique.

## *Gute Adressen*

▪ Unterkunft: *Relais du Solutré* (71960 Solutré, Tel. 85 35 80 81), ein schönes Haus im Dorf unter dem Felsen mit großem Hof, wo man den Wagen abstellt. Im langgestreckten Eßsaal mit den großen Fenstertüren sind die Natursteinwände freigelegt. Gut passen die beiden Tapisserien, die Metallätzungen sind eher ätzend, wenn auch beleuchtet ziemlich spektakulär. Die Wirte sind ihre eigenen Gäste, was nicht unsympathisch ist. Der ambitionierten Küche fehlt es etwas an Pfiff, aber die *Aiguillettes de Canard*, Streifen von der Entenbrust, waren genau richtig. Die Atmosphäre wäre gemütlich gewesen, hätte nicht ein Eiswürfelgerät im selben Raum einen Lärm wie eine mittelgroße Molkerei gemacht. Menüs für DM 30, 44, 50 und 65. Die Zimmer haben ihren Reiz, vor allem wenn man eines erwischt, von dem aus man auf den Fels blickt. Morgens um acht knattern Traktoren durchs Dorf, was für Bauern eine gesittete Uhrzeit ist. Zimmer von DM 74 bis 90. Geschlossen von Mitte Dezember bis Mitte Februar.

▪ Wein: Ausgezeichnete Weißweine, sowohl Pouilly-Fuissé wie Saint-Véran macht *Thierry Guérin, Le Sabotier, 71960 Vergisson, Tel. 85 35 84 06.*

Im Dorf gibt es mehrere gute Winzer, die vor allem für ihren Pouilly-Fuissé bekannt sind. Empfehlenswert ist auch der von *Michel Delorme, Tel. 85 35 84 50.*

# Radtour im Norden

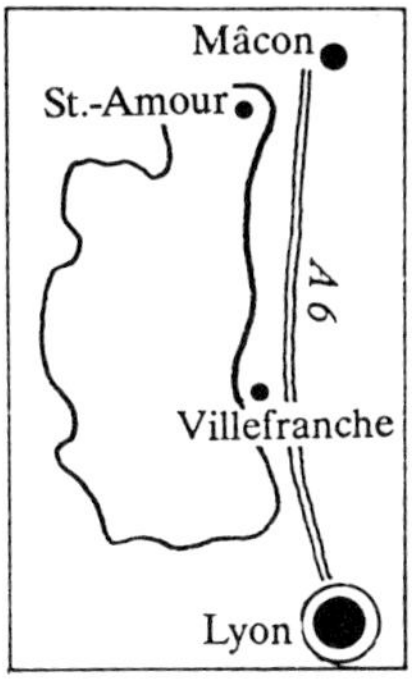


Die Tour beginnt gemächlich, zunächst durch das vom Charakter völlig andere Mâconnais am berühmten Felsen von Solutré vorbei, dann hinein in die Monts du Beaujolais und die Hauptregion des Ziegenkäses nach Cenves. Durch schöne Bergbauernlandschaft fährt man über die einstige Pilgerstation Saint-Jacques hinab ins liebliche Tal der Grosne, um dann hinaufzustrampeln bis zum Col de Fontmartin und rund 200 Meter Höhenunterschied zu überwinden. Nach einem Stück durch das romantische Tal der Mauvaise radelt man über den Hügel, auf dem Emeringes liegt, ins Gebiet der Beaujolais Crus Juliénas und Saint-Amour und zurück zum Ausgangspunkt.

Start bei der Auberge du Saint-Véran im Weiler *La Roche* an der D 31.

Nach 1 km Richtung *Leynes*, rechts auf die gerade Straße nach Chaintré, die am Weingut und *Château de Creuse Noire* vorbeiführt. Im Ort links auf die D 209. Zunächst gerade und bequem, kurvt sie dann durch die berühmten Weinberge bis Fuissé (7 km) mit seinen reizvollen Winzerhäusern ganz im burgundischen Stil. 500 m nach dem Dorf links, durch das winzige Pouilly hindurch, dann das leicht ansteigende hübsche Tal bis Solutré und weiter bis zur Abzweigung zum Museum vor dem Felsen (13 km).

Nun ist das gemütliche Dahinrollen zu Ende. Die Straße steigt zwischen Kuhweiden und Knicks an, um nach knapp 2 km wieder auf die D 31 zu treffen. Hinter der *'Auberge La Grange du Bois'*, ein Natursteinhaus mit Terrasse, von der man einen großartigen Blick auf Solutré und Vergisson hat, links abbiegen.

Die gute Straße geht teils unter Bäumen, teils offen durch den Wald von *Cenves* bis zu den Häusern von *Premessin*. Dort Wiesen, Knicks und Maisfelder. An der Wegkreuzung rechts Richtung *Cenves* Gleich links ein Hof, wo Farmkäse, etwas weiter ein anderer, wo Ziegenkäse verkauft wird. Nach dem Col de Gerbert senkt sich die Straße in das Tal der *Petite Grosne*, um auf der anderen Seite steil bis Cenves mit seinem plattgedeckten Kirchturm anzusteigen (24 km).

▪ *In Cenves: Das 'Maison du Fromage' (Sa und So von 14 bis 19h geöffnet, im Juli und August täglich). Man verkauft nicht nur Käse, sondern alles, was auf den*

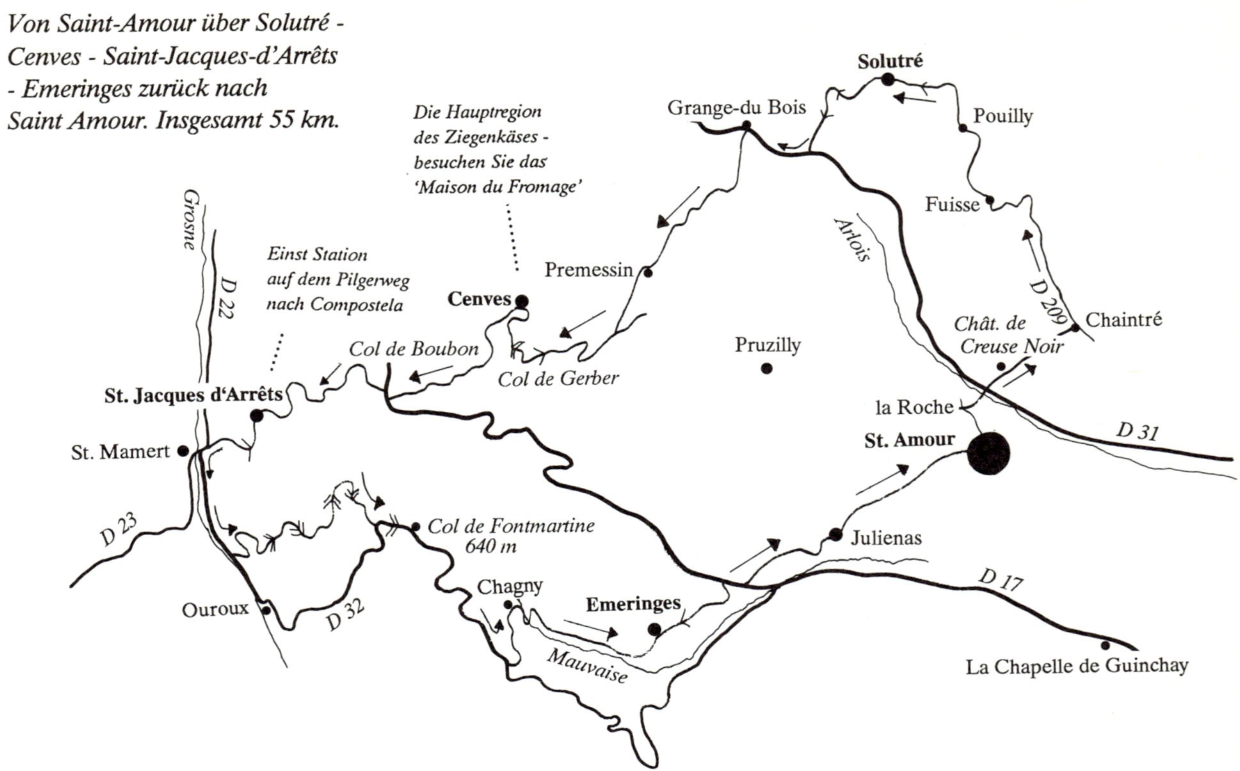

Von Saint-Amour über Solutré - Cenves - Saint-Jacques-d'Arrêts - Emeringes zurück nach Saint Amour. Insgesamt 55 km.
Die Hauptregion des Ziegenkäses - besuchen Sie das 'Maison du Fromage'
Einst Station auf dem Pilgerweg nach Compostela
Solutré
Grange-du Bois
Pouilly
Fuisse
Premessin
Cenves
Col de Boubon
Col de Gerber
Pruzilly
Arlois
D 209
Chaintré
Chât. de Creuse Noir
la Roche
St. Amour
D 31
Grosne
D 22
St. Jacques d'Arrêts
St. Mamert
D 23
Col de Fontmartine 640 m
Julienas
Chagny
Emeringes
Ouroux
D 32
D 17
Mauvaise
La Chapelle de Guinchay

*umliegenden Bauernhöfen erzeugt wird.*

*Hotel/Restaurant Dargaud*, 69840 Cenves, Tel. 74 04 61 39. Modernisierte Zimmer mit Dusche DM 50. Nüchtern eingerichtetes Restaurant. Freundliche Leute. Leicht provençalisch angehauchte Küche, aber auch Andouillette, Lamm und Ente. Vier Menüs von DM 22 bis 44.*

Am Hotel vorbei, am Ortsende links durch schöne Bergbauernlandschaft. Auf einer Weide ein trauliches Stelldichein von Enten, Schafen und Kühen. Am *Col de Boubon* trifft man auf die D 17. Rechts bis *Saint-Jacques des Arrêts*(30 km), einst Station auf dem Pilgerweg nach Compostela (170 E). Ein Bergdorf mit Charakter, gruppiert um eine von außen malerische Kirche, die innen uninteressant ist.

▪ *In Saint-Jacques des Arrêts: Auberge rural in einem Neubau am Dorfrand. Vom 1.4. bis Allerheiligen sonn- und feiertags geöffnet hat. Oder für Gruppen. Tel. 74 04 62 91 / 74 04 63 89. Auskünfte auch im Café-Epicérie bei der Kirche.*

Ins Tal der *Grosne* hinab, vor dem Fluß links abbiegen. Falls man sich nicht gegenüber in S a i n t M a m e r t (70 Ew.) die sehr alte, frühromanische Kirche ansehen will. Sie ist äußerst schlicht mit hohen Spitzbögen, zwar renoviert und verputzt, doch die wesentlichen Elemente blieben erhalten. Pforte mit alten Beschlägen und altem Schloß. Sehr alter Altar.

Immer geradeaus am Fluß entlang. Dann macht der Weg eine scharfe Linkskurve und steigt an bis zur Kreuzung. Dort scharf links (nicht nach Ouroux) und durch Wiesen und Felder hinauf. Rechts halten, bis man auf die D 32 trifft. Nun in südöstlicher Richtung über den C o l d e F o n t m a r t i n (640 m) 4 km überwiegend durch Wald, dann links über Changy und das Tal der Mauvaise nach E m e r i n g e s (47 km, s.o.).

Abfahrt bis zur D 17, rechts und nach 400 Meter links nach J u l i é n a s . Hinauf ins Dorf (s.o). Dort auf die Straße nach Saint-Amour und weiter bis L a R o c h e (55 km).

# Weinwissen

Gerade die Weindörfer besitzen einen besonderen Charme. Der besteht u.a. darin, daß man überall offene Türen findet, nämlich überall dort, wo Winzer ihre Weine selbst verkaufen - und das sind rund 400. Der Kontakt mit ihnen fällt noch leichter, wenn Sie von vornherein ein wenig darüber wissen, wie das Leben des Vigneron aussieht, worin seine Arbeit besteht, worauf es bei seinem Erzeugnis ankommt.

Es gehört zu den kleinen Wundern, daß viele Weinregionen seit Jahrhunderten eine, manchmal zwei oder drei Sorten besitzen, die sich dort nicht nur besser akklimatisiert haben als andere, sondern dort gleichzeitig Weine von einem ganz eigenen Charakter ergeben. Dieselbe Sorte in einer anderen Region auf anderen Böden kann sich völlig anders zeigen. Andere Faktoren treten hinzu. Das Klima: abgesehen von den generellen Bedingungen seines gemäßigten Klimas, hat selbst eine so kleine Region wie das Beaujolais verschiedene Mikroklimata. Die Jahrgänge: je weiter man nach Süden kommt, desto geringer werden die Unterschiede zwischen ihnen (bis auf ausnehmend schlechte), aber im Beaujolais spielen sie eine markante Rolle. Die Bearbeitung: Pflanzdichte, Schnitt, Dünger, Behandlung, Lese. Die Vinifikation: Methode, Temperatur, Maischezeit, Pressung, Alterung, Abfüllung.

Der Einfluß des Menschen ist natürlich auch erheblich. Aber er kann nur mit dem umgehen, was ihm die Natur gegeben hat. Dennoch werden sich die Weine zweier benachbarter Winzer unterscheiden, manchmal erheblich. Zum Glück. Da jeder Wein seinen Charakter hat, liegt es an Ihnen, den zu finden, der Ihnen gefällt. Man kann zwar versuchen, einen Wein gut zu beschreiben, das dient jedoch nur als Anhaltspunkt. Und im Beaujolais, wo man es nur mit einer einzigen Rebsorte zu tun hat, läßt es sich leichter erkennen und schmecken, was in anderen Weingebieten mit vielen verschiedenen Trauben viel schwieriger wird.

*Wo der Gamay auf Granit beißt,*
*ist der Beaujolais vom Feinsten*

# Die Rebe und der Boden

Die Einführung des G a m a y , der einzigen im Beaujolais verbreiteten und zugelassenen Rebsorte für Rotwein, geht auf den römischen Kaiser Probus (232 - 282) zurück. Er ließ sie aus Dalmatien importieren und in den Bergen um Lyon anpflanzen. Römische Villas im Beaujolais und weiter nördlich folgten vermutlich schnell diesem Beispiel. Ende des 14. Jhdts war sie im Burgund weit verbreitet - zum großen Ärger Herzogs Philipp des Kühnen. Als Liebhaber guter Weine schimpfte er auf den "infamen" Gamay, den seine Untertanen auf fruchtbareren Böden zogen, wo er gewaltige Mengen miesen Weins erbrachte, und ordnete 1395 an, daß er herausgerissen würde.

Der Gamay *noir à jus blanc* - der schwarze Gamay mit dem weißen Saft (alle schwarzen Trauben haben hellen Saft) - ist eine frühreifende, produktive und fruchtbare Sorte. Um die Jahrhundertwende bedeckte sie, auf ganz Frankreich verteilt, mehr als sieben mal die Weinbaufläche des Beaujolais, die 22000 Hektar beträgt. Ihre Verbreitung schrumpfte erheblich. Heute sind in allen anderen Regionen zusammen nur wenig Hektar mehr mit Gamay bestockt als allein im Beaujolais. Nirgendwo anders ist er dominierend. Nirgendwo anders haben die aus ihm gekelterten Weine Ruhm erlangt. Nirgendwo anders mußte er seine Wurzeln so tief in Granit oder Schiefer graben.

G e o l o g i s c h teilt sich das Gebiet des Beaujolaisweins in drei Zonen auf: In seinem westlichen Teil, wo die Weinberge im Extremfall bis zu 550 Metern Höhe reichen, überwiegt metamorphes Gestein, vor allem Schiefer.

In der nördlichen Hälfte, geteilt durch den *Ardières*, erstreckt sich ein Block aus verschiedenen Graniten: Tiefengestein. In diesen beiden Zonen gehen die Böden also auf Felsformationen des Paläozoikums zurück.

Im Osten - die Grenzlinie verläuft ungefähr von *La Chapelle-de-Guinchay* nach *Le Bois d'Oingt* - stammen die Böden aus den jüngeren Epochen der Erdgeschichte und wurden durch Ablagerungen gebildet.

Die südliche Hälfte besteht zum großen Teil aus Mergel und kalkhaltigen Böden des Mesozoikums. Damals entstanden auch die Goldenen Steine. Sonst aber herrschen zur Saône hin tonkalkige Schwemmböden aus dem Tertiär und Quartär vor.

Dort, wo der Gamay durch karge kristalline Böden in seiner Produktivität gemäßigt wird, ergibt er feine Weine, die durch das unterschiedliche Vorkommen von Mineralien ihre verschiedenartigen Aromen entwickeln.

## Bestimmungen

Jede französische Weinregion wurde vom *Institut National des Appellation d'Origine* genau unter die Lupe genommen und klassiert. Es existieren vier Kategorien: *Vin de table, Vin de Pays, Vin Délimité de Qualité Supérieur (VDQS)* und *Vin d'Appellation d'Origine Controlée (AOC).*

Ab 1935 verteilte das INAO Ernennungen zur höchsten Qualitätsstufe, der *AOC*. Basis dieser Ernennung ist die exakte Feststellung, welche Parzellen des Katasters geeignet sind, Weine dieser Qualität zu erzeugen. Gesetz und Behörde, die seine Einhaltung überwacht, dienen dem Schutz der einzelnen Weinregion, indem sie den Ursprung der Weine überprüfen und garantieren. Gleichzeitig wurden ebenso exakte Bestimmungen bezüglich der Rebsorten, ihrer Kultivierung und der Vinifikation getroffen.

Das INAO stufte alle Weinberge des Beaujolais als AOC ein. Aufgrund der unterschiedlichen Bodenverhältnisse erteilte das Institut verschiedene Ursprungsbezeichnungen, die mit entsprechenden Bedingungen verknüpft wurden. Als einzige Rebsorte für Rotwein und Rosé wurde der *Gamay* genehmigt (einige Stöcke *Pinot noir* werden geduldet), für die geringe Produktion von Weißwein *Chardonnay*.

**AOC Beaujolais:** 10.000 ha, jährliche Menge um die 600.000 hl. Der Most muß mindestens einen potentiellen Alkoholgehalt von 9% aufweisen. Als Rebschnitt ist außer *gobelet* auch *guyot* (Becher- bzw. Fächerschnitt) zugelassen. Besitzt der Wein mehr als 10% potentiellen Alkohol kann der Wein als *Beaujolais Supérieur* bezeichnet werden. Dies ist fast immer der Fall, wird aber fast nie getan. Beim weißen Beaujolais werden mindestens 9,5 bzw. 10,5% verlangt. Basisertrag: 50 hl/ha, reell in der Regel über 60 hl/ha.

**AOC Beaujolais-Villages:** 6.000 ha, jährliche Menge um die 350.000 hl. Mindestens ein potentieller Alkoholgehalt von 10%. Rebschnitt ausschließlich *gobelet* (Becherform). Basisertrag: 50 hl/ha, reell in der Regel an die 60 hl/ha.

39 Dörfer haben das Recht auf diese Bezeichnung: *Saint-Amour-Bellevue, Arbuissonnas, Les Ardillats, Beaujeu, Blacé, Cercié, Chânes, La Chapelle-de-Guinchay, Charentay, Chénas, Chiroubles, Denicé, Durette, Emeringes, Fleurie, Saint-Etienne-des-Ouillières, Saint-Etienne-la-Varenne, Juliénas, Saint-Julien-en-Montmélas, Jullié, Saint-Lager, Lancié, Lantignié, Leynes, Marchampt, Montmélas-Saint-Sorlin, Odenas, Le Perréon, Pruzilly, Quincié, Régnié, Rivolet, Romanèche-Thorins, Salles, Saint-Symphorien-d'Ancelles, Vaux-en-Beaujolais, Vaurenard, Saint-Vérand, Villié- Morgon.*

**AOC Cru du Beaujolais:** insgesamt 6.300 ha, jährliche Menge an die 280.000 hl. Als *Cru du Beaujolais* dürfen sich zehn gesondert ernannte AOC-Gebiete im Norden des Beaujolais bezeichnen. Mindestens ein potentieller Alkoholgehalt von 10%, beim *Côte de Brouilly* von 10,5%; für alle *Crus* 11%, wenn der Name des Weinguts oder Weinbergs angegeben wird. Rebschnitt ausschließlich *gobelet* (Becherform). Basisertrag: 40 hl/ha, reell bis 48 hl/ha.

Die zehn Crus sind: *Brouilly* 1250 ha; *Chénas* 260 ha; *Chiroubles* 340 ha; *Côte de Brouilly* knapp 300 ha; *Fleurie* 800 ha; *Juliénas* 560 ha; *Morgon* knapp 1200 ha; *Moulin-à-Vent* 700 ha; *Régnié* 600 ha; *Saint-Amour* 300 ha.

Siehe dazu auch Karte Seite 165.

# Die Arbeit im Weinberg

Im Beaujolais ist eine Pflanzdichte von 9000 bis 10000 Rebstöcken pro Hektar vorgeschrieben, was auf einen Reihenabstand von 1,30 oder 1 Meter hinausläuft. Nach einer gründlichen Vorbereitung des Bodens, der heute meist chemisch desinfiziert wird, statt wie früher fünf Jahre lang brachzuliegen, pflanzt der Winzer im März oder April. Um es noch einmal hervorzuheben: pro Hektar muß er an die 10.000 Rebstöke versorgen. Drei Jahre werden dem - auf Reblaus resistente Unterlagen gepropften - *Gamay* gegeben, sich zu entwikkeln. Ab dem vierten 'Blatt' darf er gelesen werden.

Die Hauptmühe des Winzers fällt in die schlechteste Jahreszeit. Wenn im *November* die Blätter fallen, beginnt das Schneiden. Der traditionelle Rebschnitt heißt *gobelet*, da der Stock zu einer Form erzogen wird, die an einen Trinkbecher erinnert. Man läßt ihn drei bis fünf Schenkel ausbilden und schneidet das einjährige Fruchtholz soweit zurück, daß nur noch zwei bis drei Augen (Knospen) stehenbleiben. Man nennt dies auch den kurzen, im Gegensatz zum langen Schnitt. Der darf beim AOC Beaujolais im Süden der Region angewandt werden: der *guyot* oder Fächerschnitt. Hierbei läßt man einen langen Trieb, der nicht mehr als acht Augen trägt und zwei Zapfen mit jeweils zwei Augen. Das Gesetz verbietet in beiden Fällen mehr als zwölf Augen pro Stock.

Reduzierte Produktivität führt immer zu einer Erhöhung der Qualität! Darauf hat auch der Rebstock selbst Einfluß: Je älter er ist, umso weniger trägt er, aber umso konzentrierter sind seine Trauben. Sonst aber liegt Produktivität in der Verantwortung des Winzers: Dabei ist der *Rebschnitt* von entscheidender Bedeutung. Durch ihn gewinnt der Stock nicht nur seine Form, die sich in Wind und Wetter bewähren muß, er entscheidet auch über den Ertrag und damit über die Weinqualität.

Obwohl der Winzer sein eigener Herr ist, bleiben ihm zwischen *November* und *März*, wenn die neue Vegetationsperiode beginnt, nicht viele Tage, an denen er sich erlauben kann, im Weinberg zu fehlen.

Nur größere Güter stellen Equipen dafür ein.

Bei einer so hohen Pflanzdichte hat der Winzer nicht viel Platz, sich zu bewegen. Aber er muß den Boden bearbeiten, muß pflügen, muß düngen, muß spritzen etc, ob mit Rückengeräten oder hochbeinigen Traktoren. Damit die Reben keinen Schaden nehmen, werden die Triebe hochgebunden. Typisch für das Beaujolais sind die mit hellen Pflöcken gespickten Hänge, die im Winterhalbjahr das Landschaftsbild prägen. Auch hier heißt es: pro Hektar 10.000 Pflöcke einschlagen und die Ruten anbinden. Beim langen Schnitt werden Drähte gespannt, um die man die Triebe herumführt. Oft beteiligen sich die Frauen an den minuziösen Arbeiten des Schneidens und Anbindens.

Zeitlich gesehen wird der Winzer ab *Mai* weniger beansprucht. Dafür beginnt dann das Bangen. Neben den notwendigen Pflegearbeiten, die er gewissenhaft ausführen muß, will er nicht seine Lese riskieren, gibt es andere Gefahren. Die gefürchteste ist der Hagel, der im Beaujolais war sehr punktuell, aber relativ häufig, die Arbeit eines Jahres in wenigen Minuten vernichten kann.

## La vendange

Einhundert Tage etwa, nachdem die Lilie in den Weinbergen blüht, wird gelesen. Sie blüht nämlich zur gleichen Zeit wie der Wein, nur sieht man sie besser. Offiziell wird an einem bestimmten Tag der Bann der Weinlese aufgehoben, nachdem vorher die Techniker des Weinbauinstituts in allen Lagen Proben analysiert haben, um den Reifegrad zu bestimmen. Je reifer die Beeren werden, umso höher wird ihr Zucker-, umso niedriger aber ihr Säuregehalt. Auf das Gleichgewicht kommt es an, um dem Wein sowohl Kraft und Rundheit, aber auch Frische und aromatische Intensität zu verleihen. Bei Winzern, die auf sich halten, oft eine Frage der Philosophie.

Meist beginnt die Lese Mitte September und erstreckt sich über drei Wochen. Wie lange sie beim einzelnen Winzer dauert, hängt davon ab, wieviel Hektar er hat und wieviel Lesehelfer er einstellt. Im Beaujolais wird per Hand gelesen. Damit die Beeren nicht beschädigt werden, benutzt man zu ihrem Transport Behälter oder Kästen, die nicht mehr als 80 kg Trauben fassen. Sie werden in der Cave in Gärbehälter entleert, oft noch in hölzerne Bottiche, deren Größe genau auf die Kelter abgestimmt ist. Der Einsatz von Lesemaschinen ist im Beaujolais schon aufgrund seiner besonderen Vinifikation ausgeschlossen.

Die Weinlese ist der entscheidende Moment im Jahr des Vigneron. Nun zittert er besonders wegen des Wetters. Am Abend jedes weiteren Tages, an dem er die Trauben unter akzeptablen Bedingungen einbrachte, kann er ein wenig gelassener sein, auch ausgelassener. Trotz der harten Arbeit begleitet die Weinlese eine Feststimmung. Jedenfalls im Beaujolais. Dort lebt die Tradition. Die Lesehelfer werden untergebracht und bewirtet: zweimal warmes Essen pro Tag. Und da jeder Winzer seine Leute bei Laune halten möchte, geizt er meist nicht. Oft sitzen zwanzig, manchmal vierzig Leute aus allen Ecken Frankreichs und Europas zusammen am Tisch. Obwohl Rücken, Hände und Beine schmerzen, kann man gar nicht anders, als miteinander zu feiern.

*Lohn 1990 bei Essen und Unterkunft u. 8 Stunden täglicher Arbeit: Pflücker: DM 63; Träger: DM 71; Presser: DM 64, Köchin: DM 64.*

## Vinifikation

Voraussetzung für jede gute Vinifikation und damit für guten Wein sind gesunde reife Trauben und ein gemäßigter Ertrag.

Das Besondere im Beaujolais ist das Bewahren einer althergebrachten Methode der Weinbereitung. Ausgangspunkt und wesentlichstes Charakteristikum sind ganze Weinbeeren. Die Trauben werden in Gärbehälter geschüttet (oft benutzt man heute Fließbänder dafür), wobei die meisten unversehrt bleiben. Ein kleiner Teil jedoch zerplatzt, so daß sich am Boden der *cuve* eine Schicht Most sammelt. Der Most beginnt zu gären, wobei Kohlendioxid (Kohlensäuregas) entsteht und die Luft aus dem abgedeckten Behälter drückt. Folge: die intakten Beeren erhalten von außen keine Sauerstoffzufuhr und werden zur intrazellularen Gärung gezwungen, die völlig unabhängig von Hefebakterien geschieht. Dabei entnehmen sie ein Maximum an Aromastoffen aus der Haut. Während sich in dieser Phase der Traubenzucker in bis zu 4% Alkohol umwandelt, findet gleichzeitig ein biologischer Säureabbau statt, der bereits ein Drittel der vorhandenen Säure ausmacht. Diese Art der Weinbereitung wird auch *semimacération carbonique* genannt, weil sie der Kohlensäuregärung ähnelt, bei der der Gärbehälter von vornherein mit Kohlensäuregas gefüllt wird. Im Gegensatz zur üblichen Rotweingärung werden die Trauben nicht zermahlen. Man kann deshalb eigentlich nicht von Maischung sprechen. Da aber während dieses Prozesses weitere Beeren zerplatzen und den flüssigen Anteil erhöhen, kommt es schließlich doch zur einer Art Maischung. Die Bezeichnung *'Mazeration'* trifft aber diese Art der Gärung eigentlich besser.

Je nach Art des Weins, den er machen möchte, sticht der Winzer oder Kellermeister ihn früher oder später ab, das heißt, er läßt den Most ablaufen. Soll es ein *Vin nouveau* werden, nach fünf Tagen, will er einen charaktervollen Rotwein erzeugen, wartet er länger. Üblich sind sieben bis acht Tage *cuvaison*. Danach wird die *cuve* geöffnet und die teils zerdrückten, teils noch ganzen Beeren mit Strünken in die Presse befördert und gepreßt.

Beim *Primeur* hat dies besonders sanft zu geschehen, um ihm möglichst wenig Tannine mitzugeben. *Crus* dagegen brauchen einen kräftigeren Preßwein mit stärkeren Tanninen, die dem Wein Lebensdauer verleihen. Der abgezogene Most und der Presswein werden zur *'Cuvée'* assembliert, und nach ein paar Tagen ist die alkoholische Gärung beendet.

Beim gesamten Gärprozeß spielt die Temperatur eine wichtige Rolle. Fruchtigkeit und Frische eines *Vin Nouveau* stellen sich besser bei etwa 21°C ein, Struktur und Fülle eines *Cru* bei um die 30°C, die zu Beginn schnell erreicht werden sollten.

Beim sogenannten 'biologischen Säureabbau' oder der 'zweiten', der '*malolaktischen* Gärung' wird der Säuregehalt des Weins gemindert, indem sich Apfel- in Milch- und Kohlensäure umwandelt, was den Wein stabilisiert und - wie man vielerorts der Meinung ist -verträglicher macht. Der Abschluß der *Malo* ist beim Beaujolais und auch beim *Primeur* vorgeschrieben.

### Burgundische Vinifikation

Seltener - und nur unter den zehn *Crus* - stößt man auf Winzer, die statt der traditionellen beaujolaiser Vinifikation auf die im Burgund übliche Methode zurückgreifen. Wichtigster Unterschied: hierbei werden die Beeren gemahlen und kommen zerquetscht in die Gärbehälter. (Die Winzer, die auf diese Weise arbeiten, sind meist mit Edelstahltanks und moderner Kellereitechnik ausgerüstet.) Während der Gärung achtet der Winzer darauf, daß die aufsteigenden Schalen, der sogenannte Hut wieder in den Wein gedrückt werden. Dies geschieht mit Hilfe eines Grills, der in modernen Tanks bereits eingebaut ist und automatisch bedient wird. Der Wein bleibt oft zwei bis drei Wochen auf der Maische, wodurch er wesentlich mehr an Farbe und Tanninen aufnimmt, einen ausgeprägteren Charakter gewinnt. Dementsprechend länger können diese Weine altern, wobei sie ein komplexes, meist von animalischen Noten wie Wildbret, Fell oder Leder bestimmtes Bukett entwickeln. Dementsprechend länger brauchen sie auch, um sich zu Beginn zu öffnen und gut trinkbar zu sein.

## Zuckern

Ein heikles Thema haben wir noch nicht berührt: das Zuckern. In Frankreich nennt man es nach dem *Monsieur Chaptal*, der es erfand, '*Chaptalisation*'. Sie besteht darin, daß man dem Wein während der Gärung Zucker zufügt, um seinen Alkoholgehalt zu erhöhen (und nicht: um ihn süßer zu machen). Die *Chaptalisation* ist in Frankreich weitverbreitet und nur in den vom Mittelmeerklima geprägten Weinregionen verboten. Alle großen französischen Weine werden aufgezuckert: zu allererst der Champagner, aber auch Burgunder und Bordeaux.

Worin besteht der Sinn der Zuckerzugabe? In allen nördlicheren Regionen geizt die Natur nicht selten mit den günstigen Bedingungen (besonders Sonnenschein), die notwendig sind, damit sich in den Beeren ausreichend Traubenzucker bildet. Ausreichend wofür? 1. Um der Säure ihr Gegengewicht zu geben. Denn wie Zucker gleicht auch Alkohol saure Härte und Schärfe aus, macht trockenen Wein rund und geschmeidig. 2. Um Aromen, Farbe und Tannine zu lösen. Denn auch bei der Gärung wirkt Alkohol als Lösungsmittel. Statt aber mit dem Mittel der *Chaptalisation* behutsam umzugehen und einen ausgewogenen Wein mit dem geringsten Alkoholgehalt anzustreben, wird nicht nur in katastrophalen Jahren wie 1986 übermäßig gezuckert. Damals griff man so tief in die Zuckersäcke, daß Weine, die nicht einmal den laut AOC-Bestimmungen vorgeschriebenen Mindestalkoholgehalt aufwiesen und eigentlich überhaupt nicht als Beaujolaiswein hätten zugelassen werden dürfen, dennoch mit 12 oder 13% daherkamen.

Die meisten Winzer und Weinmacher sind noch immer in einem Denken befangen, das den hohen Alkoholgehalt eines Weines als Qualität ansieht. Sie greifen ohne weitere Überlegungen zu einem Mittel, dessen automatische Anwendung zu Recht in Verruf geraten ist. Es ist nicht einzusehen, daß sehr viele Beaujolais stereotyp auf 13% Alkohol hochgepuscht werden, ganz gleich wie großzügig die Sonne war. Außerdem heißt dies, den Wunsch der Weinfreunde nach weniger alkoholisierten Cuvées zu mißachten.

Die vom Charakter leichten Weine wecken beim Konsumenten die Vorstellung auch alkoholschwach zu sein, insbesondere der *Vin Nouveau.* Und das ist meist nicht der Fall. Daß man durchaus nichtchaptalisierte Weine von Qualität erzeugen kann, bewies wohl als erster *Thierry Doat* auf *Château de Boisfranc.*

Achten Sie beim Weinkauf auf die Angabe der Vol.-Prozente. Lassen Sie sich verschiedene Jahrgänge zeigen. Je öfter die Angaben variieren und je weiter sie unter 13% liegen, umso sicherer können Sie sein, daß Sie es mit einem Winzer zu tun haben, der bewußt die Eigenheiten jedes Jahrgangs respektiert und behutsam mit der *Chaptalisation* umgeht.

**Abfüllung und Alterung**

Im Beaujolais macht man in der Regel mehrere Abfüllungen. Die erste findet meist im März statt und beschert noch spritzige, sehr fruchtbetonte Tropfen. Bei der Maiabfüllung zeigt sich der Wein bereits runder. Noch geschmeidiger bei der dritten *mise* im Juli, die sich deutlich von der ersten unterscheidet. Selten werden Weine länger als bis zum August im Fuder gelassen. Nur wenig benutzt man für den Ausbau das *barrique*, das 225 l fassende neue (oder ein bis zwei mal benutzte) Eichenfaß, denn dazu müssen die Weine eine kräftige Struktur mitbringen.

# Vin Nouveau

Man könnte annehmen, beim *Beaujolais Nouveau* handle es sich nur um einen geschickten Marketing-Coup. Immerhin fiebern inzwischen Menschen rund um den Globus nach diesem (einst) ersten Tropfen des neuen Jahrgangs aus Frankreich, der an allen Orten der Welt erst ab dem dritten Donnerstag im November ausgeschenkt werden darf. Aber er konnte nur so einen gloriosen Aufstieg nehmen, weil er Tradition besaß. Lyons Ruhm gründete sich nicht zuletzt auf die Seide. In den Seidenmanufakturen waren viele Leute beschäftigt, denen der Staub Durst machte. Diesen löschte man in den zahlreichen Bistros mit Wein. Und der kam überwiegend aus dem Beaujolais. Die Bistrotiers kauften oft direkt beim Winzer die *pièces* ein, wie die kleinen Holzfässer heißen, die noch heute als Maßeinheit dienen, und sicherten sich ihren Jahresbedarf.

Da unter den damaligen Umständen der Wein im Laufe des Jahres nicht unbedingt besser wurde, kann man die Ungeduld begreifen, mit der die Stammgäste der neuen Lieferung entgegenblickten. Jeder war scharf darauf und jeder wollte davon so früh wie möglich kosten. So schaukelten die Wirte bereits kaum fertige Weine in die Stadt und kündigten deren Ankunft mit Kreide an: *Le Beaujolais Nouveau est arrivé*. Trotz damals oft garantierter Unverträglichkeit (denn meist war die zweite Gärung nicht abgeschlossen) erfaßte bald ganz Lyon das Fieber nach dem neuen Beaujolais.

Jahre vergingen, in denen die Önologie die Vinifikation besser in den Griff bekam und in denen sich Leute im Beaujolais bewußt wurden, was für ein Geschenk diese Lust auf den ersten Wein, den *Primeur* bedeutete. *Gérard Canard* und *Jean Tixier*, um nur die beiden engagiertesten zu nennen, verbreiteten mit Verve, Charme und beaujolaiser Lebensart die Neuigkeit vom neuen Wein, bis 1968 der absolute Durchbruch gelang. Fortan lechzte ganz Paris dem Beaujolais Nouveau entgegen. Immer weitere Kreise zog die Lust.

Zur Zeit erliegen ihr die Japaner volle Pulle. Ihr Problem: es lassen sich nicht genügend Jumbos auftreiben, um jeden bei der jährlichen Beaujolais-Premiere zum Zuge kommen zu lassen.

Während inzwischen zwei Drittel aller Beaujolais zum *Vin Nouveau* deklariert und etwa zwei Fünftel unter dieser Bezeichnung verkauft werden, was zum Glück aller Beteiligten schnelles Geld erbringt, möchte man nun das Image der liegengebliebenen aufbessern. Was Qualität betrifft, sind dem *Primeur* alle länger vinifizierten Weine weitaus überlegen. Denn der *Beaujolais Nouveau* oder *Primeur* wird wenige Wochen nach der Lese auf Flaschen gezogen. Am dritten Donnerstag im November muß er sich von Schönungen, Filtrierungen etc. soweit erholt haben, daß er schmeckt. Allen anderen Weinen des Beaujolais wird mehr Zeit gegönnt. Die verbringen sie entweder in Beton- oder Edelstahlbehältern, aber immer noch sehr oft in großen alten Holzfudern in Kellern mit gleichbleibender Temperatur. Manchmal auch direkt in der *pièce*. Während dieser Phase des Ausbaus harmonisiert sich der Wein, wächst geschmacklich zusammen.

# Ökologischer Weinbau

Ökologische Winzer sind im Beaujolais leider noch an einer Hand abzuzählen. Das liegt gewiß mit am Erfolg, den der Beaujolais weltweit genießt. Denn wenn eingefahrene Wege funktionieren, muß man sich scheinbar keine Mühe geben, um nach neuen zu suchen.

Anderswo sind es oft ökonomische Gründe, die ökologischen Anbauweisen die Tür öffnen: wegen der Nachfrage aus dem Ausland, insbesondere der aus der Bundesrepublik. Erst seit 1989 die Grünen in Wahlen bemerkenswert gut abschnitten, beginnt die öffentliche Meinung in Frankreich, Sympathie für ökologische Gesichtspunkte zu entwikkeln. Den Winzern des Beaujolais stecken die großen Katastrophen der zweiten Hälfte des letzten Jahrhunderts, die bis 1910 nachwirkten, noch in den Knochen. Damals brachte die Chemie die Rettung. Daß es jetzt höchste Zeit ist, umzudenken, haben leider erst wenige begriffen.

Ohne Dünger kommt man auch im Weinberg nicht aus. Da aber bereits die dichte Bestockung den *Gamay* in der ihm eigenen Produktivität bremsen sollte - er erreicht in normalen Jahren spielend die ihm gesetzten Obergrenzen -, werden nur Tölpel tief in Nitratsäcke greifen. Besitzen sie dann genug Bauernschläue, um ihre Ernteerklärung zu frisieren, machen sie immer öfter die Rechnung ohne den Kunden: die Genossenschaft oder den Händler. Beide sind keineswegs scharf auf wässrige Trauben oder dünnen Wein, schon gar nicht, wenn bei immer weiter anziehenden Preisen die Qualität immer kritischer unter die Lupe genommen wird.

Unkrautvernichter sind unter Winzern nicht nur eine Frage der Ökologie. Jeder aufmerksame Bauer erkennt nach einigen Jahren die Folgen, die er dafür in Kauf nehmen muß. Jeder gute Vigneron weiß, daß er mit natürlicher Gründüngung bessere Resultate erreicht. Problematisch ist das Stück direkt zwischen den Stöcken, das früher - und von manchem heute noch - per Hand gehackt wurde. Auch ökologischen Winzern bereitete dies Kopfschmerzen. Inzwischen gibt es entsprechende Fräsen.

Bleiben Krankheiten und Insektenplagen. Die ersten sind latent immer vorhanden. Bei Feuchtigkeit attackiert der falsche, bei Trockenheit der echte ‘Mehltau’ *(Oidium)* den Weinstock. Im ersten Fall hilft Kupfersulfat, die berühmte Bordelaiser Brühe, im zweiten Schwefel. Daran führt kein Weg vorbei, auch nicht im Öko-Weinbau. Seit einigen Jahren aber ist der Fortschritt eingezogen. Statt Säcke voll einfachem Schwefel, der die Augen rötete und die Haut juckte, spritzen die Winzer sogenannte ‘systematische’ synthetische Mittel und brauchen für sechs Hektar Wein noch 1 (!) Liter davon, der verdünnt wird. Daß so ein Teufelszeug ohne Nebenwirkungen auf Winzer und Wein bleiben soll, können nur Naivlinge annehmen. Auch Öko-Winzer müssen gegen Schädlinge einschreiten. Dafür gibt es längst wirksame Mittel auf biologischer Basis. Im Zusammenhang mit einer natürlicheren Kultivierung des Rebstocks können sie oft entschieden weniger spritzen als ihre konventionellen Nachbarn - und das heißt nicht nur weniger Gift, sondern auch weniger Geld verpulvern, obwohl biologische Spritzmittel um einiges teurer sind als die konventionellen. Vielleicht hilft das, die anderen zu bekehren.

# Nicht versäumen!

Ausgewählte Oasen aus allen Ecken, Adressen und ausführliche Kommentare im Buch.

## Die angenehmsten Gasthäuser und Hotels

*Anse:* Saint-Romain (S. 60)
Beaujolaisig nett, gepflegt und rustikal, von der Küche bis zum Bett

*Alix:* Le Vieux Moulin (S. 61)
Frische Fische am plätschernden Bach, richtig lauschig, wenn's nicht zu voll ist.

*Blaceret:* Le Beaujolais (S. 130f.)
Bürgerlich gediegen, unvergeßliche Kartoffelpfannkuchen

*Chazay d'Azergues* (S. 65)
Buntes Publikum unter schattigen Platanen

*Chénas:* Daniel Robin (S. 190)
Tafeln in ländlich eleganter Atmosphäre Terrasse mit Weitblick

*Cours-la-Ville:* Le Pavillon (S. 145)
Regional und gut, mit Weit- und Waldblick

*Fleurie:* Le Cep (S. 178)
Eine Legende - Superfein und superteuer

*Glay:* Les Becs Dorés (S. 71)
Feine Küche bei den berühmten Steinbrüchen

*Morgon:* Le Morgon (S. 171)
Ursprüngliches Dorfrestaurant mit bodenständiger Kost und Bistro-Ecke

*Odenas:* Christian Mabeau (S. 112)
Fein und günstig, liebenswürdig und intim, schöne Terrasse.

*Saint-Jean-d'Ardières:* Château de Pizay
Großer Stil in Unterkunft und Küche zwischen Firmen-Seminaristen (S. 101)

*Tarare:* Jean Brouilly (S. 74)
Finesse ohne Schnickschnack, zuverlässige Spitzenküche in etwas steifem Edeldekor.

*Theizé:* Hotel de la Feuillée (S. 82)
Ländlich sittlich und symphatisch

*Thoissey:* Chapon fin (S. 104)
Beste Produkte fein zubereitet in plüschigem Rahmen

*Thizy:* La Musardière (S. 147)
Sich an den Tisch setzen wie beim Textilchef vor hundert Jahren.

*Villefranche:* La Fontaine Bleue (S. 47)
Von der Karte bis zur Tapete, gutbürgerlich in jeder Beziehung.

*Villefranche*: L'Epicerie (S. 47)
Deftige Küche nach lyonnaiser Art und gedrängte Bistroatmosphäre.

*Villefranche*: Café de Paris (S. 48)
Neo-Biedermeier und junges Volk

*Villié-Morgon:* Hotel du Parc (S. 172
Einfache Pension, Bistro-Treff

## Feine Weingüter

*Château de Boisfranc* (bei Liergues)
Biowein-Star des Beaujolais, rote Beeren und vollmundig (S. 51)

*Château Bonnet* (La Chapelle-de-Guinchay): Hervorragender Chénas, der durch Liegenlassen noch gewinnt. (S. 189)

*Château de la Chaize* (Odenas):
Riesendomäne, typischer Brouilly, leicht und fruchtbetont (S. 113)

*Château de Raousset* (Chiroubles)
Drei verschiedene, gut differenzierte und überzeugende Crus (S.76)

*Château Thivin* (Odenas):
Côte de Brouilly vom Feinsten, hinreißend, wenn gealtert (S. 117)

*Chénas:* Alfred Gino Bertolla
Würzig voller Moulin-à-Vent vom kleinen Erzeuger (S. 183)

*Dareizé*: Bruno Debourg
Schöne Frucht und Struktur, ein Newcomer vom Rande (S. 87)

*Régnié-Durette*, Pierre Desmules
Feiner Régnié mit typischen Johannisbeeraromen (S. 168)

*Salles-Arbuissonas:* René Miolane
Villages mit Charakter (S. 129)

*Ternand:* Domaine de Milhomme
Kraft und Finesse von Höhenlagen aus dem Süden (S. 87)

# Glossar

*Andouillette* Spezialität aus Innereien (Kaldaunen), die warm serviert wird.

*appellation*, Ursprungsbezeichnung

*AOC, Appellation d'Origine Controlée Frankreichs höchster Weinkategorie, die die Herkunft des entsprechenden Weines überprüft und garantiert.*

*auberge*, Gastwirtschaft, Restaurant

*Ausbau*, Entwicklung und Alterung beim Wein

*barrique*, neues kleines Eichenholzfaß (meist 225 l Vol.)

*Bobosse*, Schlachtermeister, berühmt für seine 'andouillettes', weshalb auf den Speisekarten angegeben wird, wenn sie von ihm stammen

*bouche*, 'Mund', der Geschmack des Weins

*Bresse*, Geflügelparadies gegenüber des Beaujolais, östlich der Saône

*Bukett oder bouquet*, der Duft eines - bereits entwickelten - Weines

*Cadadois*, Bürger von Villefranche, nach den Pflasterplatten vor ihrer Kathedrale, den 'calades', benannt.

*casse croute*, Imbiß zu jeder Tageszeit

*cave*, Keller, insbes. der Weinkeller

*caveau*, kleiner Keller, Probierkeller

*cellier*, Weinkeller, Kellerei

*cep*, Rebstock

*chaptalisation*, Zuckern während der Gärung, um den Alkoholgehalt zu erhöhen (sagt nichts über den Restzuckergehalt aus)

*Chardonnay*, berühmte Weißweinsorte des Burgunds, Landschaft nordwestlich des Beaujolais

*Charollais*, Bezeichnung für das hervorragende Rindfleisch dieser Region, auch zylindrische Form von kleinen (Farm-) Käsen

*chèvre*, Ziege, Ziegenkäse

*clos*, von Mauern umgebener Weinberg

*cochonaille*, Wurstwaren vom Schwein

*cru*, Weinberglage

*cuvage*, Faßkeller

*cuve*, Gärbehälter, Bottich, Tank

*cuveé*, (im Beaujolais meist im Sinne von) Wein aus einem einzigen Behälter, spezielle Abfüllung

*donjon*, Burgfried, Wehrturm

*Drahtrahmenerziehung*, Ziehen der Weinruten auf gespannte Drähte

*Gamay*, fast ausschließliche Rebsorte im Beaujolais

*gîte*, Unterkunft, Ferienhaus oder -wohnung

*gîte d'étape*, Wanderherberge

*gîte rural*, Ferienquartier auf dem Lande

*gobelet*, Trinkbecher, Form beim Schneiden von Rebstöcken

*ha*, Hektar, 10.000 qm

*hl*, Hektoliter, 100 l

*hl/ha*, Hektoliter pro Hektar, Ertragsangabe

*mâchon*, Imbiß (im Weinberg) mit Wurst, Käse, Brot und Wein

*métaye*, spezielle Form der Erbpacht

*mise*, Abfüllung

*nez*, Nase, der Duft des Weins

*pièce*, Faß und Weinmaß: beim einfachen Beaujolais 216 l, beim Village 215 l, bei den Crus 214 l

*pierres dorées*, gelbliche Kalksteine, aus denen im Südbeaujolais ganze Dörfer erbaut wurden

*pichet*, Krug, offen ausgeschenkter Wein als viertel, halber oder ganzer Liter

*Primeur*, der erste Wein nach der Lese, der nur bis zum 31. Dez. verkauft werden darf, Synonym für 'vin nouveau'; ein echter Primeur ist jedoch spritziger

*pot*, das klassische beaujolaiser Weinmaß, eine 46 Zentiliter fassende Glaskaraffe. Man kann auch einen 'demi-pot' bestellen

*randonnée*, Wanderung

*raisin*, Weinbeere, Weintraube

*relais*, Station, früher Poststation, oft benutzter Name für Restaurants

*robe*, Robe, die Farbe des Weines

*Sire*, Herr, historischer Titel

*Tannine*, Gerbstoffe, die in den festen Teilen der Weintraube enthalten sind und auch im Holz neuer Fässer. Sie sind ein den Wein konservierendes Element.

*tassée*, Probiertässchen, Metallschälchen mit Henkel

*Vague*, Defilée der ehemaligen Wehrpflichtigen

*vendange*, Weinlese

*vendangeur*, Lesehelfer

*vielle vigne*, alter Rebgarten, Bezeichnung auf Etiketten, die hohe Qualität verspricht, da alte Stöcke konzentrierteren Wein ergeben

*vigne*, Rebe, meist: Weinberg

*vigneron*, Winzer

*vignoble*, Gesamtheit der Weinberge eines Winzers, Weinregion

*vin*, Wein

*vin nouveau*, besonderer junger Weintyp im Beaujolais, der ab dem 3. Donnerstag im November angeboten werden darf

*Vinifikation*, Weinbereitung

# Literatur

In deutschsprachigen Reiseführern wird das Beaujolais dem Burgund angehängt und dann mit ein paar Seiten abgehakt.

Als Einstimmung für Leute, die Zoten mögen: *Gabriel Chevallier: Clochemerle, Fischer TB, Frankfurt. (Siehe unter 'Vaux')*

Auf französisch: *Bernard Frangin: Le guide du Beaujolais, la manufacture, Lyon 1989.* Der einzige wirklich brauchbare französische Beaujolais-Reiseführer, der sich aber ausschließlich auf die Weinregion konzentriert und nur die allernächsten angrenzenden Dörfer und Landschaften noch mit einbezieht. Überwiegend flotter Stil.

*Connaitre le Beaujolais* herausgegeben von der Handels- und Industriekammer von Villefranche, 1984, mit deutscher und englischer Zusammenfassung. Verschiedene Autoren. Als knappe Einführung in den östlichen Teil des Beaujolais nicht schlecht, als Reiseführer sehr begrenzt nutzbar.

Ein umfassendes Werk über den Beaujolaiswein und die Weinregion, auch in englischer Übersetzung: *Le Grand Livre du Beaujolais*, Editions de Chêne, Paris 1985. Guy Jacquemont et Paul Mereaud (Hrsg.). Großformatiges Buch mit zahlreichen Farb- und Schwarzweißfotos und einer Fülle von Etiketten.

Speziell zum Thema Wein erschienen auf deutsch: Peter C. Hubschmid: *Beaujolais, Primeur & Co*, Econgourmet Bibliothek, Düsseldorf 1988. Ein Büchlein, das die Weinregion, ihre Geschichte, die Weine und einige Spitzengüter vorstellt. Informativ, knapp und etwas trocken.

André Dominé: *Primeur - en vogue,* Mosaik Verlag, München 1989. Die amüsante Geschichte vom Aufstieg eines Bauernweins, nebst nötigen und unnötigen Informationen.

Die beiden letztgenannten Bücher finden Sie nur noch als Restauflagen, da die entsprechenden Buchreihen eingestellt wurden.

*Der Oase Verlag freut sich*
*über Zuschriften und Tips*
*und bedankt sich für verwertbare Hinweise*
*mit einem Freiexemplar aus dem Verlagsprogramm.*

*Oase Verlag*
*Postfach 344*
*D-7847 Badenweiler*
*Fon: 07632-7460*
*Fax: 07632-5098*

# Ortsverzeichnis

Die Versuchung

## Weitere Oase-Reiseführer

mit den guten Adressen zum Schlafen und Träumen, zum Einkehren und Ausgehen. Dazu zahlreiche Anstiftungen zu feinen Fluchten, weiten Touren und stillen Wanderungen:

TOSKANA Hennig
CINQUE TERRE und die Ligurische Küste Hennig
UMBRIEN Hennig
LIPARISCHE INSELN Raith
PROVENCE Hennig
ROUSSILLON und die franz. Pyrenäen Dominé
KORSIKA Schauseil
TÜRKEI Gronau
SPANIEN Abel/Stauch
RHODOS und DODEKANES Bötig
NEUSEELAND Letsch
ISLAND Hanneck-Kloes
MEXIKO Abel
GUATEMALA & BELIZE Abel
FREIBURG & MARKGRÄFLERLAND Abel
BAJA CALIFORNIA Stauch

*In Vorbereitung:*

NORD- und MITTELPORTUGAL Abel